本书获山东省社会科学规划地方党史研究专项：山东抗日根据地党的思想建设研究（18CDSJ16）；山东省社会科学规划高等学校思想政治教育研究专项：儒家"修齐治平"思想与新时代大学生思想政治教育研究（21CSZJ39）资助。

九州文库

筑强大学生精神力量之『纲要』课程专题教学解析

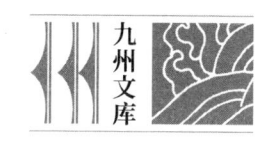

王慧 邹焕梅 主编

九州出版社
JIUZHOUPRESS

图书在版编目（CIP）数据

筑强大学生精神力量之"纲要"课程专题教学解析 / 王慧，邹焕梅主编. -- 北京：九州出版社，2022.12
ISBN 978-7-5225-1721-6

Ⅰ.①筑… Ⅱ.①王…②邹… Ⅲ.①大学生—思想政治教育—研究—中国 Ⅳ.①G641

中国国家版本馆 CIP 数据核字（2023）第 091496 号

筑强大学生精神力量之"纲要"课程专题教学解析

作　　者	王　慧　邹焕梅　主编
责任编辑	黄明佳　沧　桑
出版发行	九州出版社
地　　址	北京市西城区阜外大街甲35号（100037）
发行电话	（010）68992190/3/5/6
网　　址	www.jiuzhoupress.com
印　　刷	唐山才智印刷有限公司
开　　本	710毫米×1000毫米　16开
印　　张	16
字　　数	287千字
版　　次	2023年10月第1版
印　　次	2023年10月第1次印刷
书　　号	ISBN 978-7-5225-1721-6
定　　价	95.00元

★版权所有　侵权必究★

山东建筑大学思想政治理论课系列读物编委会

主 任 委 员： 陈国前　于德湖
副主任委员： 邱立平　李　青
编委会成员： 董从银　李　展　王　鹏　陈启辉
　　　　　　　　赵海涛　张　鹏　巩克菊　王　慧
　　　　　　　　苏蓓蓓　傅　晓　尚振峰　王利华
　　　　　　　　王　辉　刘丽敏

序

党的十八大以来，以习近平总书记为核心的党中央高度重视思想政治工作，为加强思政课建设作出了全面部署和系统安排。在此形势下，思政课建设呈现可喜变化：全国大中小学切实提升思政课的思想性、理论性和亲和力、针对性，思政课建设开创新局面、迈上新台阶，思政课教学改革取得了明显成效，为巩固马克思主义在意识形态领域的指导地位、培育担当民族复兴大任的时代新人提供了重要支撑。

山东建筑大学始终坚持以习近平新时代中国特色社会主义思想为指导，贯彻党的教育方针，落实立德树人的根本任务，通过调动全社会力量和资源，建设"大课堂"、搭建"大平台"、建好"大师资"，集合多元主体，整合多样资源，积极推进"大思政课"建设。作为思政课系列辅助读物，本丛书的出版是进一步丰富教学资源、创新教学手段、推动课程改革的产物，更是不断增强思政课思想性、理论性和亲和力、针对性的有力之举。习近平总书记在庆祝中国共产党成立100周年大会上首次提出"坚持把马克思主义基本原理同中国具体实际相结合，同中华优秀传统文化相结合"的论断，党的二十大习近平总书记再次强调只有做到"两个结合"，中国共产党才能正确回答时代和实践提出的重大问题，才能始终保持马克思主义的蓬勃生机和旺盛活力。为了加深对"两个结合"这一马克思主义中国化历史命题的认识，马克思主义学院思想政治教育教研室以习近平总书记引用经典文句为纲领，在《思想道德与法治》教材总体纲目的指导下，对于人生观、道德观、中国精神、社会主义核心价值观、品格修养、家庭美德等方面展开中华优秀传统文化解读，汇集著名学者专家相关论述，提炼有助于提高大学生人文素质、树立大历史观以及坚定文化自信的主要内容，形成了《中华优秀传统文化与〈思想道德与法治〉》一书。在庆祝中国共产党成立100周年大会上，习近平总书记同时强调："一百年来，中国共产党弘扬伟大建党精神，在长期奋斗中构建起中国共产党人的精神谱系，锤炼出鲜明的政治品格。"自此，大力弘扬伟大建党精神，把中国共产党人精神谱系融入思政课成为思政课教师认真思考并努力践行的重要课题。马克思主义中国化教研室、中国近现代史纲要教研室本着为《毛泽东思想和中国特色社会主义理论体系概论》《中国近现代史纲要》课程教学服务的目的，以继承和弘扬中国共产党人精神谱系为出发点，结合课程教学要求和特点，探讨和解决中国共产党人精神谱系融入课程教学的途径和方法，为课程教学提供教学参考、教学案例和教学设计，从而形成《筑强大学生精神力量之"概论"课程教学专题解析》《筑强大学生精神力量之"纲要"课程专题教学解析》两本书。为了使抽象的理论映射具象的现实，马克思主义基本原理教研室以《马克思主义基本原理》教材为指导，着眼于课程内在逻辑体系，结合教学内容与教学目标，选编适合于每一章节教学案例，从基本理论、社会实践和生活事实三个维度编写创新性案例，形成了《〈马克思主义基本原理〉案例选编》，着力讲好党的故事、伟人的故事、革命的故事、英雄的故事，讲透故事背后蕴含的深刻道理，积极探索案例教学法在提升课堂效能、激发学生学习积极性等方面的作用，为广大思政课教师提供教学参考。

纵览四本系列理论读物，具有以下四个鲜明特点：一是内容与时俱进，具有时代性和前瞻性，注重将马克思主义中国化的最新理论成果应用于思政课的教学实践；二是形式丰富多彩，具有针对性和趣味性，注重将具有感召力的人物事迹和典型案例应用于思政课教学中；三是举措方便执行，具有适用性和可推广性，注重将思政课教学的多年经验总结为教学设计和教学案例，对思政课教学起到示范引领作用；四是效果立竿见影，具有实践性和指导性，注重从学生实际出发，从社会实践出发，在遵循大学生成长发展规律中落实立德树人的根本任务。系列理论读物将讲理论与讲故事相结合，讲政治与讲感情相结合，讲历史与讲现实相结合，讲知识与讲价值相结合，是对以习近平总书记为核心的党中央高度重视思政课建设和发展的积极响应，更是立足本职工作发挥高校思政课教师教书育人职责的真实写照。系列理论读物的顺利出版是一线思政课教师长年累月教学实践的经验积累，是思政课教师日复一日科学研究的成果展现，更是思政课教师齐心聚力推动思政课课程改革的有力之举，彰显了思政课教师理直气壮讲好思政课的决心和斗志。

面对世界百年未有之大变局，在实现第二个百年目标的新征程上，在党和国家有效破解中国之问、世界之问、人民之问、时代之问的过程中，高校思政课教育教学机遇前所未有，挑战也前所未有。习近平总书记在学校思想政治理论课教师座谈会上指出，"我们办中国特色社会主义教育，就是要理直气壮开好思政课，用新时代中国特色社会主义思想铸魂育人"。希望马克思主义学院能够再接再厉，让思政课在回应时代问题中改革创新，在理论与实践、历史与现实的结合中彰显出思政课的大格局和大视野，凸显出思政课与时俱进的鲜明特色；希望马克思主义学院全体思政课教师秉承立德树人的初心，教书育人的本心，赤诚火热的丹心，久久为功的恒心，理直气壮讲好思政课，在讲好科学"大道理"，回应现实"大问题"，把握时代"大趋势"中打造一堂堂有理论深度和实践温度的思政课，以此引领思政课课程改革，引导学生成长成才，培育一代代担当民族复兴大任的时代新人，更好地完成立德树人的根本任务。

山东建筑大学党委书记：陈国前
2022 年 11 月于泉城济南

目 录
CONTENTS

绪 论 ·· 1
第一章 中国共产党人的精神之源：伟大建党精神 ·· 6
　第一节　伟大建党精神的形成背景 ·· 6
　第二节　伟大建党精神的科学内涵 ·· 8
　第三节　伟大建党精神的时代价值 ·· 10
　第四节　伟大建党精神教学案例分析与教学设计 ··· 12

第二章 新民主主义革命时期中国共产党人的精神谱系融入
　　　　"纲要"课解析 ·· 20
　第一节　星星之火：井冈山精神 ·· 20
　第二节　独立自主：遵义会议精神 ·· 36
　第三节　大浪淘沙：长征精神 ·· 47
　第四节　宝塔光辉：延安精神 ·· 64
　第五节　凤凰涅槃：抗战精神 ·· 75
　第六节　翻天覆地：西柏坡精神 ·· 88

第三章 社会主义革命和建设时期中国共产党人的精神谱系融入
　　　　"纲要"课解析 ·· 100
　第一节　无畏强敌：抗美援朝精神 ·· 100
　第二节　人人做铁人：大庆精神 ·· 114
　第三节　愚公奋起十春秋：红旗渠精神 ·· 126
　第四节　东方起舞："两弹一星"精神 ·· 142

第四章 改革开放和社会主义现代化建设新时期中国共产党人的精神谱系融入"纲要"课解析 …… 154

    第一节 开拓创新：改革开放精神 …… 154

    第二节 众志成城：抗震救灾精神 …… 166

    第三节 逐梦星辰：载人航天精神 …… 175

    第四节 雪域天路：青藏铁路精神 …… 188

    第五节 众善之师：劳模精神 …… 199

第五章 中国特色社会主义新时代中国共产党人的精神谱系融入"纲要"课解析 …… 211

    第一节 不负人民：脱贫攻坚精神 …… 211

    第二节 自主创新：北斗精神 …… 222

    第三节 和平共处：丝路精神 …… 230

主要参考文献 …… 240

后　记 …… 243

绪　论

一、缘何筑强：大学生精神力量之筑强"纲要"课的必要性

第一，强化"纲要"课立德树人的育人功能。《中国近现代史纲要》作为高校思想政治理论课之一，是落实立德树人根本任务的重要课程。高校青年学生正处在人生的"拔节孕穗期"，"纲要"课需要明确育人的方向和目标定位，特别是将重点放在厚植青年学生爱国主义情怀上，培养能够担当民族复兴大任的时代新人。作为中国共产党奋斗历程的精神坐标——精神谱系承载着共产党人的初心和使命，其蕴含的核心要义和鲜明特色，彰显了中国共产党人的理想信念和爱国主义精神，揭示了中国共产党能够与时代共前进、与人民共命运的成功之道。中国共产党在一百年的非凡历程中，锤炼出不畏强敌、不惧风险、敢于斗争、敢于胜利的风骨和品质，涌现出一大批视死如归的革命烈士、顽强奋斗的英雄人物、忘我奉献的先进模范，由此锻造出许多惊天地、泣鬼神的伟大精神，它以独特的文化形态，展现了中国共产党在不断壮大的"红色肌体"下深厚的"遗传基因"，这也是革命精神谱系相生相随的共性基因。将精神谱系和"纲要"课深度融合，能够让青年学生更加深刻地知晓并认同"纲要"课的教学重点和目标，即历史和人民是怎样作出了"四个选择"，推动青年学生在学习历史中，感悟伟大的精神力量，用"永远不会熄灭的理想信念之火"，筑牢青年学生的信仰之基、补足精神之钙、把稳思想之舵，在鱼龙混杂的社会环境、纷繁复杂的国际局势中，能够明辨是非，能够将爱国情怀、强国志向、报国行动有机统一起来，确保红色江山后继有人。

第二，深化"纲要"课教学改革的现实需求。将中国共产党人的精神谱系融入"纲要"课是思想政治教育从注重理论教育转向更加强调道德教育的现实所决定的，既是对高校思想政治教育形势作出的主动反应，也是对以往教育实践的经验总结。中国共产党的历史是最生动、最有说服力的教科书，其中生动地记录了中国共产党从小到大、由弱到强，不断发展壮大的伟大历程，虽历经惊涛骇浪，但始终是时代先锋、民族脊梁，奥秘就在于其顶天立地的精神气质、坚定不移的精神风骨。因而，在"纲要"课的教学中，通过选取精神谱系中的典型案例，阐释精神谱系的深刻内涵和时代价值，讲好中国共产党的故事，提升"纲要"课教学的针对性和实效性。一方面，通过精神谱系的讲授，让理论"活"起来，特别是将历史理论带回其"历史场域"，即在历史脉络和历史发展中将理论讲清讲透；另一方面，通过精神谱系的讲授，让理论"照亮"现实，因为"纲要"课的教学不是"自说自话"的教育，而是面向"人"的教育，它必须随着青年学生的思想而动，帮助青年学生在迷茫困惑时找到前进方向。因而，需要从感人至深的故事中，挖掘精神的力量，将历史和身边的现实联系起来，帮助青年学生树立正确的世界观、价值观、人生观，从一个个的精神谱系中，为他们架起前行的坐标。

第三，彰显"纲要"课内蕴的正确党史观。党的十八大以来，以习近平同志为核心的党中央高度重视党史学习，特别是在党史学习教育动员大会上，习近平总书记首次公开提出要"树立正确党史观"，要旗帜鲜明反对历史虚无主义，加强思想引导和理论辨析，澄清对党史上一些重大历史问题的模糊认识和片面理解，更好正本清源、固本培元①。可以说，党史观是理论问题与政治问题的高度融合，不仅关系到对历史的总体认知，也关系到对现存政权的根本态度。然而，社会中仍存在一些历史虚无主义的观点。这些观点或是打着"范式转换"的旗帜，或者披着"价值中立"的外衣，对中国共产党的历史采用唯心主义历史观，对历史进程、情节和人物采取主观臆断的评价方法，只承认历史进程中的偶然性现象而否定规律本质，或是孤立地分析历史进程中的阶段性而否定发展的整体性，或是热衷用当下的标准去衡量历史上的事件，完全背离了实事求是的原则，以抹黑和丑化党的历史，达到让历史真相变得"虚无"、消解党带领人民不断奋斗的历史叙事。这与"纲要"课的教学目标是完全背离的。而将中国共产党人的精神谱系有机融入"纲要"课，特别是通过一个个感人至深的真实故事，能够让青年学生深刻地感受中国共产党百年奋斗史中的智慧和力量，感悟"中国共产党为什么能"的历史命题，提高运用唯物史观认识历史、分析历史的能力。

二、何能筑强：大学生精神力量之筑强"纲要"课的可行性

第一，在价值引领上具有同向性。精神力量是人的思想意识、思维活动、

---

① 习近平. 在党史学习教育动员大会上的讲话[J]. 求是，2021（07）.

心理状态中产生的自信、自理、自强的激情和活力，以及自控、自律、自觉的意志和毅力。中国共产党一贯重视精神力量对实践活动的引导。2014年3月18日，习近平总书记在河南省兰考县常委扩大会议上强调，焦裕禄精神同井冈山精神、延安精神、雷锋精神、红旗渠精神等都是共存的，任何一个民族都需要有这样的精神构成其伟大精神力量，这样的精神无论时代发展到哪一步都不会过时。可以说，中国共产党人精神的谱系就是在马克思主义理论指导下，形成的科学理论体系，它标注了一个个具象化的精神坐标，彰显了不同时代的精神特质，构建起涵养后人的"精神源泉"，生动体现了中国共产党人坚持以人民为中心的根本政治立场和价值取向，这对于高校青年学生具有跨越时空的精神导航和价值引领。"纲要"课作为思想政治理论课的主干课程之一，其重要的价值目标就是引导学生深刻理解中国共产党为什么能、马克思主义为什么行、中国特色社会主义为什么好，不断增强学生的道路自信、理论自信、制度自信、文化自信、厚植爱国主义情怀，把爱国情、强国志、报国行自觉融入社会主义现代化强国建设中。因此，"纲要"课在教学中需要进一步突显一百多年来中国共产党在不同历史时期形成的红色精神，将中国共产党人的精神谱系有机融入教学中，通过对精神谱系丰富内涵及时代价值的深入讲解，提升"纲要"课的理论深度和情感厚度，实现对青年学生的价值引领。

第二，在思想理论上具有同源性。马克思主义理论作为科学的世界观和方法论，内蕴着洞察天地人世的大智慧，是人类伟大的认识工具，是人们观察世界、分析和解决问题的有力思想武器，同时也是人们改变世界、创造美好生活的方法论。十月革命一声炮响给中国送来了马克思主义，中国共产党将马克思主义确立为自己的思想武器，从中国的具体实践出发，在新民主主义革命时期、社会主义革命和建设时期、改革开放和社会主义现代化建设时期及中国特色社会主义新时代继承和发展马克思主义理论，实现了马克思主义中国化的第一次历史性飞跃和两次新飞跃。而中国共产党人的精神谱系形成过程，就是马克思主义中国化在精神层面的理论彰显，正是马克思主义理论的科学指引，确保了中国共产党人的精神谱系具有正确的方向，促进了其在实践中不断地传承与发展。"纲要"课不是一门单纯的历史课，而是一门思想政治理论课，承担着用马克思主义理论育人化人的重要任务，即运用马克思主义的方法、观点分析中国近代以来的重大事件、重要人物，把握历史的主流和本质，进而正确地看待和解决当下的现实问题。同时，中国近现代史的发展历程也蕴含着中国共产党历经百年征程，取得辉煌成就的精神密码，这充分印证了马克思主义理论的科学性和真理性。因此，中国共产党人的精神谱系和"纲要"课在思想理论上同根同源。

第三，在历史内容上具有相融性。一部中国近现代史就是中国共产党带领全体中国人民为救亡图存和实现民族复兴而英勇奋斗、艰辛探索并不断取得伟大成就的历史，而这也是中国共产党人精神谱系形成的历史，为中华民族的复兴树立起精神的坐标。一百年前，中国共产党的先驱们创建了中国共产党，形成了坚持真理、坚守理想、践行初心、担当使命、不怕牺牲、英勇斗争、对党忠诚、不负人民的伟大建党精神，成为中国共产党的精神之源。新民主主义革命时期的井冈山精神、长征精神、遵义会议精神、延安精神、抗战精神、西柏坡精神等展示了中国共产党完成了反对帝国主义、封建主义、官僚资本主义的主要任务，结束了中华民族任人宰割、饱受欺凌的旧时代；社会主义革命和建设时期的抗美援朝精神、"两弹一星"精神、红旗渠精神、大庆精神等展示了中国共产党战胜一系列严峻挑战，实现了从新民主主义到社会主义的转变，推进社会主义建设，宣告了只有社会主义才能救中国、才能发展中国。改革开放和社会主义现代化建设时期，中国共产党的改革开放精神、抗震救灾精神、载人航天精神、青藏铁路精神、劳模精神等展示了中国共产党为解放和发展社会生产力，使人民摆脱贫困，尽快富裕起来，继续探索中国建设社会主义的正确道路，证明了中国特色社会主义道路是指引中国发展繁荣的正确道路。中国特色社会主义新时代的脱贫攻坚精神、伟大抗疫精神、北斗精神、丝路精神等展示了中国共产党为实现第一个百年奋斗目标、开启第二个百年奋斗目标新征程，朝着实现中华民族伟大复兴的宏伟目标继续前行。可以说，中国共产党人的精神谱系作为一条逻辑红线，自建党精神源起，串联起基于不同历史使命与历史任务而努力奋斗的序列历史时空，统一于为中国人民谋幸福、为中华民族谋复兴的伟大历史实践中，呈现了"纲要"课教学的主流和本质，深刻回答了"四个选择"的历史必然性。

三、何以筑强：大学生精神力量之筑强"纲要"课的可操作性

2022年4月，习近平总书记在考察中国人民大学时指出："思政课的本质是讲道理，要注重方式方法，把道理讲深、讲透、讲活，老师要用心教，学生要用心悟，达到沟通心灵、启智润心、激扬斗志。"[1] 深入领会习近平总书记讲话精神，将中国共产党人的精神谱系融入"纲要"，推进"纲要"课教学改革，

---

[1] 习近平. 坚持党的领导 传承红色基因 扎根中国大地 走出一条建设中国特色世界一流大学新路[N]. 人民日报，2022-04-26 (01).

提升教学的针对性和实效性具有重要的意义。

从宏观上，将精神谱系融入"纲要"课，使学生充分认识"纲要"课的政治属性，运用历史唯物主义和正确党史观，将历史人物、历史事件置于中华民族乃至世界文明发展的历史长河中去考察，正确把握历史发展的主题、主线、主流与本质。特别是在精神谱系的解读中，深入精神背后的历史逻辑和理论逻辑，增强对学生的价值引领和情感认同，在认识中国共产党人的精神谱系中，引导学生传承红色基因，让信仰之火熊熊不熄。

从中观上，将精神谱系融入"纲要"课，实现与章节内容的有效对接，把握"纲要"课教学的重点和内容，对精神谱系进行理论分析、案例展示，并从教学计划、教学内容上进行合理设计。通过精神谱系中生动的案例及其伟大的精神，带领学生穿越时空的阻隔，感受近现代历史中的鲜活人物和感人故事，帮助学生更加深入的理解"纲要"课各个章节的主要内容。

从微观上，将精神谱系融入"纲要"课，通过讲解每一个精神的基本内涵、历史意义和时代价值等知识点，引导学生认识不同时期，中国共产党人的精神谱系所呈现出的不同特点及蕴含其中一以贯之的红色血脉。特别是在对精神谱系的深度解析中，通过丰富的史料、案例的呈现，把握中国共产党人精神谱系的内在机理，不断增强"纲要"课的理论深度和厚度。

第一章

中国共产党人的精神之源：伟大建党精神

在庆祝中国共产党成立 100 周年大会上，习近平总书记深刻指出："一百年来，中国共产党弘扬伟大建党精神，在长期奋斗中构建起中国共产党人的精神谱系，锤炼出鲜明的政治品格。"① 作为中国共产党的精神之源，伟大建党精神的价值随着时代的发展历久弥新。探索伟大建党精神融入"纲要"课的新路径，对于教育广大学生传承伟大建党精神，成长为合格的社会主义建设者和接班人具有重要意义。

第一节 伟大建党精神的形成背景

任何一种伟大精神都是一定历史环境的产物。伟大建党精神的产生也有着特定历史背景、思想理论基础和社会实践基础，是一种历史的必然。

一、实现中华民族伟大复兴是伟大建党精神形成的历史背景

鸦片战争以来，中国人民的奋斗史，就是中华民族的伟大复兴史。清朝末期，由于清政府的落后无能和帝国列强的侵略干预，中华民族处于水深火热之中。为了实现民族自立，无数仁人志士揭竿而起探索救国救民的道路。从洪秀全领导的试图建立一个"无处不均匀、无人不饱暖"② 的天国的太平天国运动，到曾国藩、李鸿章等领导的以"自强""求富"为口号试图实现国家现代化的洋务运动，到康有为等知识分子领导的以"尽革旧俗，一意维新"③ 为纲领的

---

① 习近平. 在庆祝中国共产党成立 100 周年大会上的讲话 [M]. 北京：人民出版社，2021：8.
② 太平天国历史博物馆编. 太平天国印书（全2册）[M]. 南京：江苏人民出版社，1979：407.
③ 汤志钧. 康有为政论集（上册）[M]. 北京：中华书局，1981：202.

戊戌维新运动,再到孙中山领导的以武装斗争为主要手段的辛亥革命,都没有找到一条救国救民正确道路。在中华民族最黑暗最无望的时候,中国共产党应运而生,扛起民族复兴的大旗。伟大建党精神是在建党实践中凝结而成的,建党实践是在实现民族复兴的驱动下展开的,实现中华民族伟大复兴是伟大建党精神形成的历史背景。

二、马克思主义科学真理是伟大建党精神形成的理论背景

中国共产党是以马克思主义理论为指导建立的,马克思主义为中国提供了建立无产阶级政党、领导工农进行无产阶级革命的行动思路。百年前,各种社会思潮在中国大地上传播,仁人志士们对中国的理论选择各执己见,到底哪条路才是正确的救国之路呢?中国的发展道路陷入了理论选择的困境。早期共产党人经过慎重的理论选择,认定了马克思主义。历史和实践证明,中国共产党人的选择是正确的,马克思主义内含的科学真理,是指引中国黑暗前进道路的光芒。先进知识分子在马克思主义理论的指导下,建立了中国共产党,领导工农群众发动无产阶级革命,推翻了压在人民头上的"三座大山",赢得了抗日战争和解放战争的胜利,建立了人民当家做主的新中国。正是因为马克思主义科学真理的理论指导,才诞生了领导革命走向成功的中国共产党,才形成了伟大建党精神。因此,马克思主义科学真理是伟大建党精神形成的理论背景。

三、中华民族优秀传统文化是伟大建党精神形成的文化背景

树高千尺,必有其根;江河万里,必有其源。中华民族优秀传统文化是伟大建党精神形成的文化背景。"朝闻道,夕死可矣""道虽弥,不行不至;事虽小,不为不成""君子之于学也,入于耳,藏于心,行之以身"等,是中华优秀传统文化追求真理、知行合一的凝练表达;"须知白首相逢日,不失初心始自全""心不动于微利之诱、目不眩于五色之惑""苟利国家生死以,岂因祸福避趋之"等,是中华优秀传统文化不改初心,勇担使命的生动展现;"身既死兮神以灵,子魂魄兮为鬼雄""人生自古谁无死,留取丹心照汗青""我自横刀向天笑,去留肝胆两昆仑"等,是中华优秀传统文化视死如归、斗争到底的豪情表达;"至于忠孝节义,百行之冠冕也""圣人无常心,以百姓心为心""民者,国之根也,诚宜重其食、爱其命"等,是中华优秀传统文化碧血丹心、人民至上的真切表达。中华民族优秀传统文化的沃土,滋养了伟大建党精神,是伟大建党精神的文化来源。

四、早期共产党人的建党实践是伟大建党精神形成的实践背景

十月革命一声炮响给中国送来了马克思列宁主义。以李大钊、陈独秀为主要代表的知识分子以《新青年》为主要阵地积极地开展马克思主义的传播工作,极大地解放了人民的思想。1920年,"南陈北李,相约建党"。李大钊和陈独秀在十月革命胜利的启发下萌生了建立无产阶级政党的念头,并付诸具体实践,陈独秀在上海建了中国共产党上海发起组,李大钊在北大红楼成立北京共产党小组,随后,济南、武汉、广州等地的共产党组织也相继成立。1921年,中共一大在上海和浙江嘉兴召开,这标志着中国全国性无产阶级政党的正式成立。会议通过了党的革命纲领,确定了党的共产主义信仰和实现民族独立、国家富强的初心和使命。1922年,中共二大在上海召开,选举产生了中央执行委员会,规定了党的组织制度,标志着中国共产党完成建党。中国共产党人建立共产党的一系列实践活动,构成了伟大建党精神的实践基础。

第二节 伟大建党精神的科学内涵

人无精神不立,国无精神不兴。建党百年来,中国共产党"凭着那么一股革命加拼命的强大精神"①,自强不息,克服万难,带领中国人民一步一个脚印,创造了无数震惊世界的中国奇迹。2021年7月1日,习近平总书记在庆祝中国共产党成立100周年大会上的讲话中对伟大建党精神的科学内涵做了深刻阐述。

一、"坚持真理、坚守理想"指引中国共产党百年奋斗的前进方向

"坚持真理、坚守理想",就是坚持马克思主义科学真理,坚守共产主义远大理想和实现中华民族伟大复兴的伟大梦想。十月革命一声炮响,给中国送来了马克思主义。马克思主义一经传入,就散发出强大的真理光辉。以李大钊、陈独秀为首的早期马克思主义者,以《新青年》为阵地,在中国积极地宣传马克思主义,揭开了中国人民思想解放运动的序幕,奠定了建党的思想基础。中国共产党从萌芽之始,就坚定地将马克思主义的科学真理奉为党的指导思想,

---

① 习近平. 在党史学习教育动员大会上的讲话 [M]. 北京:人民出版社,2021:19.

并在实践中坚定地践行马克思主义，朝着实现共产主义远大理想和实现中华民族复兴的伟大梦想稳步前进。习近平总书记在庆祝中国共产党成立100周年大会上深刻指出："今天，我们比历史上任何时期都更接近、更有信心和能力实现中华民族伟大复兴的目标，同时必须准备付出更为艰巨、更为艰苦的努力。"① 中国共产党只有坚定理想信念，才能愈行愈远，早日实现中华民族伟大复兴的奋斗目标。

二、"践行初心、担当使命"是中国共产党不断前行的根本动力

习近平总书记在十九大报告中指出："中国共产党人的初心和使命，就是为中国人民谋幸福，为中华民族谋复兴。"② 毛泽东在《政治周报》创刊号中指出："为什么要革命？为了使中华民族得到解放，为了实现人民的统治，为了使人民得到经济的幸福。"③ 中国共产党的成立，就是为了改变中国贫穷挨打的落后状况，就是为了结束人民水深火热的悲惨境地。在建党以来28年的奋斗下，中国共产党带领人民取得了新民主主义革命的胜利，建立了新中国，让人民真正成了国家的主人。新中国成立以来，中国共产党将人民作为党和国家一切工作的出发点，全力开展社会主义建设，取得了难以想象的历史性成就。在中国共产党的领导下，我国完成了消除绝对贫困的历史任务，极大地提高了人民的生活水平；着力完善和发展社会保障制度，取得了民生工作的重大进展；着力完善和发展社会主义法律体系，建立社会主义法治国家。建党百年来，中国共产党始终稳站人民立场，为实现人民的美好生活不懈奋斗。

三、"不怕牺牲、英勇斗争"是中国共产党永不磨灭的前进勇气

中国共产党"先锋队"的性质、"全心全意为人民服务"的宗旨、身兼"实现中华民族伟大复兴"的初心使命、凶险压迫的诞生条件，就决定了中国共产党是一个"不怕牺牲、英勇斗争"的顽强政党。"为有牺牲多壮志，敢教日月换新天"。中国共产党从成立之日起就有着生生不息的强大斗争意志，就有着不怕牺牲、视死如归的英勇气概。从建党到建国28年的历史进程中，有三百多万党员为新民主主义革命的胜利付出了宝贵的生命，这在世界政党中极其罕见；

---

① 习近平. 在庆祝中国共产党成立100周年大会上的讲话[M]. 北京：人民出版社，2021：8.
② 习近平. 习近平谈治国理政：第三卷[M]. 北京：外文出版社，2020：1.
③ 毛泽东. 毛泽东选集：第二卷[M]. 北京：人民出版社，1991：663.

新中国成立以来，中国共产党秉承"不怕牺牲、英勇斗争"的革命勇气，推进社会主义建设，实现了新中国从新民主主义向社会主义的转变；实行改革开放，解放和发展社会生产力，推动中华民族实现了从站起来到富起来的伟大飞跃；中国特色社会主义进入新时代，中国共产党一以贯之"不怕牺牲、英勇斗争"的革命勇气，不惧前路未知的艰难险阻，拼搏向前。

四、"对党忠诚、不负人民"是中国共产党一心为民的庄重宣言

"对党忠诚"就是"忠于党组织、忠于党的信仰、忠于党的路线方针政策"①；"不负人民"，就是始终坚持马克思主义的人民立场，坚持以人民为最高评判标准，坚持在实践中为人民谋利益；"对党忠诚"是"不负人民"的应有之义。新民主主义革命时期，无数共产党人被反动势力逮捕，面对反动势力的严刑拷打，中国共产党人严守党的秘密，坚贞不屈，视死如归，体现出中国共产党人的一片丹心。新中国成立以来，我们党的执政环境发生了巨大变化，只有每个共产党员坚定"忠诚于党"，党才能"不负人民"。中国共产党从建立之日起，就始终将人民放在心中首要位置，这是中国共产党区别于其他一切政党的根本标志。中国特色社会主义进入新时代，我们党以刀刃向内的政治勇气，以"老虎苍蝇一起打"斗争方式，积极开展党的自我革命，取得了显著的治党成果，净化了党内的政治风气，守住了"不负人民"的政治宣言。

第三节　伟大建党精神的时代价值

中国共产党的伟大建党精神是中国共产党人的灵魂，是共产党人坚定信仰的精神支柱。一百多年来，伟大建党精神历经风雨沧桑，其作为独特精神财富所具有的价值随着社会的发展和时代的进步愈发地显现出来。

一、伟大建党精神是中国共产党永葆纯洁、砥砺向前的精神动力

坚定的理想信念是党保持先进性、纯洁性的重要保障，是中国共产党砥砺前行的动力源泉。建党百年来，中国共产党坚持马克思主义科学真理，坚守实现共产主义远大理想和实现中华民族复兴伟大梦想，带领中国人民创造了一个

---

① 耿磊. 伟大建党精神的基本内涵、生成逻辑与时代价值［J］. 毛泽东研究，2021（05）.

又一个奇迹。一个政党如果没有坚定的理想信念，一定会迷失方向，最终走向灭亡。中国共产党要保持坚定的理想信念，就要保持自身的纯洁性，要始终站稳人民立场，坚持全心全意为人民服务的根本宗旨，将人民放在心中最高位置，就要用敢于刀刃向内，敢于和一切黑恶势力斗争的政治勇气，坚守对党忠诚、不负人民的政治宣言。伟大建党精神是中国共产党百年来带领人民创造一个又一个奇迹的精神武器，也是党在新时代接续奋斗的动力源泉。当前世界正处于百年未有之大变局，中国特色社会主义进入新时代，中国改革开放进入深水区，中国共产党面临着前所未有的、更为复杂的执政环境。只有在实践中践行伟大建党精神，中国共产党才能保持自身的纯洁性，更加坚定地面对各种风险挑战。

二、伟大建党精神是中国共产党精神力量的源头活水

习近平总书记在庆祝中国共产党成立100周年大会上讲道："一百年来，中国共产党弘扬伟大建党精神，在长期奋斗中构建起中国共产党人的精神谱系，锤炼出鲜明的政治品格。"①在百年党史中，中国共产党将马克思主义科学真理与党的具体实践相结合，坚持以人民为中心，以"不怕牺牲"的革命勇气，"英勇斗争"的革命意志，坚守"对党忠诚、不负人民"的党性操守，朝着心中的坚定理想不懈奋斗，在实践中弘扬践行伟大建党精神，带领中国人民创造出一个又一个时代奇迹，形成了一个又一个中国共产党的宝贵精神，构成了中国共产党的精神谱系。伟大建党精神既是中国共产党精神谱系的源头活水，又是精神谱系的内在灵魂。中国共产党的精神谱系是中国共产党人在具体历史时期的实践产物，本身带有独特的历史特点，伟大建党精神贯穿于每个精神之中，是精神谱系之魂。

三、伟大建党精神是实现中华民族伟大复兴的动力之源

近代以来，中华民族落后于世界发展进程，国家蒙辱，人民蒙难，文明蒙尘，实现中华民族伟大复兴，成为近代以来中华民族最伟大的梦想。早期共产党人建立了中国共产党，领导中国人民取得了新民主主义革命的伟大胜利，开启了实现中华民族伟大复兴的实践篇章。在中国共产党创建过程中形成的伟大建党精神，内含着实现中华民族伟大复兴的无穷力量。新中国成立以来，中国共产党传承伟大建党精神，带领中国人民奋力建设社会主义。70多年来，在党

---

① 习近平. 在庆祝中国共产党成立100周年大会上的讲话［M］. 北京：人民出版社，2021：8.

的领导下，中国共产党带领人民取得了抗美援朝战争的胜利，为新中国赢取了和平的发展环境；研制出"两弹一星"，奠定了新中国和平发展的坚强基础；推行改革开放政策，大力发展经济，开启了实现"富起来"的伟大征程。十八大以来，中国特色社会主义进入新时代，中国共产党只有继续弘扬传承伟大建党精神，坚持"四个自信"，做到"两个维护"，继续推进"五位一体"总体布局、"四个全面"战略布局，砥砺前行，艰苦奋斗，才能实现第二个百年奋斗目标，实现中华民族的伟大复兴。

第四节　伟大建党精神教学案例分析与教学设计

一、伟大建党精神教学案例分析

（一）"南陈北李，相约建党"

1. 案例呈现

1919年4月，巴黎和会失败，消息传回国内，以北京大学等高校学生示威游行为开端的五四运动爆发。五四运动爆发后，很多北大学生被捕入狱。为了营救被捕学生，陈独秀和李大钊共同起草了《北京市民宣言》，陈独秀在宣传过程中被捕入狱。陈独秀被捕后，李大钊心急如焚，积极开展营救活动。反动当局迫于舆论压力，于1919年9月16日释放了陈独秀。通过这次牢狱之灾，陈独秀的思想发生了重大转变，逐步确立了马克思主义信仰，实现了由激进民主主义者向马克思主义者的转变。1920年1月29日，陈独秀赶往武汉讲学，引起了反动当局的注意。2月8日晚，陈独秀由武汉返往北京，反动当局已在陈独秀住处布控准备抓捕陈独秀。为了帮助陈独秀免受迫害，李大钊亲自护送陈独秀离开北京。李大钊化为账房先生，陈独秀扮成老板，一路将陈独秀送至天津，在此过程中，两人商谈了建党之事。1920年8月，在共产国际的帮助下，以陈独秀为代表的早期共产党人建立了中国第一个党组织——上海发起组。1920年10月，以李大钊为代表的早期共产党人在北大红楼建立了北京历史上第一个共产党的党组织。1921年，党的一大召开，宣告了中国共产党的成立，1922年党的二大召开，制定了党的最低和最高纲领。中国共产党建党任务终于完成。

2. 案例分析

马克思主义在中国传播之后，早期马克思主义者认识到了建党的必要性和重要性。为了建立中国的无产阶级政党，以陈独秀、李大钊为代表的早期共产党人付出了不懈的努力，做出了艰难的实践探索。历经百般坎坷，建党大业终成。在建党实践中，中国共产党人肩扛民族大义，心装人民幸福，以马克思主义为指导，以勇于斗争的革命精神，完成了建党大业。在这一过程中形成的伟大建党精神，就是中国共产党开天辟地的精神体现。百年来，中国共产党在实践中弘扬践行伟大建党精神，在民族复兴大道上稳步前行。

（二）英雄模范孔繁森

1. 案例呈现

1979年7月，孔繁森赴西藏工作，在担任日喀则市岗巴县委副书记的3年间，他跑遍了全县的乡村、牧区，与藏族群众结下了深厚的情谊。1981年4月，孔繁森奉命调回到山东。1988年12月，山东省再次选派进藏干部，已是聊城行署副专员的孔繁森第二次赴藏工作，担任拉萨市副市长。到任仅4个月，他就跑遍了拉萨所有的公办学校和半数以上村办小学，为发展少数民族的教育事业奔波操劳。1992年8月，拉萨市墨竹工卡等县发生地震，孔繁森立即赶赴灾区指导抗震救灾工作，并在羊日岗乡的地震废墟中领养了3名藏族孤儿。1992年12月，孔繁森第二次调藏工作期满，自治区党委决定任命他为阿里地委书记。1993年4月，年近50岁的孔繁森赴任阿里地委书记。为了摸清阿里的情况，他马不停蹄地实地考察、求计问策，与当地干部一起寻找带领群众脱贫致富的路子。在他的带领下，阿里经济有了较快发展，至1994年初，全地区国民生产总值超过1.8亿元，国民收入超过1.1亿元，比1993年分别增长37.5%和6.7%。正当阿里经济振兴的蓝图一步步变为现实的时候，不幸却降临在孔繁森身上。1994年11月29日，孔繁森在去新疆塔城考察边贸的途中，遭遇车祸不幸殉职，时年50岁。在为他料理后事时，人们看到了两件令人心碎的遗物：一是他仅有的八元六角钱；二是他的"绝笔"——去世前4天写成的关于发展阿里经济的12条建议。

2. 案例分析

孔繁森同志舍己为公，他的一生都致力于西藏的发展，为西藏呕心沥血，甚至奉献出了自己的生命。虽然孔繁森同志已经去世了，但他永远地活在人民的心中。孔繁森同志的事迹体现着中国共产党人全心全意为人民服务的宗旨，体现着共产党人在实践中践行初心使命，是对伟大建党精神的鲜明体现和坚定传承。孔繁森同志的事迹中蕴含着巨大的精神震撼力和行动感召力，他以自己的实际行动,展现了中国共产党人的优秀品质,展现了伟大建党精神的强大力量,指引我们前进的方向,给予我们前进的动力。在新的时代背景下,我们要深入学习孔繁森的英雄事例,深刻理解伟大建党精神的丰富内涵,感受伟大建党精神的强大力量。

薪火因传承不息,精神因弘扬而盛。中国特色社会主义进入新时代,只有深刻理解伟大建党精神的形成背景、丰富内涵和时代价值,伟大建党精神才能永葆活力,在实践中更好的传承和弘扬,中华民族伟大复兴的中国梦才能早日实现。

二、伟大建党精神的教学设计

专题名称	中国共产党人的精神之源:伟大建党精神	学时	1学时
学情分析	1. 学生已有的认知水平和能力现状分析:伟大建党精神是2021年7月1日习近平总书记在庆祝中国共产党成立100周年大会上第一次提出来的,所以学生对于伟大建党精神的形成背景、科学内涵、时代价值等内容并不了解,需要以理论与实际相结合的方式,通过相关历史案例、视频、图片、人物故事等手段,帮助学生深入学习伟大建党精神的相关知识。 2. 学生的学习问题和学习需求分析:青年兴则国家兴,青年强则国家强。当前我国正处于"两个一百年"历史交汇期和重要战略机遇期。在这个关键的历史时期,青年学生需要从伟大建党精神中汲取营养和力量,吸收内化为自身的精神财富。		
	一、教学目标 (一)知识目标 1. 掌握伟大建党精神的形成背景、科学内涵、时代价值。 2. 深入了解中国共产党建立的基本过程,体会伟大建党精神的时代力量。 (二)能力目标 提高学生归纳与分析历史问题的能力,能够运用大历史观的思维看待和解决问题。 (三)情感目标 在掌握伟大建党精神形成背景、科学内涵的基础上,体会中国共产党的建党初衷与责任担当,增强学生爱党、爱国、爱社会主义的情感。		
	二、教学重点与难点		

续表

1. 教学重点：伟大建党精神的科学内涵。 2. 教学难点：伟大建党精神的形成背景。
三、教学过程

（一）导课

1. 导课方式：图片导入法。

图片一：2022年3月8日，十三届全国人大五次会议在北京人民大会堂举行第二次全体会议。会议指出，2022年全国人大常委会工作的总体要求是："以习近平新时代中国特色社会主义思想为指导，全面贯彻落实党的十九大和十九届历次全会精神，弘扬伟大建党精神……为实现第二个百年奋斗目标、全面建设社会主义现代化国家作出新的贡献。"

图片二：2022年2月25日，习近平在中共中央政治局会议上强调："要弘扬伟大建党精神，以强烈的政治责任感和历史使命感履行职责，坚持问题导向，坚持底线思维，以钉钉子精神做好各项工作，坚定不移贯彻落实党中央方针政策和工作部署。"

2. 提出问题：

（1）什么是伟大建党精神？

（2）伟大建党精神是怎么形成的？

（3）如何弘扬伟大建党精神？

（二）新课讲授

问题1：伟大建党精神的科学内涵

（1）导课方式：图片导课法。

（2）导课内容。"一百年前，中国共产党的先驱们创建了中国共产党，形成了坚持真理、坚守理想，践行初心、担当使命，不怕牺牲、英勇斗争，对党忠诚、不负人民的伟大建党精神，这是中国共产党的精神之源。"如何理解伟大建党精神的科学内涵？

（3）讲解过程。

"坚持真理、坚守理想"彰显了我们党是有崇高理想和坚定信念的党。中国共产党从建党以来，就旗帜鲜明地将马克思主义科学真理作为自己的指导思想，坚持用马克思主义思想建党、强党，指导中国的实践活动。百年来，中国共产党坚持以马克思主义科学真理为指导，积极进行建设社会主义的实践探索，砥砺前行，艰苦奋斗，不断推动马克思主义的中国化，在实现中华民族伟大复兴的大道上稳步向前。

"践行初心，担当使命"，彰显了中国共产党人勇于担当、始终不渝践行初心使命的精神特质。习近平总书记在十九大报告中指出："中国共产党人的初心和使命，就是为中国人民谋幸福，为中华民族谋复兴。"这是我们党性质和宗旨的集中体现。一百年前，先进的中国共产党人怀着救民于水火，救国于危难的初心建立了中国共产党，领导人民取得了新民主主义革命的胜利，建立了人民当家做主的新中国，实现了中国从几千年封建专制政治向人民民主的伟大飞跃；新中国成立以后，中国共产党人坚守初心，带领人民建立起独立的比较完整的工业体系和国民经济体系，各项事业有了很大发展，实现了一穷二白人口众多的东方大国迈进社会主义社会的伟大飞跃；十一届三中全会以后，中国共产党践行初心，推行改革开放，大力发展经济建设，实现了人民生活从温饱不足到总体小康、奔向全面小康的历史性跨越，推进了中华民族从站起来到富起来的伟大飞跃；党的十八大以来，中国特色社会主义进入新时代，中国共产党不忘初心、牢记使命，全面推进"五位一体"总体布局，"四个全面"战略布局，推动党和国家事业取得历史性成就、发生历史性变革，实现了中华民族从站起来、富起来到强起来的伟大飞跃。百年来，中国共产党坚持为人民谋幸福、为民族谋复兴的初心使命，自力更生，艰苦奋斗，带领中国人民创造了一个又一个中国奇迹，朝着实现中华民族伟大复兴的中国梦不断前行。

"不怕牺牲、英勇斗争",彰显了中国共产党人不畏强敌、不惧风险、敢于斗争、勇于胜利的风骨和品质。革命总是充满斗争和流血牺牲。近代中国,由于封建军阀等反动势力的疯狂镇压,以李大钊为代表的早期共产党人只能秘密的进行共产主义运动。他们冒着被逮捕、被杀头的危险,进行宣传马克思主义、领导工人运动、建立中国共产党等工作。中国共产党从成立之日起就有着生生不息的强大斗争意志,就有着不怕牺牲、视死如归的英勇气概。在新民主主义革命时期,有2100万革命先烈为国捐躯,其中有名可查的共产党员达370多万,可见奋斗之艰辛,状况之惨烈。新中国成立以来,中国共产党一以贯之"不怕牺牲、英勇斗争"的勇气,取得了抗美援朝、改革开放、脱贫攻坚等的伟大胜利,实现了第一个百年奋斗目标,走出了一条符合我国国情的中国特色社会主义道路。中国特色社会主义进入新时代,中国共产党要继续保持"不怕牺牲、英勇斗争"的精神勇气,为实现第二个百年奋斗目标不懈奋斗。

"对党忠诚、不负人民",体现了中国共产党人的鲜明政治品格与崇高价值追求。百年来,中国共产党人牢记入党初心,担当历史使命,将"对党忠诚、不负人民"的政治宣言融入党的伟大实践,产生了一大批英雄人物,他们为党和国家做出了杰出贡献,他们的事迹体现着共产党人忠诚于党和人民的坚定精神选择。在新的发展阶段,中国共产党要继续遵守践行"忠诚于党、不负人民"的政治宣言,带领人民继续夺取实现中国特色社会主义的伟大胜利。

问题2:伟大建党精神的形成背景
(1) 导课方式:图片导课法。
(2) 导课内容。

通过展示鸦片战争以来国内民不聊生、清政府腐败落后的图片,展示太平天国运动、洋务运动、维新变法、辛亥革命的图片,展示五四运动、《新青年》杂志、工人运动图片。提出问题:伟大建党精神的形成背景是什么?

(3) 讲解过程。

理论背景:马克思主义科学真理。十月革命一声炮响给中国送来了马克思列宁主义,早期的先进知识分子经过慎重的理论选择,最终确定以马克思主义为指导思想,用马克思主义指导中国的革命实践。在多次实践探索后,早期马克思主义者认识到建立无产阶级政党的重要性。在马克思主义科学真理的指导下,早期共产党人经过艰难的实践探索,建立了中国共产党,在早期共产党人的建党实践中,形成了伟大建党精神。

历史背景:实现中华民族伟大复兴。清朝中后期,中国远落后于世界历史的发展进程,1840年鸦片战争之后,中国一步步沦为半殖民地半封建国家,中华民族一步步走向衰亡。为了实现中华民族的伟大复兴,无数的仁人志士做出了各种实践探索,但是都没有找到正确的救国道路。在复兴之路一片黑暗之时,中国共产党应运而生,实现中华民族伟大复兴的重任自然而然的落到了中国共产党的肩上。为了实现中华民族的伟大复兴,早期马克思主义者建立了中国共产党,使中国的革命面貌焕然一新。

文化背景:中华优秀传统文化。伟大建党精神根植于中华优秀传统文化。中华优秀传统文化中饱含着以人民为中心、舍生取义、顽强斗争、忠于国家的优秀品格,是伟大建党精神形成的文化背景。墨家的民本学说、孟子的民贵君轻思想、荀子的君舟民水思想,是以人民为中心思想的体现,"后羿射日""愚公移山"、三过家门而不入的大禹、宁死不屈的文天祥、悲愤投湖的屈原等,体现着舍生取义、顽强斗争的优秀品格,"竭忠诚而事君兮""忠诚为国始终忧""鞠躬尽瘁死而后已"等,是中华优秀传统文化中忠诚正直的集中表现。

实践背景:早期共产党人的建党实践。十月革命一声炮响给中国送来了马克思主义,马克思主义一经传入就散发着真理的光辉。在马克思主义的指导下早期马克思主义者认识到了建立无产阶级政党的重要性。在国际共产主义的帮助下,以陈独秀、李大钊、王尽美、毛泽东等早期共产党人在上海、北京、济南、长沙等地成立了共产党早期

续表

组织，他们致力于宣传马克思主义，同反马克思主义做斗争、积极开展工人运动，为中国共产党的正式成立做了思想、阶级和实践上的准备。1921年7月，中国共产党第一次全国代表大会在上海召开，宣告了中国共产党的成立。1922年7月，党的二大召开，制定了党的民主革命纲领、党的第一部党章，健全了党的中央领导机构，标志着中国共产党创建工作顺利完成。在早期共产党人的建党实践中，形成了伟大建党精神。

问题3：新时代如何弘扬伟大建党精神？

（1）导课方式：疑问式导入法。

（2）导课内容。

百年来，中国共产党人在实践中继承和弘扬伟大建党精神，创造了一个又一个中国奇迹，形成了中国共产党人的精神谱系，带领中国人民在实现中华民族伟大复兴的道路上奋勇向前。行之力则知愈进、知之深则行愈达。当今世界正处于百年未有之大变局，中国特色社会主义进入新时代，中国共产党要继续弘扬伟大建党精神，带领中国人民勇立时代潮头。那么，在新时代，要如何弘扬伟大建党精神呢？

（3）讲解过程。

新时代弘扬伟大建党精神，就要坚定习近平新时代中国特色社会主义思想的指导地位，坚定理想信念。习近平新时代中国特色社会主义思想是当代中国的马克思主义，是21世纪的马克思主义，是中国特色社会主义道路、理论、制度、文化的内在统一，是中国特色社会主义理论逻辑、历史逻辑、实践逻辑的有机统一。坚定理想信念，坚守共产党人的精神追求，始终是共产党人的安身立命的根本。新时代弘扬伟大建党精神，就要坚定拥护"两个确立"，坚实做到"两个维护"，保持坚定的理想信念，走好新的时代征程。

新时代弘扬伟大建党精神，就要坚守共产党人的初心和使命。百年来，初心和使命是中国共产党不断前行的动力源泉。新时代弘扬伟大建党精神，就要坚定共产党人的理想信念，补足精神之钙；就要始终坚持人民立场，将为人民谋幸福的初心使命贯彻到党的各项实践；就要严守纪律规矩，始终保持中国共产党先进性和纯洁性。新时代，中国共产党要践行初心，担当使命，以坚忍不拔之志战胜前进道路上的艰难险阻，带领中国人民坚定向前。

新时代弘扬伟大建党精神，就要敢于以视死如归的巨大勇气，进行新的具有许多历史特点的伟大斗争。民族复兴之路并非坦途。百年历史征途充满了各种艰难险阻、惊涛骇浪，中国共产党以不怕牺牲的政治勇气，带领中国人民同各种风险挑战顽强斗争，奋勇向前。新时代弘扬伟大建党精神，就要将"不怕牺牲、英勇斗争"的政治勇气贯穿于党的革命事业，在危急时刻敢于挺身而出、勇于担当，牺牲小我，成就大我，同各种困难斗争到底，不断夺取伟大斗争的胜利。

新时代弘扬伟大建党精神，就要始终坚守对党忠诚的首要政治品质，始终坚持不负人民的鲜明政治品格。百年来，中国共产党在危急时刻转危为安，在攻坚克难中不断向前，靠的是千万党员的忠诚，靠的是亿万人民的拥护。新时代弘扬伟大建党精神，就要将"对党忠诚、不负人民"的政治操守贯彻于党的各项实践，在思想上、政治上、行动上同以习近平为中心的党中央保持高度一致，始终站稳人民立场，切实解决与人民群众利益相关的事情，为实现第二个百年奋斗目标、实现中华民族伟大复兴不懈奋斗。

（三）课堂小结

百年前，早期共产党人不忧个人之失，不惧探索之艰，经过经苦奋斗建立了中国共产党，形成了伟大建党精神。百年来，中国共产党人不忘初心所向，不忘先辈之志，在实践中践行弘扬伟大建党精神，创造了一系列精神财富，带领中国人民在伟大复兴道路上渐行深远。中国特色社会主义进入新时代，我们要继续将伟大建党精神铭于心、践于行、传于教，为实现中华民族伟大复兴贡献自己的力量。

续表

（四）布置作业

通过本节课的学习，结合中国抗击新冠肺炎疫情的实际行动，思考中国抗疫行动是怎样践行伟大建党精神的？

四、教学资源

（一）参考文献

1. 康来云．从建党精神到精神谱系：中国共产党伟大精神的源与流［J］．学习论坛，2022（01）：37-42．

2. 齐卫平．论伟大建党精神先进性的三个维度［J］．河海大学学报（哲学社会科学版），2022，24（02）：1-8．

3. 张士海．伟大建党精神：生成逻辑、内涵意蕴与弘扬路径［J］．马克思主义研究，2022（02）．

4. 王俊涛，高晓林．伟大建党精神的百年贡献与时代价值彰显理路［J］．思想理论教育，2022（01）：38-44．

5. 曲值．伟大建党精神的理论渊源、层次特征与重要意义［J］．理论月刊，2022（01）：24-31．

6. 李斌雄，魏心凝．伟大建党精神的内涵特质、形成机理与实践理路［J］．新疆师范大学学报（哲学社会科学版），2022，43（01）．

7. 蒲清平，何丽玲．伟大建党精神的内涵特征、时代价值与弘扬路径［J］．重庆大学学报（社会科学版），2022，28（01）：12-22．

8. 韩洪泉．论中国共产党伟大建党精神［J］．上海交通大学学报（哲学社会科学版），2022，30（02）．

9. 史家亮．毛泽东对传承弘扬伟大建党精神的重要贡献［J］．山东师范大学学报（社会科学版），2022，67（01）：51-59．

10. 赵振辉．中国共产党伟大建党精神的生成逻辑、内在特征及历史启示［J］．理论导刊，2021（11）：16-23，65．

11. 耿磊．伟大建党精神的基本内涵、生成逻辑与时代价值［J］．毛泽东研究，2021（05）：17-25．

12. 齐卫平，王子蕲．"对党忠诚、不负人民"：伟大建党精神探微［J］．党政研究，2021（06）：5-12．

13. 沈传亮，张成乐．伟大建党精神：特质、内涵与传承［J］．教学与研究，2021（10）：5-11．

14. 高正礼．论伟大建党精神的内在特质［J］．中国特色社会主义研究，2021（05）．

15. 李思学．伟大建党精神的价值意蕴和时代薪传［J］．探索，2021（05）：38-49．

16. 王树荫，耿鹏丽．论伟大建党精神的历史定位、科学内涵与时代价值［J］．人民教育，2021（Z3）：20-25．

17. 车宗凯．践行初心、担当使命是伟大建党精神之本［J］．思想教育研究，2021（07）：9-14．

18. 陈洪玲．不怕牺牲、英勇斗争是伟大建党精神之基［J］．思想教育研究，2021（07）：15-20．

19. 仝华．对党忠诚、不负人民是伟大建党精神之根［J］．思想教育研究，2021（07）：21-26．

20. 刘红凛．伟大建党精神的形成过程、科学内涵与赓续发展［J］．马克思主义研究，2021（12）．

21. 王永昌．深刻领悟和把握伟大建党精神的丰富内涵［J］．人民论坛，2021（34）：76-79．

续表

22. 习近平．在庆祝中国共产党成立 100 周年大会上的讲话［M］．北京：人民出版社，2021：8. （二）网络资源 1. 中国大学 MOOC《中国近现代史纲要》相应网络教学视频等。 2. 纪录片：央视《点亮 1921》。
五、教学方法
讲授法、谈论法、演示法
六、实践环节
参观北大红楼、中共一大、中共二大等党史纪念地，感受伟大建党精神的力量。

第二章

新民主主义革命时期中国共产党人的精神谱系融入"纲要"课解析

第一节 星星之火：井冈山精神

井冈山是中国革命的摇篮。大革命失败后，以毛泽东为代表的中国共产党人没有被白色恐怖吓倒，面对血腥的屠杀，他们不怕牺牲、前赴后继，坚持革命，开辟了农村包围城市、武装夺取政权的革命新道路。面对革命的崭新道路，一些人提出了"红旗到底能打多久"的疑问。对此，毛泽东提出了"星星之火可以燎原"的论断。在井冈山革命根据地，中国共产党人进行了艰苦卓绝的斗争和坚忍不拔的探索，是中国革命走向辉煌胜利的起点。

井冈山革命根据地的伟大实践孕育了伟大的井冈山精神。井冈山精神是中国共产党在攻坚克难、艰苦奋斗的基础上积淀而成的，奠定了中国共产党优良的革命传统，是中国共产党革命精神的重要组成部分，是中国共产党精神谱系中的重要一环。在新时代，井冈山精神必将为实现第二个百年奋斗目标，实现中华民族伟大复兴的中国梦提供强大的精神动力，必将指引中国特色社会主义事业走向新的辉煌。

一、井冈山精神的基本内涵

大革命失败后，1927年7月中共中央政治局临时常委会决定组织湘、鄂、赣、粤四省的农民在秋收季节发动起义。1927年8月7日，中共中央在汉口召开会议，即著名的八七会议，确定了土地革命和武装斗争的总方针。在这次会议上，毛泽东第一次提出了"枪杆子里面出政权"的论断。

八七会议后，毛泽东前往湖南领导秋收起义。1927年9月9日，毛泽东领导发动了湘赣边秋收起义，起义军第一次公开打出了"工农革命军"的旗号，开启了中国共产党独立领导武装斗争和创建革命军队的序幕。起义部队在攻打长沙遭遇严重挫折后决定南下,向敌人控制比较薄弱的农村地区转移。9月29日,毛泽东带领起义部队到达江西永新县三湾村,并在此进行了举世闻名的"三湾改编"。"三湾改编"保证了党对人民军队的绝对领导,是我党建设新型人民军队的开端。10月7日起义队伍抵达江西省宁冈县茅坪,开始创建井冈山农村革命根据地。

1928年4月,朱德、陈毅率领南昌起义军余部和湘南农军相继抵达井冈山,与毛泽东领导的红军会师,合编为工农革命军第四军,朱德任军长,毛泽东任党代表。井冈山会师是中国共产党发展史上具有重大历史意义的事件,不仅壮大了革命队伍,而且促进了井冈山革命根据地的进一步发展。井冈山革命根据地是以毛泽东为首的中国共产党人创立的第一块农村革命根据地。此后,中国革命进入农村包围城市、武装夺取政权的崭新革命道路。因此,井冈山革命根据地被誉为"中国革命的摇篮"。

2016年2月,习近平总书记在江西考察时指出:"井冈山是中国革命的摇篮。井冈山时期留给我们最为宝贵的财富,就是跨越时空的井冈山精神。今天,我们要结合新的时代条件,坚持坚定执着追理想、实事求是闯新路、艰苦奋斗攻难关、依靠群众求胜利,让井冈山精神放射出新的时代光芒。"① 因此,我们将井冈山精神的内涵概括为:坚定执着追理想、实事求是闯新路、艰苦奋斗攻难关、依靠群众求胜利。

(一)坚定执着追理想

对马克思主义、共产主义的坚定信仰和对革命理想的执着信念是井冈山精神的灵魂。大革命失败后,中国革命道路应当如何走?毛泽东指出:"中国共产党和中国人民并没有被吓倒,被征服,被杀绝。他们从地下爬起来,揩干净身上的血迹,掩埋好同伴的尸首,他们又继续战斗了。"② 在井冈山革命根据地,面对"红旗到底能打多久"的质疑,以毛泽东为首的中国共产党人做出了深刻的回答。毛泽东在《星星之火,可以燎原》中说:"我所说的中国革命高潮快要到来,绝不是如有些人所谓'有到来之可能'那样完全没有行动意义的、可望而不可即的一种空的东西。"③

在井冈山斗争时期,红军战士为了区分敌我,在胸前系上红带,名为"牺牲带"。带上它,表示随时为革命献身。打仗前,战士们互相交代,一是如果在

---

① 习近平. 习近平春节前夕赴江西看望慰问广大干部群众[N]. 人民日报,2016-02-04(001).
② 毛泽东. 毛泽东选集:第三卷[M]. 北京:人民出版社,1991:1036.
③ 毛泽东. 毛泽东选集:第一卷[M]. 北京:人民出版社,1991:50.

战斗中牺牲了，记得告诉家中的老母亲，什么时候、在哪儿牺牲的；一是革命胜利之后，在烈士名册上登记上牺牲者的名字。当时的苏维埃政府文件《共产主义者须知》中写道：革命者要"不畏难、不怕死、不爱钱、为共产主义而牺牲"①。这一时期，牺牲的革命烈士有二十二岁的卢德铭、三十二岁的谢开甲、二十八岁的张子清等四万八千余名。这些烈士长眠于井冈山这片红色的土地上，他们都是有着坚定革命信仰和革命信念的共产主义战士。

（二）实事求是闯新路

实事求是是井冈山精神的核心。1941年，毛泽东在《改造我们的学习》中，第一次阐述了"实事求是"的内涵："'实事'就是客观存在着的一切事物，'是'就是客观事物的内部联系，即规律性，'求'就是我们去研究。"② 实事求是，即从客观实际出发，研究和探求事物的发展规律。

大革命失败后，八七会议纠正了陈独秀"右"倾机会主义，但由于对中国革命的复杂性、长期性、艰巨性缺乏认识，党内先后出现了三次"左"倾错误，包括以瞿秋白为代表的"左"倾盲动主义；以李立三为代表的"左"倾冒险主义；以王明为代表的"左"倾教条主义。之所以出现三次"左"倾错误，一是八七会议后党内一直存在着的"左"倾情绪；二是共产国际对中国共产党内部事务的错误干预；三是党的马克思主义理论准备不足，理论素养不高，实践经验缺乏，把马克思主义教条化，将共产国际决议和苏联经验神圣化。在半殖民地半封建社会的中国进行革命，必须结合中国实际探索革命新路。邓小平曾指出："中国革命为什么能取得胜利？就是以毛泽东同志为首的中国共产党人独立思考，把马列主义的普遍原理同中国的具体情况相结合，找到了适合中国情况的革命道路、形式和方法。"③

1930年，毛泽东在《反对本本主义》中，提出了"没有调查，没有发言权"和"中国革命斗争的胜利要靠中国同志了解中国情况"的思想。他多次深入群众中进行调查研究，写下了《宁冈调查》《永新调查》等。毛泽东的著作《星星之火，可以燎原》《中国的红色政权为什么能够存在》《井冈山的斗争》等奠定了农村包围城市、武装夺取政权的理论基础，是马克思主义中国化的具体体现。

---

① 张泰城.井冈山精神［M］.北京：中共党史出版社，2017：60.
② 毛泽东.毛泽东选集：第三卷［M］.北京：人民出版社，1991：801.
③ 邓小平.邓小平文选：第三卷［M］.北京：人民出版社，1993：27.

（三）艰苦奋斗攻难关

毛泽东在党的七届二中全会上提出了"两个务必"，其中之一是"务必使同志们继续地保持艰苦奋斗的作风"。艰苦奋斗是我党的优良传统，也是井冈山精神的基石。

井冈山革命根据地物资匮乏，加之国民党的军事进攻和经济封锁，面临非常大的困难。首先，缺乏粮食和衣被。据老红军回忆，红军官兵都一样，没有粮食就吃红糙米、南瓜，或把南瓜、地瓜切成丝晒干吃，甚至这些也缺乏。做的南瓜汤没油没盐，难以下咽。井冈山的冬天很冷，由于缺乏棉花，红军只能穿两件单衣，后来有棉花了，又缺布，就在两层单衣里夹上棉花，再缝一缝穿上。战士们晚上睡觉没被子盖，就盖稻草。当时，根据地流传着一首歌谣："红米饭南瓜汤，秋茄子味好香，餐餐吃得精光。干稻草来软又黄，金丝被儿盖身上，不怕北风和大雪，暖暖和和入梦乡。"① 为应对这些困难，红军展开了一系列生产自救，兴修水利、开荒种粮种菜、开办被服厂熬硝盐厂等。此外，为了解决缺医少药的问题，除了从敌人那里缴获外，红军还想了很多办法。例如用猪油代替凡士林、用竹子制成镊子，纱布绷带洗了又洗，用了又用。

井冈山革命根据地在极端艰苦的条件下，以艰苦奋斗的作风攻克难关，革命力量逐渐壮大，根据地建设不断开创新局面。

（四）依靠群众求胜利

毛泽东说："人民，只有人民，才是创造世界历史的动力。"② 一切为了群众，一切依靠群众，从群众中来，到群众中去，把党的正确主张变为群众的自觉行动。群众路线是中国共产党的工作路线，是中国共产党将马克思主义关于人民群众是历史创造者的原理同中国实践相结合过程中形成的，是党在长期的革命和社会主义建设实践中获得的无比宝贵的历史经验。

依靠群众是井冈山精神的法宝。在井冈山革命根据地时期，毛泽东很关注军民关系。1928年4月，颁布了"三大纪律、六项注意"，后来发展成"三大纪律、八项注意"，即：一切行动听指挥、不拿群众一针一线、一切缴获要归公；说话和气、买卖公平、借东西要还、损坏东西要赔、不打人骂人、不损坏庄稼、不调戏妇女、不虐待俘虏。"三大纪律、八项注意"确保了红军人民军队的性质，体现了红军和人民群众的鱼水之情。中国共产党始终相信群众、依靠群众。黄洋界保卫战、永新困敌、龙源口战斗等都是红军依靠人民群众取得的

---

① 张泰城. 井冈山精神 [M]. 北京：中共党史出版社, 2017：110.
② 毛泽东. 毛泽东选集：第三卷 [M]. 北京：人民出版社, 1991：1031.

军事胜利。

以毛泽东为首的中国共产党人始终将人民群众利益放在首位，领导了根据地轰轰烈烈的土地革命。1928年，中国共产党颁布了历史上第一个土地法《井冈山土地法》；1929年，又制定了《兴国土地法》。毛泽东还和邓子恢制定了土地革命中的阶级路线和土地分配方法：坚定地依靠贫农、雇农，联合中农，限制富农，保护中小工商业者，消灭地主阶级；以乡为单位，按人口平分土地，在原耕地的基础上，实行抽多补少、抽肥补瘦。"打土豪、分田地"，充分调动了农民生产和参军的积极性，使党的事业获得了广大人民群众的拥护和支持。

二、井冈山精神的历史意义与时代价值

井冈山精神是革命精神的重要内容，是中国民族精神的组成部分，是中国共产党精神谱系中的重要一环。井冈山精神内涵丰富，意义深远。习近平总书记说："井冈山时期留给我们最为宝贵的财富，就是跨越时空的井冈山精神。"① 井冈山精神穿透历史，跨越时空，历久弥新。无论是过去、现在，还是将来，井冈山精神都是我们党的宝贵精神财富。在新时代，我们要继续弘扬井冈山精神，赓续红色血脉，让井冈山精神放射出新的时代光芒。

第一，弘扬井冈山精神，坚定理想信念。习近平总书记指出："中国共产党成立一百年来，始终是有崇高理想和坚定信念的党。这个理想信念，就是马克思主义信仰、共产主义远大理想、中国特色社会主义共同理想。"② 中共二大明确提出党的最高纲领是实现共产主义社会，这是党的最终奋斗目标。

百年来，在中国共产党的领导下中国人民实现了从站起来、富起来到强起来的历史性飞跃。在建党一百周年时，我们庄严的宣布实现了第一个百年目标，即全面建成小康社会。在新的征程上，我们必将实现2035远景目标，在21世纪中叶实现第二个百年目标，迎来中华民族的伟大复兴。

当今世界正面临着百年未有之大变局。国际形势复杂多变，大国博弈日趋激烈，国际既有秩序面临挑战，世界进入新的变革期。对我国而言，国内改革发展稳定任务艰巨繁重，这既让我国面临着一系列重大风险考验，又提供了难得的历史发展机遇。因而我们更要保持战略定力，更要坚定理想信念，朝着既定目标前进，夺取中国特色社会主义新胜利。

---

① 习近平.习近平春节前夕赴江西看望慰问广大干部群众［N］.人民日报，2016-02-04（001）.

② 习近平.坚定理想信念　补足精神之钙［N］.人民日报，2021-11-01（001）.

第二，弘扬井冈山精神，坚持实事求是的思想路线。习近平总书记说："实事求是，是马克思主义的根本观点，是中国共产党人认识世界、改造世界的根本要求，是我们党的基本思想方法、工作方法、领导方法。不论过去、现在和将来，我们都要坚持一切从实际出发，理论联系实际，在实践中检验真理和发展真理。"①

我们党曾有过苦难的经历。20世纪二三十年代的三次"左"倾错误、新中国成立后反右斗争扩大化以及文革都是没有遵循实事求是思想路线的结果。实践证明，坚持实事求是，党和人民的事业就顺利前进；不坚持实事求是，党和社会主义事业就会遭遇挫折。因此我们想问题、做决策、办事情，要坚持一切从实际出发，实事求是。如何实事求是？就要深入实际、了解实际，做好调查研究。

当前，我国最大的实际就是仍处于并将长期处于社会主义初级阶段。虽然我国已成为世界第二大经济体，但是我们依然是世界上最大的发展中国家。我们要充分认识到这一基本国情，不能超越这个发展阶段、不能超越这个现实，急功近利，急于求成；必须稳扎稳打，一步一个脚印，办好中国的事情。同时，面对复杂多变的国内外形势以及不断出现的新情况新问题，我们依然要坚持一切从实际出发，坚持实事求是，勇敢面对问题，妥善应对重大风险，经受住考验，推动社会主义事业不断前行。

第三，弘扬井冈山精神，继续保持艰苦奋斗的优良作风。习近平总书记说："不论我们国家发展到什么水平，不论人民生活改善到什么地步，艰苦奋斗、勤俭节约的思想永远不能丢。艰苦奋斗、勤俭节约，不仅是我们一路走来、发展壮大的重要保证，也是我们继往开来、再创辉煌的重要保证。"②

艰苦奋斗是中华民族的传统美德，是中国共产党人的优良作风。中国共产党人身上有着深深的艰苦奋斗的烙印。党之所以能够领导中国人民取得新民主主义革命的胜利，取得社会主义建设的辉煌，就是依靠中国人民的艰苦奋斗。社会主义的辉煌事业不是在"敲锣打鼓"中取得的，而是在"撸起袖子加油干"的艰苦奋斗中取得的。

今天我们继续保持艰苦奋斗的作风，不是要回到中国人民连温饱也没法保障的年代，而是在全面建成小康社会后，依然不能懈怠。改革开放以来，我们

---

① 习近平.在纪念毛泽东同志诞辰120周年座谈会上的讲话［N］.人民日报，2013-12-27（002）.
② 习近平.保持加强生态文明建设的战略定力 守护好祖国北疆这道亮丽风景线［N］.人民日报，2019-03-06（001）.

国家保持着较高水平的经济发展，已经成为世界第二大经济体，人民生活水平也不断提高，但是还存在着发展不充分不平衡的弊端。我们依然是世界上最大的发展中国家，我们刚刚完成现行标准下脱贫攻坚的任务。在新征程上，我国还面临着新的风险、新的挑战。我们党要保持艰苦奋斗的政治本色，带领全国人民更加坚定的推动中国特色社会主义伟大事业不断前进。这是实现第二个百年目标，实现21世纪中叶建成社会主义现代化强国的必由之路。

第四，弘扬井冈山精神，坚持以人民为中心的思想。习近平总书记说："人民是历史的创造者，是决定党和国家前途命运的根本力量。我们党来自人民、根植人民、服务人民，一旦脱离群众，就会失去生命力。"①

中国传统文化向来有民本思想。《尚书》中载："民惟邦本，本固邦宁"，意思是人民是国家的根基，人民安定了，天下也就太平了。马克思主义认为人民群众是历史的真正创造者，是推动社会进步的决定性力量。作为中国优秀传统文化的忠实继承者和弘扬者、作为以马克思主义理论武装的政党——中国共产党以全心全意为人民服务为根本宗旨，始终代表中国最广大人民的根本利益。

社会主义制度建立以来，中国共产党对社会主要矛盾进行了科学分析。党的十一届六中全会提出："在社会主义改造基本完成以后，我国所要解决的主要矛盾，是人民日益增长的物质文化需要同落后的社会生产之间的矛盾。"党的十九大报告鲜明提出："中国特色社会主义进入新时代，我国社会主要矛盾已经转化为人民日益增长的美好生活需要和不平衡不充分的发展之间的矛盾。"这些对中国社会主要矛盾的科学分析体现出中国共产党没有自己的特殊利益，在任何时候都把人民利益放在第一位，人民的所需所求所想就中国共产党的奋斗目标。中国共产党紧紧依靠和团结广大人民，始终坚持人民观点，站稳人民立场，坚持发展为了人民、发展依靠人民、发展成果由人民共享。

三、井冈山精神教学案例分析

（一）红色英雄——卢德铭

1. 案例呈现

卢德铭，四川人，秋收起义总指挥，被评为"100位为新中国成立作出突出贡献的英雄模范人物"。卢德铭在幼年时期接受了良好的私塾教育，1921考入成都公学，受五四运动影响，接触《新青年》等进步书刊，尤其关注时事，有着强烈的反帝爱国热情。1924年卢德铭报考黄埔军校，入黄埔二期，期间加入中

---

① 习近平. 习近平谈治国理政：第三卷［M］. 北京：外文出版社，2020：135.

国共产党。后任叶挺独立团连长，参加北伐，在战斗中身先士卒，英勇杀敌。1927年7月，汪精卫发动"七一五"反革命政变，大肆屠杀共产党员和革命群众，白色恐怖笼罩中国大地。此时，卢德铭任国民革命军第二方面军警卫团团长，他给家人写了最后一封家书："现因时局转变，为了不连累家庭，今后我暂时不寄家书，你们也不要来信。"①

1927年9月9日，卢德铭参加了毛泽东领导的秋收起义，并任起义部队总指挥。9月19日，在文家市前委扩大会议上讨论进军方向时，卢德铭批判了余洒度等攻打长沙的错误意见，坚决维护毛泽东向罗霄山脉中段进军的主张。由于卢德铭在军队中有较高威望，他的意见举足轻重。卢德铭坚决支持毛泽东，对会议统一思想和行动起了重要作用。1927年9月，在一次掩护部队突围的战斗中，卢德铭壮烈牺牲，年仅22岁，是井冈山斗争时期我军牺牲的最高将领。

2. 案例点评

在大革命时期，卢德铭凭着一腔报国热情考入黄埔军校，并加入中国共产党，在东征和北伐战斗中屡立奇功。大革命失败后，卢德铭依然坚持革命斗争，在参加南昌起义而不得后，参加了毛泽东领导的秋收起义，并在关键时刻拥护了毛主席的正确主张。卢德铭作为革命军人和毛泽东的得力助手，是久经革命考验的共产主义战士，为共产主义理想而献出了宝贵的生命。从他身上，我们看到了一名优秀共产党员应有的坚定革命信仰和坚强革命意志。

（二）党的优良作风——调查研究

1. 案例呈现

1930年5月，毛泽东在《反对本本主义》中第一次提出"没有调查，没有发言权"的论断。井冈山时期，毛泽东做了大量的调查研究，包括《寻乌调查》《兴国调查》《长冈乡调查》《才溪乡调查》等，对井冈山革命根据地的建设起到了重要作用。

1930年5月，为了解城市商业状况及土地革命进程，毛泽东在寻乌进行了调查。他调查了寻乌城商店和手工业作坊的经营情况，分析了寻乌旧有的土地关系和土地斗争。毛泽东说："我做了寻乌调查，才弄清了富农与地主的问题，提出解决富农问题的办法，不仅要抽多补少，而且要抽肥补瘦，这样才能使富农、中农、贫农、雇农都过活下去。假如对地主一点土地也不分，叫他们去喝西北风，对富农也只给一些坏田，使他们半饥半饱，逼得富农造反，贫农、雇

---

① 若飞. 卢德铭戎马"行军书"[J]. 新长征，2021（10）：61.

农一定陷入孤立。"① 寻乌调查为中国共产党制定正确的土地革命路线，更好的领导农村土地革命起到了重要作业。

1930-1933年，毛泽东三访才溪乡，针对基层苏维埃政权建设进行了调查。他查阅地方志，全面了解才溪乡的政治、历史、经济、文化等各方面。毛泽东还召开了工人代表、贫农代表、耕田队长和妇女代表等各群体调查会，了解才溪的生产生活等方面情况。毛泽东采取典型调查、实地走访等方法获取了大量真实的第一手资料，了解到当地关于经济建设、生产支前、优待红属、文化教育等情况。

2. 案例点评

调查研究是我们党的优良传统。调查研究是掌握实际情况，获得正确认识的基本方法和重要前提。一切从实际出发，按照事物的实际情况去认识问题、思考问题和解决问题，从客观事实中寻找规律，是实事求是的体现。习近平总书记指出："调查研究是从实际出发的中心一环。没有调查就没有发言权，没有调查也没有决策权。"②

（三）"有盐同咸，无盐同淡"

1. 案例呈现

中国民间俗语："当家度日七件事，柴米油盐酱醋茶。"盐是人们生活的必需品。长期缺盐，会让人食欲不振、疲劳，甚至晕厥。井冈山斗争时期，条件艰苦，物资缺乏，其中也包括盐。而在革命队伍中流传着"有盐同咸、无盐同淡"的优良传统。

红军领导人方志敏罹患肺病。炊事员见其身体虚弱，想方设法弄到了一点盐，为方志敏做饭。方志敏发现菜有咸味后，便倒入锅里，他说："我们是革命者，应该官兵一致，有盐同咸。"红军将领张子清自身伤痛严重，仍将分配给他食用和洗伤口的盐送给了其他伤员。1930年，彭德怀带领红三军团途经大安里，与当地百姓挖出二百多斤盐，全部给了当地群众，他说："有盐同咸，无盐同淡！先分给群众，我们另想办法。"罗荣桓也曾从前线带回两担优质海盐，分配给每位中央领导3小包，在毛泽东的带动下，两担海盐全部送给了红军医院。

茅坪乡妇女主任聂槐妆想出将盐溶化于水里，再用棉衣吸盐水，烘干穿在身上的办法多次为红军送盐。在一次送盐归来时，聂槐妆被敌人抓了起来。穷凶极恶的敌人对聂槐妆严刑拷打，但她宁死不屈，最终被杀害，年仅20岁。

---

① 毛泽东. 毛泽东农村调查文集 [M]. 北京：人民出版社，1982：22.
② 习近平. 坚持实事求是的思想路线 [N]. 学习时报，2012-05-28（001）.

2. 案例点评

江山就是人民，人民就是江山。井冈山时期的"有盐同咸，无盐同淡"，充分体现了中国共产党全心全意为人民服务的根本宗旨，体现了我们党紧紧依靠人民，同人民风雨同舟，同人民同甘共苦。2021年2月20日，在党史学习教育动员大会上，习近平总书记说："永不脱离群众，与群众有福同享、有难同当，有盐同咸、无盐同淡。"党根基在人民、血脉在人民，始终将人民放在心中的最高位置。党的百年历史，就是一部党与人民心连心、同呼吸、共命运的历史。

四、井冈山精神融入教材专题教学设计

专题名称	井冈山精神	学时	1学时
融入章节	第五章 中国革命的新道路 第一节中国共产党对革命新道路的探索		
学情分析	1. 学生通过对第五章第一节的学习，已经详细了解了大革命失败后，中国共产党对革命新道路的探索过程；掌握了以毛泽东为代表的中国共产党人将马克思主义基本原理同中国具体实践相结合，开辟了农村包围城市、武装夺取政权道路的理论逻辑与实践逻辑；能够正确认识土地革命、武装斗争和根据地建设三者是工农武装割据的基本内容，以及互相依赖、互相发展的关系。 2. 在学习第五章第一节的基础上，本节课将继续深化学生对于井冈山精神的认知，使学生掌握井冈山精神的基本内涵，正确认识井冈山精神的时代价值。 3. 对于井冈山精神的讲授不能局限于理论层面的阐述，讲授过程更应接地气，让学生通过教师生动的教学更好掌握知识。因此，教师将采取多种教学方法，包括启发式教学、案例分析、小组讨论、视频播放与图片展示等方式，充分调动学生学习的主动性与积极性，以达到预期的教学效果。		
一、教学目标 （一）知识目标 1. 掌握井冈山精神形成的背景与基本内涵。 2. 认识井冈山精神的时代价值。 3. 理解以毛泽东为代表的中国共产党人探索和开辟中国革命新道路的意义。 4. 领悟中国共产党人的初心和使命。 （二）能力目标 1. 抵制历史虚无主义，培养学生正确的历史观。 2. 提高学生的历史素养和历史思维能力。 3. 培养学生以历史唯物主义的方法看待历史问题，提高学生把握把历史本质的能力。			

续表

（三）情感目标 　　培养学生热爱中国共产党、热爱祖国的情怀，激发学生传承红色基因，赓续共产党人精神血脉的使命感、责任感，使学生充分认识实现中华民族伟大复兴是每一位中华儿女的历史责任与使命担当。
二、教学重点与难点
教学重点： 井冈山精神的基本内涵和时代价值。 教学难点： 中国革命新道路探索和开辟的过程。
三、教学过程
（一）任务导入 　　1. 案例导入：通过让学生朗读毛泽东的诗《西江月·井冈山》，导入案例黄洋界保卫战，引导学生学习的兴趣，激发学生学习的积极性与主动性。 《西江月·井冈山》 　　山下旌旗在望，山头鼓角相闻。敌军围困万千重，我自岿然不动。早已森严壁垒，更加众志成城。黄洋界上炮声隆，报道敌军宵遁。 　　1928年8月，国民党趁井冈山根据地兵力空虚，出动4个团进攻井冈山黄洋界，而红军只有2个连的兵力。在敌我力量悬殊的情况下，红军发动革命群众，先后筑起了五道防线——竹钉阵、竹木障碍、滚木礌石、陷阱、掩体等迎敌。随后的黄洋界保卫战，在人民群众的全力支持配合下，凭借着山险，创造了以弱胜强、以少胜多的奇迹。据时任连党代表的刘型回忆："儿童团、少先队在防务委员会和工农兵政府的领导下，全部动员起来了，拿着红缨枪站岗放哨，查路条，严防敌探进出。赤卫队持各种旧式武器，夹杂着少数钢枪，担任警戒，准备配合作战。妇女们组织后勤队，为前线服务。全体军民决心为保卫井冈山而贡献一切。"① 黄洋界保卫战的胜利不仅保卫了井冈山这一"星星之火"，而且是我军早期动员群众，使敌人陷入人民战争的汪洋大海而取得胜利的经典战例。 　　2. 提出问题：红军为什么能够以弱胜强、以少胜多？ （二）新课讲授 　　1. 井冈山精神形成的背景是什么？ 　　大革命失败后，中国共产党人并没有被白色恐怖吓倒。八七会议确定了土地革命和武装斗争的总方针。会后，中央派毛泽东前往湖南领导湘赣边界秋收起义。起义队伍在攻打长沙受挫后，转向了敌人力量比较薄弱的井冈山地区。朱毛会师后，井冈山根据地得到了进一步发展，成为中国革命的摇篮。

---

① 刘型. 回忆黄洋界保卫战［J］. 南昌大学学报（人文社会科学版），1977（02）：61.

续表

　　1928年1月，朱德、陈毅率南昌起义军余部转战至湘南地区，揭开了湘南武装起义的序幕。3月下旬，国民党派重兵围攻湘南地区的红军。为保存革命力量，朱德、陈毅率部向井冈山地区转移。当毛泽东得知朱德、陈毅率部上井冈山时，当即决定兵分两路迎接。4月下旬，毛泽东率领秋收起义部队与朱德率领的南昌起义部队及农军在宁冈砻市胜利会师。这就是有名的井冈山会师。这次历史性的会师，是我党我军历史上的光辉一页，不仅壮大了井冈山革命根据地的武装力量，而且对巩固和扩大全国第一块农村革命根据地，推动全国革命事业的发展产生了极其深远的影响。

　　谁促成了井冈山"朱毛会师"——理论频道——中青在线

　　提出问题：为什么大革命失败后，在共产党员和革命群众被大肆屠杀的情况下，还有那么多共产党人坚持革命？

　　2. 井冈山精神是什么？

　　（1）坚定执着追理想

　　大革命失败后，之所以还有那么多共产党员和革命群众不畏牺牲，坚持革命，是因为他们有着坚定的革命理想和坚强的革命信念。

　　井冈山革命根据地是在中国革命低潮时以毛泽东为代表的中国共产党人创建的。在革命的低潮里，很多人也在不断地问"红旗到底能打多久？"毛泽东在《星星之火，可以燎原》中批评了党内一些同志对时局的悲观思想，预示了中国革命的光明前景，激励革命者不管前进的道路遭遇多大的艰难险阻，只要理想不灭、信仰不倒，革命必将成功。

　　插入历史材料：

卢德铭	秋收起义总指挥	牺牲时	22岁
罗荣桓	三湾改编任特务连党代表时		25岁
谭政	参加秋收起义时		21岁
伍中豪	黄埔四期，三湾改编任三营副营长	牺牲时	27岁
陈毅	上井冈山时		27岁
林彪	黄埔四期，任红四军8团一营营长时		21岁
粟裕	任红四军28团连长时		21岁
萧克	任红四军29团连长时		21岁
邓华	任红四军33团连党代表时		18岁
聂槐妆	茅坪乡妇女主任	牺牲时	20岁

　　1933年，少共国际师成立。指战员的平均年龄约18岁，师政委萧华还不满18岁。很多战士只有十四五岁，入伍时还没有枪高。

　　提出问题：在井冈山斗争时期，有这么多青年参加革命，甚至为此牺牲了生命。当前00后成为抗击新冠疫情的生力军，作为新时代的青年大学生谈谈你的感想。

　　（2）实事求是闯新路

　　大革命失败后，中国革命道路如何走？是将苏联革命模式神圣化，坚持城市作为革命中心工作路线？以毛泽东为代表的中国共产党人将马克思基本原理同中国实际相结合走出了一条农村包围城市、武装夺取政权的革命新道路。

续表

在井冈山的斗争中,"左"倾错误思想一度给根据地建设和发展带来严重困难。毛泽东坚持实事求是,提出"中国革命斗争的胜利要靠中国同志了解中国情况",先后领导红军取得了三次"反围剿"的胜利,形成拥有21座县城、250万人口、5万平方公里土地的中央革命根据地。

那么如何实事求是?关键是要进行深入的调查研究。解决中国实际问题离不开调查研究,调查研究是取得革命胜利的关键步骤。

插入历史材料:

一 没有调查,没有发言权

你对于某个问题没有调查,就停止你对于某个问题的发言权。这不太野蛮吗?一点也不野蛮。你对那个问题的现实情况和历史情况既然没有调查,不知底里,对于那个问题的发言便一定是瞎说一顿。瞎说一顿之不能解决问题是大家明了的,那么,停止你的发言权有什么不公道呢?许多的同志都成天地闭着眼睛在那里瞎说,这是共产党员的耻辱,岂有共产党员而可以闭着眼睛瞎说一顿的吗①?

提出问题:"实事求是"最早见于东汉班固《汉书》,"河间献王德以孝景前二年立,修学好古,实事求是。从民得善书,必为好写与之,留其真,加金帛赐之以招之。"文中的"实事求是"有什么样的含义?与毛泽东对"实事求是"的诠释做一下比较。

(3)艰苦奋斗攻难关

由于井冈山革命根据地的发展与壮大,使国民党感到极大地恐慌,频频对井冈山发动军事进攻。自1930年10月至1932年底,国民党对根据地进行了四次"围剿"。在井冈山斗争时期,战斗生活是十分艰苦的。毛泽东在《井冈山的斗争》中说:"现在全军五千人的冬衣,有了棉花,还缺少布。这样冷了,许多士兵还是穿两层单衣。好在苦惯了。"②

国民党除了军事围剿外,还在经济上对井冈山革命根据地实行严密的封锁,企图完全切断井冈山根据地同外界的物资交流及经济来往。这就造成了根据地的极大困难。在艰苦的斗争岁月中,根据地军民并没有被困难吓倒,毛泽东带领根据地军民发扬艰苦奋斗的作风,积极开展生产自救,共渡难关。

插入历史材料:

毛泽东率领部队刚上井冈山时,就向部队宣布了用油规定,即各连及其以上机关办公时用一盏油灯,可点3根灯芯;不办公时,应将油灯熄灭;连部留一盏油灯,供值班以备换哨、查哨用,但只准点1根灯芯……住八角楼时,(毛泽东)本来可点3根灯芯,但他一直用1根灯芯办公、看书、写文章,常常忙到深夜而不眠。有一次警卫员为他添了两根灯芯他都挑开了。有的红军战士看到毛泽东经常工作到深夜,便把打土豪缴获来的马灯送给他,可是毛泽东考虑到马灯费油,平时轻易不用,只是在晚间外出或开会时偶尔使用……就是在这样的竹筒铁盏青油灯发出的昏暗的灯光下,毛泽东先后写下了《中国的红色政权为什么能够存在?》和《井冈山的斗争》等光辉著作③。

提出问题:我们国家已经实现了全面建成小康社会的目标,你觉得还有必要继续坚持艰苦奋斗的作风吗?说说你的想法。

---

① 陈洪."中国近现代史纲要"阅读文献汇编与导读[M].重庆:重庆大学出版社,2014:126.
② 毛泽东.毛泽东选集:第一卷[M].北京:人民出版社,1991:65.
③ 《井冈山精神教育读本》编写组.井冈山精神教育读本[M].南昌:江西科学技术出版社,2017:140.

续表

(4) 依靠群众求胜利

井冈山革命根据地的创建与发展离不开根据地军民的支持与拥护。在根据地创建初期，很多群众对红军并不了解，甚至害怕红军。毛泽东在《井冈山的斗争》中说："红军每到一地，群众冷冷清清。"① 为此，毛泽东坚持群众路线，倡导军队内部实行民主，建立官兵平等制度，关心红军战士疾苦；制定"三大纪律、八项注意"，改变旧军队习气，呵护军民鱼水情；发动群众打土豪分田地，实行耕者有其田，实现群众经济利益。正是毛泽东时刻关心红军战士和群众的疾苦，时刻将群众的利益放在首位，始终和人民站在一起，才使红军和根据地建设获得了群众的广泛支持和拥护。

插入历史材料：

执行群众纪律那时做得很好，行军时过稻田要派一个人在前面开路，谷子倒在田埂上，走在前面的人要把谷子扶到田内，不要把谷子踢掉了，踩了就违反了群众纪律，纪律严不严这里也可以看出来。

针对红军战士普遍文化程度不高的现实，在井冈山小井村的一个小铺子里摆了一些东西：几根针、几条线、几个红薯、几双袜子、几双鞋子、几张纸、几束禾草……旁边写上说明：这些东西，哪怕是一根针、一个红薯都不能拿。为了说明到老百姓家里借东西要还，打破东西要赔，旁边还摆了一块门板、一个破坛子、一个破碗；为了说明红军要帮助孤寡老弱的老百姓挑水、扫地，旁边就摆了一个水桶、一把扫帚②。

启发思考：为什么说中国共产党是没有自己特殊利益而是将人民利益放在首位的政党？

3. 井冈山精神能够跨越时空吗？

2016年2月，习近平总书记在江西看望慰问广大干部群时说："井冈山时期留给我们最为宝贵的财富，就是跨越时空的井冈山精神。"

本小节将以问题为导向，着眼于问题设置，进行启发式教学。学生通过小组讨论，进行头脑风暴。

(1) 坚定的理想信念

理论阐述：

革命理想高于天。在当年中央苏区和长征途中，党和红军就是依靠坚定的理想信念和坚强的革命意志，一次次绝境重生，愈挫愈勇，最后取得了胜利，创造了难以置信的奇迹。今天，在新长征路上，我们要战胜来自国内外的各种重大风险挑战，夺取中国特色社会主义新胜利，依然要靠全党全国人民坚定的理想信念和坚强的革命意志。理想信念之火一经点燃，就永远不会熄灭③。

问题提出：

1. 党的十三大确定了"三步走"的发展战略。我国于20世纪80年代解决了人民的温饱问题；世纪之交，人民生活总体上达到了小康水平。建党100周年时，我国宣布全面建成小康社会，实现了第一个百年目标。请谈谈现在的生活跟你小时候比有哪些发展变化？

2. 想象一下2035年基本实现现代化、建国100周年建成社会主义现代化强国时中国的社会比之现在会有哪些进步？

---

① 毛泽东. 毛泽东选集：第一卷 [M]. 北京：人民出版社，1991：78.
② 井冈山革命根据地党史资料征集编研协作小组. 井冈山革命根据地（下）[M]. 北京：中共党史资料出版社，1987：155，65.
③ 新长征路上继往开来再出发 [N]. 人民日报，2019-05-24（001）.

续表

3. 假如没有坚定的理想信念，你觉得这些目标能够实现吗？
（2）实事求是
理论阐述：
实践反复证明，能不能做到实事求是，是党和国家各项工作成败的关键。全党同志一定要把实事求是贯穿到各项工作中去，经常、广泛、深入开展调查研究，努力把真实情况掌握得更多一些、把客观规律认识得更透一些，为协调推进"四个全面"战略布局打下扎实的工作基础①。

问题提出：
1. 改革开放以来，我国综合国力不断提升，经济高速发展，人民生活逐步改善。到 2010 年，中国超过日本，成为仅次于美国的世界第二大经济体；到 2021 年，中国 GDP 已相当于美国的 70%以上。中国在很多方面已进入世界前列。国内生产总值世界第二位，货物进出口和服务贸易总额世界第二位，对外投资世界第二位，利用外资世界第三位，高铁运营总里程、高速公路总里程和港口吞吐量世界第一位，220 多种主要工农业产品生产能力世界第一位。那么为什么说我国还是世界上最大的发展中国家？为什么说我国还处于并长期处于社会主义初级阶段？
2. 改革开放以来，我国取得了巨大的经济发展成就。请调查一下同学们的父母那个年代青年男女结婚时，建立家庭的物质基础有哪些？现在呢？

（3）艰苦奋斗
理论阐述：
我们党是靠自力更生、艰苦奋斗起家的。"靡不有初，鲜克有终。"虽然我国已经成为世界第二大经济体，各方面实力大大增强，生活条件大大改善，但我们决不能丢掉自力更生、艰苦奋斗的传家宝。自力更生、艰苦奋斗是我们共产党人的品质，是我们立党立国的根基，也是党员、干部立身立业的根基②。

问题提出：
1. 建党 100 周年时，我们党庄严的宣告我国全面建成小康社会，实现了第一个百年目标，正向着全面建成社会主义现代化强国的第二个百年奋斗目标迈进。2021 年 5 月，党中央、国务院出台政策全力支持浙江省向共同富裕大踏步迈进。请各位同学思考，在实现共同富裕的道路上还要坚持艰苦奋斗的作风吗？为什么？
2. 你觉得家中长辈有哪些勤俭节约的习惯值得提倡？请举几个例子。

（4）以人民为中心
理论阐述：
我们的人民热爱生活，期盼有更好的教育、更稳定的工作、更满意的收入、更可靠的社会保障、更高水平的医疗卫生服务、更舒适的居住条件、更优美的环境，期盼孩子们能成长得更好、工作得更好、生活得更好。人民对美好生活的向往，就是我们的奋斗目标③。

---

① 习近平. 在纪念陈云同志诞辰 110 周年座谈会上的讲话［N］. 人民日报，2015-06-13（002）.

② 汪晓东，张炜，段宗宝. 总书记这样话奋斗［N］. 人民日报海外版，2022-05-02（001）.

③ 人民对美好生活的向往就是我们的奋斗目标［N］. 人民日报，2012-11-16（004）.

续表

问题提出：
1. 人民群众指的是哪些人？
2. 国家出台的哪些政策使你或者你的家庭受益？
3. 在抗击新冠疫情中，我们国家坚持"人民至上、生命至上"的理念，依靠广大群众的支持与配合，取得了抗疫的阶段性胜利。请谈谈你的想法。

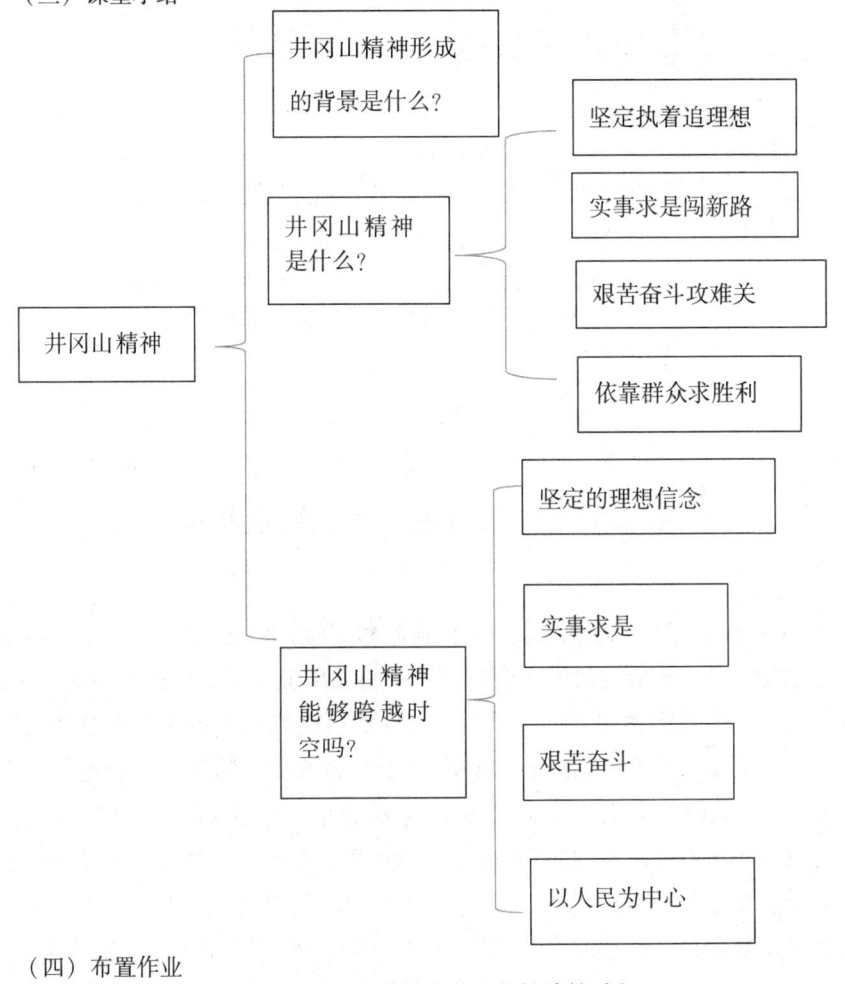

（三）课堂小结

井冈山精神
- 井冈山精神形成的背景是什么？
- 井冈山精神是什么？
  - 坚定执着追理想
  - 实事求是闯新路
  - 艰苦奋斗攻难关
  - 依靠群众求胜利
- 井冈山精神能够跨越时空吗？
  - 坚定的理想信念
  - 实事求是
  - 艰苦奋斗
  - 以人民为中心

（四）布置作业
通过本节课的学习，请思考井冈山精神为什么能够跨越时空？

四、教学资源

（一）参考文献
1. 张泰城. 井冈山精神［M］. 北京：中共党史出版社，2017.
2. 刘海霞. 井冈山精神［M］. 北京：人民日报出版社，2021.

续表

3. 袁国柱. 看万山红遍中国共产党人的精神谱系［M］. 北京：中共中央党校出版社，2016. 4. 刘海霞. 论井冈山精神的丰富内涵与时代价值［J］. 观察与思考，2021（08）. 5. 张泰城. 井冈山精神的深刻内涵、历史地位及时代价值［J］. 人民教育，2016（06）. （二）网络资源 中国大学MOOC《中国近现代史纲要》相应网络教学视频 智慧树智慧课堂、PPT课件、教学视频、教学图片
五、教学方法
讲授法、案例教学法、启发式教学、互动点评法、问题链
六、实践环节
1. 学唱红歌《三大纪律八项注意》，以小组为单位，一人一句，录制视频。 2. 将井冈山精神的基本内涵运用于现实生活，从以小见大的视角选取现实生活中的一件小事录制一段微视频。

第二节　独立自主：遵义会议精神

2016年10月21日，在纪念红军长征胜利80周年大会上的讲话中，习近平总书记指出：党中央召开的遵义会议，是我们党历史上一个生死攸关的转折点。长征的胜利，使我们党进一步认识到，只有把马克思列宁主义基本原理同中国革命具体实际结合起来，独立自主解决中国革命的重大问题，才能把革命事业引向胜利①。党的六届七中全会通过的《关于若干历史问题的决议》评价道：遵义会议开始了以毛泽东同志为首的中央的新的领导，是中共党内最有历史意义的转变。邓小平指出："从毛刘周朱开始，中国共产党才真正形成了一个稳定的成熟的领导集体。以前的领导都是很不稳定，也很不成熟的。从陈独秀起，一直到遵义会议，没有一届是真正成熟的。"② 遵义会议作为一次会议，已经成为历史，但遵义会议前后中国共产党人在对中国革命道路的艰辛探索中形成的

---

① 习近平. 在纪念红军长征胜利80周年大会上的讲话［EB/OL］. 新华网，2016-10-21. 网址：http：//www. xinhuanet. com//politics/2016-10/21/c_ 1119765804. htm
② 狄英娜. 遵义会议的深远意义［EB/OL］. 求是网，2021-03-01. https：//baijiahao. baidu. com/s？id=1692993704232557309&wfr=spider&for=pc

遵义会议精神，则成为中国共产党革命精神的重要组成部分和推动中华民族伟大复兴的强大精神力量。

一、遵义会议精神的基本内涵

1934年9月上旬，国民党军队派遣重兵对中央革命根据地发动围剿，共产国际军事顾问李德完全照搬苏联红军的正规战战术，最终导致中央苏区第五次反"围剿"失败。红军已无留在根据地扭转战局的可能，中央红军主力只得退出中央根据地，被迫长征。10月，中央红军主力8.6万人开始长征。1935年3、4月份，红四方面军从川陕根据地出发长征。同年11月份，红二、六军团（后来组成红二方面军）从湘鄂川黔根据地出发长征。

长征开始后，"左"倾领导人在战略转移中又犯了逃跑主义错误。强渡湘江后，中央红军从出发时的8.6万人锐减到3万多人。严酷的事实教育了广大共产党员和红军指战员，促使他们对"左"倾错误领导产生了怀疑和不满。1934年12月，中央政治局黎平会议通过决议，采纳毛泽东放弃到湘西北同红二、六军团会合的计划，改向贵州北部进军的建议。

1935年1月7日，红军攻下遵义，中共中央决定在此召开政治局扩大会议，研究当前的战争形势。1月15日至17日，遵义会议召开，出席会议的政治局委员有博古、周恩来、张闻天、毛泽东、朱德、陈云，政治局候补委员有王稼祥、邓发、刘少奇、凯丰，红军总部和各军团负责人有刘伯承、李富春、林彪、聂荣臻、彭德怀、杨尚昆、李卓然，还有中央秘书长邓小平，军事顾问李德及翻译伍修权也列席会议，共20人。

按照会议议程，博古先做关于第五次反"围剿"的总结报告，按照他的说法，是把一切失败的原因都推向客观条件，就是敌人力量太强大，我方太弱小。他的观点引起了会场的一片争议。紧随其后的周恩来就军事问题做副报告，他明确指出第五次反"围剿"失利的主要原因是军事领导的战略战术错误，并主动承担责任。接着，中央政治局常委张闻天作反对"左"倾军事错误的报告。他认为，前四次反"围剿"当中，红军兵力也远远少于国民党军，装备远远差于国民党军，但是能够取得胜利，而第五次反"围剿"客观上国民党军依然是强大的，但我方并不是没有取胜的机会。张闻天的报告主要揭露了"左"倾教条主义军事上的错误指挥是导致第五次反"围剿"的根本原因。在历史的转折关头，张闻天发挥了重要的作用。

接着毛泽东做了长达一个多小时的长篇发言。对博古、李德在军事指挥上的错误进行了切中要害的分析和批评，概括为三句话："进攻当中的冒险主义、防御当中的保守主义、退却当中的逃跑主义。"中央红军不能粉碎国民党第五次反"围剿"的主要原因是，在蒋介石采取持久战与堡垒主义新战略的情况下，红军的战略线路应该是攻势防御，集中优势兵力选择敌人的弱点，在运动战中有把握地消灭敌人一部分或大部分，以各个击破敌人，彻底粉碎敌人的"围剿"。然而在第五次反"围剿"战争中，博古、李德却以阵地战、堡垒战代替运动战，在实行战略退却与实行突围问题上，是一种惊慌失措的逃跑及搬家式的行动。

王稼祥紧跟在毛泽东之后发言，第一个旗帜鲜明地支持毛泽东的正确意见，批评了博古、李德军事指挥错误，提议由毛泽东指挥红军。张闻天、朱德、周恩来等纷纷明确表示支持毛泽东的正确意见。1月17日深夜，持续三天的遵义会议宣告结束。会议解决了决定革命成败的军事和组织问题，改组了中央领导机构，确立了毛泽东在中共中央和红军的领导地位。

遵义会议精神的鲜明特点是坚持真理、修正错误，确立党中央的正确领导，创造性地制定和实施符合中国革命特点的战略策略①。也正如《遵义会议精神的品质蕴含与赓续》这篇文章中所总结归纳的，遵义会议精神体现了坚定信念的价值追求，体现了实事求是的思想精髓，体现了独立自主的探索思维，体现了自我革命的政治勇气，体现了灵活机动的斗争策略②。

当时由于电台炸毁无法和共产国际取得联系，遵义会议是在没有请示共产国际的情况下召开的，中国共产党在此次会议上独立自主的撤销了"三人团"，批评和否定了共产国际军事顾问李德对红军的最高指挥权，并立足中国革命的具体实际和严峻的革命斗争形势，独立自主地运用马克思主义基本原理解决自己的路线、方针和政策问题，从而结束了"左"倾教条主义在中央的错误统治和军事指挥，确立了毛泽东在中共中央和红军的领导地位，是党内最有历史意义的转变。正是因为这一转变，中国共产党才能够在极端艰险条件下胜利地结束长征，并锻炼了一支坚强的党和红军的干部。刘伯承后来回忆："遵义会议后，我军一反以前的情况，好像忽然获得了新的生命，迂回曲折，穿插于敌人之间，以为我向东却又向西，以为我渡江北上却又远途回击，处处主动，生龙活虎，左右敌人。"毛泽东指出："从那以后，我们就懂得要自己想问题……真正懂得独立自主是从遵义会议开始的，这次会议批判了教条主义。教条主义者

---

① 本书编写组. 中国近现代史纲要 [M]. 北京：高等教育出版社，2021：131.
② 杨晶，姚春曲，张在金. 遵义会议精神的品质蕴含与赓续 [J]. 学校党建与思想教育，2021（21）：13-14.

说苏联一切都对，不把苏联的经验同中国的实际相结合……"①

遵义会议作为我们党历史上一次具有伟大转折意义的重要会议，在把马克思主义基本原理同中国具体实际相结合、坚持走独立自主道路、坚定正确的政治路线和政策策略、建设坚强成熟的中央领导集体等方面，留下宝贵经验和重要启示。我们要运用好遵义会议历史经验，让遵义会议精神永放光芒②。

从1921年中国共产党成立，到1949年新中国成立，中国共产党领导各族人民为完成民族独立和人民解放的历史使命奋斗了28年。28年一分为二，中间的坐标正好是1935年召开的遵义会议，一场关系中国共产党前途和命运的会议。今天，遵义会议已成为一段历史记忆，但会议所闪耀的独立自主精神却依然熠熠生辉。

二、遵义会议精神的历史意义与时代价值

遵义会议精神凝练形成坚定信念、实事求是、独立自主、敢闯新路、民主团结的精神内涵。遵义会议是中国共产党第一次独立自主地运用马克思主义基本原理解决自己的路线、方针、政策的会议，是中国共产党历史上一次生死攸关的转折点，是中国共产党在政治上走向成熟的标志。遵义会议后，红军在毛泽东的军事思想指导下，采取机动灵活的运动战方针，开创了战略转移中一个崭新的局面。

遵义会议召开之后的14年，中国共产党顺利完成长征，成功领导人民进行抗日战争、解放战争，不断从胜利走向胜利，最终赢得民族独立和人民解放，建立了中华人民共和国。此后历经社会主义建设和改革开放，一步步走到了新时代的今天。

遵义会议虽已成为历史，但遵义会议精神凝练形成的坚定信念、实事求是、独立自主、敢闯新路、民主团结的精神内涵，是历史留给青年学子的宝贵精神财富。遵义会议既是发扬民主、集思广益、凝聚集体智慧的典范，又是面对重大危机，万众一心、团结一致、齐心协力、众志成城的典范。广大青年学子应一以贯之秉承遵义会议精神，做好每一件小事、完成每一项任务、履行每一项职责，在实现中华民族伟大复兴的新征程上，用青春和汗水创造出让世界刮目相看的新奇迹。

---

① 毛泽东. 毛泽东文集：第八卷［M］. 北京：人民出版社，1999：339.
② 习近平. 论中国共产党历史：习近平总书记参观遵义会议会址时的讲话（2015年6月16日）［M］. 北京：中央文献出版社，2021：102.

三、遵义会议精神教学案例分析

历史经验表明：革命政党和人民，总是要反复地经过正反两方面的教育，经过比较和对照，才能锻炼得成熟起来，才有赢得胜利的保证①。中国共产党和中国共产党人在独立开展革命的初期，秉持着坚定的信念，创新性地开展工作，在争论和批判中前进，在自我革命和斗争中成熟。

（一）坚定信念，遇难不馁

遵义会议召开之时，是中国共产党自产生以来面临的最大挑战，革命处于生死存亡之际。面对当时领导人"左"倾错误领导，面对严酷的自然环境，面对敌人的围追堵截，中国共产党的广大领导干部以及红军指战员没有消极避让和悲观绝望，以对正义革命事业必然胜利的使命感，在共产主义坚定信念指引下，勇于纠正革命中的错误倾向。坚定信念、遇难不馁、勇于自我革命是遵义会议精神的核心灵魂。

1. 案例呈现：一盏煤油灯

遵义会议前夕，党和红军陷入极度危难之中，随时有全军覆没的危险。但上至党的领导人，下至普通战士，大家没有想着放弃革命，而是认真总结失败的教训，积极寻找正确的道路，表现出对马克思主义的坚定信仰和对中国革命事业必胜的信念。正因为如此，才使遵义会议得以召开，纠正错误指挥，确立正确路线，从而转危为安，转败为胜。

由于中央政治局和军委白天忙于战事和日常事务，会议都放在晚饭后召开。1935年1月15日晚，参加会议的中央政治局委员、候补委员、红军总部和各军团负责人以及中央秘书长等共20人，围绕在一盏炼油灯下，阐述、争辩、批评、自我批评。会议集中全力纠正了影响革命前途的军事上和组织上的错误，确立了以毛泽东同志为首的党中央新的领导。

一盏煤油灯体现的是党孜孜以求，争取革命成功的精神，也是党崇高共产主义理想信念的具体化表征。

2. 案例呈现：恩来同志起了重要作用②

中央红军在长征之前曾成立了一个三人团。三人团的实际工作，政治上由博古做主，军事上由李德做主，周恩来只是督促军事准备计划的实行。周恩来

---

① 本书编写组. 中国近现代史纲要 [M]. 北京：高等教育出版社，2021：129.
② 朱薇，陈晋. 你是这样的人：精神谱系的故事 [M]. 北京：新星出版社，2022：50-52.

后来曾回忆说:"当时在军事上有个李德,他虽然是个顾问,却成了太上皇,他说了算。"湘江战役后,博古、李德因军事失利而灰心丧气,犯了退却中的逃跑主义。在危急时刻,周恩来信念坚定,意志坚强,作为当时党中央的重要领导人,是遵义会议的重要组织者,为遵义会议的胜利召开起了重要作用。

在通道会议、黎平会议和猴场会议上,周恩来坚定地和毛泽东站在一起,批评军事路线,一路开会争论,在黎平争论尤其激烈。也就是从这个时候开始,周恩来不断思考长征初期失利的原因,对军事错误开始有些认识,并逐渐接受毛泽东的意见。

1935年1月9日,周恩来随军委纵队进驻遵义,随后为遵义会议的召开做了周到而细致的准备工作,1月15日,会议召开。会议上,周恩来全力推举由毛泽东来领导红军的今后行动,他的倡议得到多数人的支持。周恩来在遵义会议上自我批评、敢于担当的鲜明态度,对于争取更多的同志回到毛泽东的正确路线上来,对于实现党和红军生死攸关的转折起到了重要作用。

3. 案例点评

遵义会议是在长征初期革命最困难的时候,中国共产党领导的自主召开的一次自我批评、自我革命的会议。以上两个案例分别从团体和个人在遵义会议所起的作用,揭示了中国共产党人坚定的理念信念和困难面前吓不倒的精神。如果没有集体的力量,遵义会议不会取得成功;如果没有周恩来个人面对错误能及时改错的精神,遵义会议也不会取得成功。

(二)实事求是,自我革新

实事求是是马克思主义的精髓和灵魂。长征初期,作为独立领导革命初期的中国共产党人,如何灵活地运用马克思主义?如何将马克思主义与中国革命实际相结合?是他们面临的考验。历史证明,他们交出了满意的答卷。依靠实事求是,遵义会议成功解决了当时亟待解决的军事路线问题和组织问题,取得了长征胜利,开创了中国革命新局面。

1. 案例呈现:打鼓新场不能打①

打鼓新场是一个地名,1935年3月10日,中央红军召开中共中央负责人会议,专门讨论进攻打鼓新场的计划。

在会议上,毛泽东先是分析敌我形势,实事求是地提出这个战争不能打,应该在运动战中消灭敌人。但是,与会的大多数同志都赞成进攻打鼓新场。毛

---

① 朱薇,陈晋著. 你是这样的人:精神谱系的故事[M]. 北京:新星出版社,2022:52-53.

泽东担心红军再次陷入绝境，便以如果打，就要辞掉前敌司令部政治委员为"要胁"。结果，在20多人的会议表决中，打鼓新场仍然要打，而毛泽东也被撤销了仅仅担任了7天的前敌司令部政治委员的职务。

毛泽东的正确意见被否决后，他仍然不死心。想着刚有起色的革命将又会面临巨大的失败。他无法入睡，当天半夜，他提着马灯，沿着田埂的崎岖小路，走到周恩来的住地，敲开了他的房门，反复分析进攻打鼓新场的利弊得失，首先说服了周恩来，同意一早再开会议。在第二天的会上，毛泽东同周恩来、朱德一起做工作，终于说服了求战心切的红军高级将领，一致同意放弃进攻打鼓新场的想法。头天的错误决定否定了，毛泽东也复职了。毛泽东鉴于作战情况瞬息万变，指挥需要集中，提议中央成立三人团全权指挥军事。后来中央决定由毛泽东、周恩来、王稼祥组成新三人团，全权指挥作战，以周恩来为团长。

遵义会议之前，"左"倾教条主义者不懂国情民情和中国革命实际，空谈教条，盲目指挥，只唯上，只唯书，一切照"本本"上说的办。习近平总书记多次强调，坚持实事求是，就要把握客观真实性，抓住真问题，防止伪问题；就要把握客观规律性，在认识规律、遵循规律的基础上开展工作。

2. 案例点评

此案例通过毛泽东对战争实事求是的研判，纠正了当时"左"倾领导人错误的战术主张。从实践中告诉共产党人，只有实事求是，根据中国自己的国情解决问题才能找到成功之路。

（三）独立自主，勇闯新路

独立自主地解决问题是一个政党成熟的标志。遵义会议标志着中国共产党开始脱离了以前对共产国际、苏联经验的盲目依赖，开始从中国国情出发，理论联系实际，走中国自己的道路。可以说，遵义会议在马克思主义中国化的过程中产生了里程碑的意义。

1. 案例呈现：陈云向共产国际汇报遵义会议情况①

中央红军开始长征后，留在上海的中央局本来同共产国际保持着联系，但从1934年6月至1935年7月遭到三次严重破坏，联系中断。中共中央原来同共产国际联系的唯一的大功率电台，也在过湘江时被毁。因此，中共中央召开遵义会议时，已失去了同上海中央局和共产国际的联系。遵义会议就是在没有共产国际指导的情况下召开的。

---

① 朱薇，陈晋著. 你是这样的人：精神谱系的故事［M］. 北京：新星出版社，2022：54-55.

遵义会议后，党中央派陈云去莫斯科，向共产国际汇报遵义会议情况。1935年9月上旬，陈云到达莫斯科，在中共驻共产国际代表团工作。10月15日，陈云向共产国际报告了中央红军长征经过和遵义会议的情况。这是中国共产党高层领导干部系统阐述长征过程的最早报告。陈云根据自己的亲身经历，把长征分为从江西到贵州、进入贵州到占领遵义、攻下遵义到渡过金沙江和过江之后四个阶段进行汇报。

在谈到遵义会议时，陈云着重指出："我们在这次会上纠正了第五次反'围剿'最后阶段与西征第一阶段中军事领导人的错误。大家知道，军事领导人在这一阶段犯了一系列错误。现在，这些错误得到了彻底纠正。建立了坚强的领导班子取代了过去的领导人。党对军队的领导加强了。"此外，陈云在汇报中还根据遵义会议精神，分析了以博古为首的中共中央在长征前，主要是在第五次反"围剿"中所犯的五个政治和军事的错误。听了陈云的汇报，共产国际认为"这是极其珍贵和十分重要的材料"，"今天我们看到的东西与我们迄今所看到过的完全不同。我们看到了一个确实在中国成长为一支巨大力量的生气勃勃的党"。

陈云的报告对于共产国际了解中国共产党和中国革命的真实情况，了解遵义会议情况，了解中国共产党以毛泽东为代表的富有实践经验的领袖群体，具有特别重要的意义。

2. 案例点评

本案例通过共产国际对遵义会议的反馈体现出中国共产党的独立自主开展工作的精神受到上级党组织的认可，也认可了遵义会议的合法性和会议决定。标志着毛泽东领导地位的确立和中国共产党独立自主开展工作的开始。

（四）顾全大局，民主团结

遵义会议精神揭示，政治上坚强、思想上统一、组织上巩固的无产阶级政党领导下的全党高度统一和紧密团结，是党的建设的重要任务，也是党的战斗力发挥的重要保障。邓小平曾强调中国共产党形成一个成熟的党中央是从遵义会议开始逐步形成的。遵义会议采取批评和自我批评的方式，坚持真理，修正错误，是党内政治生活的典范。遵义会议的成功之处充分体现了中国共产党民主团结的作风，会议始终是严肃而紧张的，但又是在凭事实、讲道理的民主气氛中进行的。作为遵义会议的批判对象、临时中央的负责人博古亦未利用权力压制异见，而是发扬了民主作风。遵义会议的亲历者、李德的翻译伍修权强调博古同志虽然主持会议，却不用职权压制不同意见，表现了一定的民主作风和磊落态度①。

1. 案例呈现：橘林会谈②

1945年6月10日，毛泽东在党的七大上高度评价了张闻天和王稼祥对遵义会议的重要贡献。他说："遵义会议是一个关键，对中国革命的影响非常之大……如果没有洛甫、王稼祥两位同志从第三次'左'倾路线分化出来，就不可能开好遵义会议。"

第五次反"围剿"失败后，张闻天和王稼祥深感错误路线给中国革命和红军造成的恶果，进一步认识到毛泽东在军事指挥等方面的正确性。长征开始后，毛泽东就同张闻天、王稼祥一起行军，讨论第五次反"围剿"不能取胜的原因。张闻天和王稼祥两人后来都曾回忆在长征路上通过毛泽东认清了第五次反"围剿"共产党领导人所犯的错误，也认识到马列主义的普遍真理和中国革命实践相结合的道理，从而坚定了拥护毛主席的决心。

1934年12月27日，红一方面军胜利攻克贵州黄平县城。张闻天和王稼祥在黄平旧州镇东门城墙旁边的一片茂密的橘子林中休息。张闻天因为身体不好，王稼祥因为有伤，所以两人头靠头，躺在各自的担架上交谈对当前形势的看法。也就在这个时候，王稼祥和张闻天达成了撤换博古和李德，改由能打仗的毛泽东来领导战争的共识。随后，俩人的意见得到了彭德怀、刘伯承等几位红军高级将领的赞成和拥护，大家纷纷表示要立即开个会，让毛泽东出来指挥红军。这个会就是遵义会议。

橘林会谈体现了张闻天、王稼祥等人为革命前途民主团结、顾全大局的精神风范。

2. 案例点评

遵义会议的胜利召开离不开当时中国共产党内的领导人，是他们站在革命大局的立场上，正确研判战争形势，发扬民主团结的情况下召开的会议。正是领导人能够顾全大局，整体会议充分发扬了民主团结，才使得遵义会议取得了成功，确立了新的领导集体的正确领导，也才使中国共产党走向成熟，取得一个又一个成功。

---

① 石志夫，周文琪. 李德与中国革命 [M]. 北京：中共党史资料出版社，1987.
② 朱薇，陈晋著. 你是这样的人：精神谱系的故事 [M]. 北京：新星出版社，2022：56-57.

四、遵义会议精神专题教学设计

专题名称	独立自主：遵义会议精神	学时	1学时
融入章节	第五章　第二节　中国革命在曲折中前进		
学情分析	1. 学生在本节第一目"土地革命战争的发展及其挫折"的学习中了解到农村革命根据地在经济、政治、文化教育及党的自身建设方面取得的发展成果。同时，较为系统地认识到在中国共产党领导土地革命时期出现的三次"左"倾错误，并重点掌握了第三次"左"倾错误的原因及危害。为第二目"遵义会议实现伟大历史转折"的学习奠定一定的知识基础。 2. 从前面课堂学习的情况和往届学生对本课堂掌握的情况看，学生对"左"倾错误的概念理解不够深刻，对"长征的原因"把握的不够深入，对"遵义会议的历史意义"认识不到位。因此，需要以理论与历史相结合的方式，从客观到主观、从整体到局部、从集体到个人选取相关历史的案例，帮助学生深入理解与思考遵义会议在中国共产党成长过程中的标志性意义和历史地位。 3. 该目内容历史资料丰富，具有大量爱国主义教育和革命传统教育的良好素材，教师在讲课中应紧紧抓住这些教学内容，展开生动、准确、感人的教育，所以采取案例讲授法较为适宜。注意的是要对这些史料进行筛选和鉴别，通过历史史料的提炼、革命群体和个人的短视频，加入学生小组讨论、谈感想体会等互动环节，不断激发学生的共情和觉知，达到知识的把握和爱国情操精神的升华效果，充分认识到遵义会议精神价值，坚定共产主义理想和信念。		
一、教学目标			
（一）知识目标： 1. 掌握中国革命在曲折中前进，深刻认识三次"左"倾错误，尤其是第三次"左"倾教条主义错误使中国革命遭受严重挫折，红军被迫长征的因果关系。 2. 把握红军长征的过程，重点了解遵义会议的历史意义，遵义会议开始形成以毛泽东同志为核心的第一代中央领导集体，成为中国共产党历史上一个生死攸关的转折点，标志着中国共产党在政治上走向成熟。 3. 深入把握遵义会议精神的内涵、意义和时代价值。 （二）能力目标 提高学生归纳与全面分析历史问题的素养，培养学生把握历史问题本质的能力。 （三）情感目标 充分认识中国共产党在极其困难情况下能够自我革新，独立自主地开展适合中国国情的革命，从而完成了从幼年到成熟的转折。			
二、教学重点与难点			
教学重点：遵义会议精神内涵的把握和内化为精神力量。 教学难点：如何选取合适的案例，讲好遵义会议故事。			

续表

三、教学过程
（一）任务导入
1. 播放"树的成长"视频，讲解"成熟是一个很痛的词"，引导学生纵向地去认识、思考中国共产党从成立到成长再到成熟的过程。
2. 结合案例"悲壮之师血战湘江"，讲明红军长征初期革命所处的艰难处境，尤其指明导致这种处境的是不成熟的、"左"倾错误领导人脱离中国革命实际指导革命的结果。
（二）新课讲授
在中国革命的危急关头，在没有共产国际领导的情况下，中国共产党人自主地召开遵义会议，不仅解决了向何处去的军事问题，而且解决了组织问题，确立了第一代领导人的领导地位。从此，中国共产党长大了、自主了、成熟了。下面我们就利用案例来探讨遵义会议精神的内涵和精神实质。
1. 遵义会议发生的背景：
（1）结合案例"血战湘江"真实呈现长征初期中国共产党领导层"左"倾错误。
（2）系统回顾中国共产党自成立以来，领导层出现的三次"左"倾错误，重点讲述第三次"左"倾错误的原因及危害。
（3）长征初期严峻的革命形势。
2. 遵义会议召开的前期准备、议程及结果，主要通过案例故事，让学生从故事中直观把握中国共产党群体及个人在党出现困难时的表现，深刻体会中国共产党及共产党人坚定的理想信念、勇于自我革新，敢于独立自主的优良品质，得出中国共产党已然成熟的结论。
（1）以案例"一盏煤油灯"来开始具体讲述遵义会议召开的时间，白天行军打仗，只有夜晚，党的领导人才能围坐在煤油灯的周围召开会议。遵义会议的召开是对当时革命困境的对策会议，没有党对革命必胜的信念及遭遇困难不放弃的精神，就不会有这次会议的召开。正是革命战争时期中国共产党不仅能艰苦奋斗又能及时改正错误来告诉青年学生，党的理想信念坚定，不被困难压倒，才会领导人民走向最终胜利；
（2）遵义会议召开过程中，面对"左"倾领导人对于战争失败的错误分析，毛泽东、周恩来和张闻天等党的主要领导人能够带头做到批评与自我批评，科学揭示事物发展的本质规律，以自我革命的政治勇气，给安于现状和不思进取的党组织及党员予以沉痛打击。重点突出周恩来同志坚持真理、正确研判的实事求是精神。
（3）结合"打鼓新场不能打"和"一封密电"两个案例，让学生通过两次战争最终战术的确定，深刻体会到遵义会议前后，中国共产党领导层内部的矛盾，从正确和错误两种战略战术的斗争中突显出以毛泽东为首的新的党中央，中国共产党开始以实事求是的精神，追求自我革新。最终确立了以毛泽东为核心的第一代领导人，成立由毛泽东、周恩来、王稼祥组成的新的"三人小组"负责全军的军事行动，从此中国革命走向胜利的道路。
（4）结合"陈云向共产国际汇报遵义会议情况"，中国共产党作为共产国际的一个支部，一直接受着共产国际的领导，而遵义会议是在没有共产国际指导的情况下召开的。通过此案例让学生知道，遵义会议在当时也是受到了共产国际的认可的，也从更高的站位上肯定了中国共产党独立自主处理战争的能力和勇闯新路的智慧。
（5）结合"橘林会谈"，通过个体的共产党人面对内部矛盾，如何顾全大局，在民主团结的基础上，以召开会议的形式，公开纠正错误。
3. 遵义会议意义和遵义会议精神的内涵：用讲述法概括出遵义会议的意义，遵义会议的鲜明特点是坚持真理、修正错误、确立党中央的正确领导，创造性地制定和实施符合中国革命特点的战略策略。正是遵义会议特点标志着党在组织上和思想上的成熟，实现了中国革命由东南到西北的战略大转移。

续表

结合案例后的理论层面提炼，让学生对遵义会议精神从感性的体验升华到理性的认知，完成学生精神的洗礼，达到本节课程思想教育的目的。
（三）本目小结
通过解读"成熟"这个词，归纳总结"遵义会议"这一目的小结，即中国共产党从"错误-受挫-纠正-成熟"的成长历程
（二）布置作业
结合个人的学习和生活，谈谈如何继承和发扬遵义会议精神

四、教学资源

（一）参考文献
1. 朱薇，陈晋．你是这样的人——精神谱系的故事［M］．北京：新星出版社，2022.
2. 王刚，李懋君．长征精神［M］．北京：中共党史出版社，2017.
3. 哈里森·索尔兹伯里．长征——前所未闻的故事［M］．北京：解放军出版社，1986.
4. 袁国柱．中国共产党人的精神谱系［M］．北京：中共中央党校出版社，2021.
5. 本书编写组．习近平讲党史故事［M］．北京：人民出版社，2021.
（二）网络资源
1. 习近平．在纪念红军长征胜利80周年大会上的讲话［EB/OL］．2016-10-21. http：//www.xinhuanet.com//politics/2016/10/21/c_1119765804.htm
2. 狄英娜．遵义会议的深远意义［EB/OL］．求是网，2021-03-01. https：//baijiahao.baidu.com/s?id=1692993704232557309&wfr=spider&for=pc
3. 李东朗．共产国际缘何解散［EB/OL］．学习时报，2022-07-23. 网址：http：//paper.cntheory.com/html/2022-07/22/nw.D110000xxsb_20220722_1-A6.htm
4. 周恩来选集（下卷）：共产国际和中国共产党［EB/OL］．人民网，1960年7月14-15日．网址：http：//www.people.com.cn/item/sel/newfiles/xia/A130.html

第三节　大浪淘沙：长征精神

2016年10月21日，在纪念红军长征胜利80周年大会上的讲话中，习近平总书记指出：长征留给我们最可宝贵的精神财富，就是中国共产党人和红军将士用生命和热血铸就的伟大长征精神①。弘扬伟大长征精神，走好今天的长征路，是新的时代条件下我们面临的一个重大课题。伟大长征精神，是党和人民

---

① 习近平．在纪念红军长征胜利80周年大会上的讲话［EB/OL］．新华网，2016-10-21. http：//www.xinhuanet.com//politics/2016/10/21/c_1119765804_2.htm

付出巨大代价、进行伟大斗争获得的宝贵精神财富,我们世世代代都要牢记伟大长征精神、学习伟大长征精神、弘扬伟大长征精神,使之成为我们党、我们国家、我们人民、我们军队、我们民族不断走向未来的强大精神动力①。

一、长征精神的基本内涵

1928年12月29日,奉系首领张学良宣布东北易帜,国民党在全国范围内建立了自己的统治,中国社会的半殖民地半封建性质没有改变。国民党政府继续破坏共产党的组织,党的活动被迫转入地下,大量共产党员和党的领导干部被杀害,中国革命转入低潮,中国共产党遇到了前所未有的困难。

敢不敢坚持革命?如何坚持革命?这是中国共产党人面临的两个根本性问题。为了回答这个问题,中国共产党人开始了长时间的艰苦的探索。首先,召开"八七会议",纠正错误,确立革命新道路。八七会议是中国共产党在政治上的一大转折,开始了从大革命失败到土地革命战争的兴起。其次,发动起义,创建军队。先后发动南昌起义、秋收起义和广州起义,进入了武装斗争的新时期,开启了中国革命新纪元。中国革命由此发展到了一个新的阶段,即土地革命战争时期,或称十年内战时期。最后,建立农村根据地,走"武装割据""农村包围城市"的革命道路。八七会议以后的中共中央依据"找着新的道路"的要求,在领导各地武装起义的过程中,也初步提出了相继占领某个县或几个县、建立革命政权、实行武装割据的思想。随着革命新道路的开辟,中国革命开始走向复兴。中国共产党领导的红军和根据地逐步发展起来。到1930年初,共产党领导人民群众建立了大小十几块农村根据地,红军发展到7万人。红军游击战争实际上已经成为中国革命的主要形式,农村根据地成为积蓄和锻炼革命力量的主要战略阵地。

革命根据地的不断发展和反"围剿"战争的胜利,使国民党统治当局感到恐慌。从1930年10月起,蒋介石集中重兵,向南方各根据地发动大规模的"围剿"。红一方面军在毛泽东、朱德等指挥下,从1930年10月到1931年7月,贯彻积极防御的方针,实行"诱敌深入""避敌主力、打其虚弱"的战术,连续粉碎国民党军队的三次"围剿"。1932年底,又取得了第四次反"围剿"战争的胜利。1933年9月,蒋介石以100万军队、200余架飞机,发动了对各苏区的第五次"围剿","围剿"的重点是中央苏区。中央苏区的第五次反"围剿"

---

① 习近平. 在纪念红军长征胜利80周年大会上的讲话[EB/OL]. 新华网,2016-10-21. http://www.xinhuanet.com/politics/2016-10/21/c_1119765804_4.htm

在共产国际派来的军事顾问李德的指挥下执行了错误的军事路线,坚持了一年的第五次反"围剿"失败,中央红军被迫进行战略转移。1934年10月中旬,中共中央机关和中央红军8.6万人撤离根据地,向西突围转移,开始长征。1935年3月、4月间,红四方面军从川陕根据地出发长征。1935年11月,红二、六军团(后组成红二方面军)从湘鄂川黔根据地出发长征。1936年10月上旬,红一方面军和红四方面军在甘肃会宁会师,10月下旬,红二方面军在宁夏将台堡与红一方面军会师。红军三大主力会师于会宁、将台堡,标志着历时两年、总行程约六万五千里的红军长征,胜利结束。

在漫漫征途中,红军将士同敌人进行了600余次战役战斗,跨越近百条江河,攀越40余座高山险峰,其中海拔4000米以上的雪山就有20余座,穿越了被称为"死亡陷阱"的茫茫草地,用顽强意志征服了人类生存极限。

伟大的长征铸就了伟大的长征精神。长征是中国共产党的一次伟大的革命实践,长征精神作为一种社会意识,不仅产生于这一实践,又是对这一实践的唯物认知和高度概括,是反映长征特点的心理、精神状态和理想信念的统一,是中国共产党人艰苦创业、乐观向上、为民求生的"革命事业高于天"的精神标识,生动反映了新民主主义革命时期中国共产党人追求民族进步、坚持国家求强求富精神的强劲动力和完美诠释。

"长征精神"的提出是对长征锻造出的精神力量的高度肯定和概括,一经提出就得到了广泛的认可,在其后伴随着长征的宣传、意义的升华、精神的弘扬中逐渐成为固定用法,对于长征精神的内涵进行总结、概括和提炼,是不断深化和发展的。

1936年10月,红军三大主力会宁会师,周恩来率先提出了"我们一刻也不能丢掉长征精神"的重要观点,这是到目前为止所见到的关于"长征精神"提法的最早记述①。毛泽东多次强调"红军不怕远征难"的不怕牺牲精神与"我们觉得是有希望的,不管怎样困难"的坚信革命必胜的精神。1986年10月22日,杨尚昆在纪念红军长征胜利50周年大会上,将长征精神概括为"就是对革命理想和革命事业无比忠诚、坚定不移的信念;就是不怕牺牲,敢于胜利,充满乐观,一往无前的英雄气概;就是顾全大局,严守纪律,亲密团结的高尚品德;就是联系群众,艰苦奋斗,全心全意为人民服务的崇高思想"。在此基础上,1996年10月22日,江泽民在纪念红军长征胜利60周年大会上,将长征精神概括为:"就是把全国人民和中华民族的根本利益看得高于一切,坚定革命的

---

① 张勇,杨实生,周明. 长征精神与中国梦[M]. 长沙:湖南大学出版社,2017:16.

理想和信念，坚信正义事业必然胜利的精神；就是为了救国救民，不怕任何艰难险阻，不惜付出一切牺牲的精神；就是为了坚持独立自主，实事求是，一切从实际出发的精神；就是顾全大局、严守纪律、紧密团结的精神；就是紧紧依靠人民群众，同人民群众生死相依、患难与共，艰苦奋斗的精神。"之后，胡锦涛在2006年纪念红军长征精神胜利70周年大会上的讲话、习近平同志在2016年纪念红军长征胜利80周年大会上的讲话，均延续了这种表述①。

二、长征精神的历史意义与时代价值

长征精神既记载着历史，又标识着未来。它一经形成，就成为激励中国共产党人和中国人民军队奋进的巨大动力，成为中华民族、中国人民宝贵的精神财富。

（一）长征精神的历史意义

伟大的长征孕育了伟大的长征精神，长征的意义彰显了长征精神。

中央红军长征到达陕北不久，毛泽东在瓦窑堡党的活动分子会议上做《论反对日本帝国主义的策略》的报告时这样评价长征："长征是历史纪录上的第一次，长征是宣言书，长征是宣传队，长征是播种机。自从盘古开天地，三皇五帝到于今，历史上曾经有过我们这样的长征吗？十二个月光阴中间，天上每日几十架飞机侦察轰炸，地下几十万大军围追堵截，路上遇着了说不尽的艰难险阻，我们却开动了每人的两只脚，长驱二万余里，纵横十一个省。请问历史上曾有过这样的长征吗？没有，从来没有的。长征又是宣言书。它向全世界宣告，红军是英雄好汉，帝国主义者和他们的走狗蒋介石等辈则是完全无用的。长征宣告了帝国主义和蒋介石围追堵截的破产。长征又是宣传队。它向十一个省大约两万万人民宣布，只有红军的道路，才是解放他们的道路。不因此一举，这么广大的民众怎会如此迅速地知道世界上还有红军这样一篇大道理呢？长征又是播种机。它散布了许多种子在十一个省内，发芽、长叶、开花、结果，将来是会有收获的。总而言之，长征是以我们胜利、敌人失败的结果而告结束。"②

长征的历史已经远去，但是中国人民不会遗忘这段红军英雄们用鲜血和生命谱写的光辉历史，更不会遗忘这段历史给中华民族留下的宝贵精神财富——长征精神。正如在纪念红军长征70周年大会上的讲话，胡锦涛指出："长征精

---

① 朱薇，陈晋著.你是这样的人：精神谱系的故事[M].北京：新星出版社，2022：Ⅳ-Ⅴ.
② 毛泽东.毛泽东选集：第一卷[M].北京：人民出版社，1991：149-150.

神,是中国共产党人和人民军队革命风范的生动反映,是中华民族自强不息的民族品格的集中展示,是以爱国主义为核心的民族精神的最高体现。长征精神为中国革命不断从胜利走向胜利提供了强大的精神动力。"①

(二)长征精神的时代价值

在纪念红军长征胜利80周年大会上的讲话中,习近平总书记明确提出建设中国特色社会主义是我们当下正在走的新长征之路。每一代人有每一代人的长征路,每一代人都要走好自己的长征路。指出伟大长征精神,是中国共产党人及其领导的人民军队革命风范的生动反映,是中华民族自强不息的民族品格的集中展示,是以爱国主义为核心的民族精神的最高体现。伟大长征精神,作为中国共产党人红色基因和精神族谱的重要组成部分,已经深深融入中华民族的血脉和灵魂,成为社会主义核心价值观的丰富滋养,成为鼓舞和激励中国人民不断攻坚克难、从胜利走向胜利的强大精神动力。

今天,当代人的长征,就是要实现"两个一百年"奋斗目标、实现中华民族伟大复兴的中国梦②。作为中国共产党精神谱系中重要的一个精神坐标——长征精神,对于建设社会主义核心价值体系,建设社会主义文化强国,具有十分重要的现实价值。同时,长征精神和以改革创新为核心的时代精神结合起来,也必将为全面建成小康社会、构建社会主义和谐社会、实现中华民族伟大复兴的中国梦提供强大精神动力。

长征精神是影响世界的重要文化"软实力"③。从埃德加·斯诺和哈里森·索尔兹伯里对中国红军长征的报道,到安德鲁·麦克文和艾德·乔斯林重走长征路,无不体现着长征精神作为一种精神一种信仰,是人类生命力的来源,更是人类社会的共同精神财富。在纪念红军长征胜利80周年大会上的讲话中,习近平总书记回顾道:"80年来,世界范围内关于红军长征的报道和研究层出不穷,慕名前来寻访长征路的人络绎不绝。国际社会越来越多的人认为,红军长征是20世纪最能影响世界前途的重要事件之一,是充满理想和献身精神、用意志和勇气谱写的人类史诗。长征迸发出的激荡人心的强大力量,跨越时空,跨越民族,是人类为追求真理和光明而不懈努力的伟大史诗。"④

---

① 胡锦涛.在纪念红军长征胜利70周年大会上的讲话[N].人民日报,2006-10-23.
② 习近平.在纪念红军长征胜利80周年大会上的讲话[EB/OL].新华网,2016-10-21.http://www.xinhuanet.com//politics/2016-10/21/c_1119765804_2.htm
③ 王刚,李懋君.长征精神[M].北京:中共党史出版社,2017:209.
④ 习近平.在纪念红军长征胜利80周年大会上的讲话[EB/OL].新华网,2016-10-21.http://www.xinhuanet.com//politics/2016-10/21/c_1119765804_2.htm

三、长征精神教学案例分析

长征路上涌现出大量可歌可泣的英雄人物和典型故事,他们具体而生动地体现着长征精神的一个或多个内容,既成就了长征精神的内涵,又无不是长征精神的表征。下面,以长征精神各个内涵为导引,选取典型案例加以引证和生发,让学生从中得到精神的震撼和价值的启迪。

（一）崇高理想,坚定信念

中国共产党一经产生,就确立了为人民服务这一崇高的理想和实现共产主义这一坚定信念。没有崇高理想和坚定信念,就不会有长征的胜利。长征精神就是中国共产党坚定信仰、忠于理想的革命情怀,这是长征精神的核心和灵魂。

1. 案例呈现：九个炊事员和一口行军锅①

在频繁的作战和艰难的行军中,炊事员既要肩挑背扛必要的炊具,又要尽力保障官兵能喝上开水吃上热饭,任务十分艰巨,体力消耗极大。"九个炊事员、一口行军锅",是红军长征中著名的故事之一。

长征时红三军团某炊事班,共九个炊事员。炊事班在行军中是最辛苦的。中途部队休息,他们要烧开水给指战员们喝；宿营时,他们又要安锅灶、劈柴火、洗菜、煮饭,每夜只睡两三个小时。而且,他们为了保证战士们有吃的,尽量多的背负着超重的行李。为了给谷子脱皮,甚至背上一百三四十斤重的小石磨。

这个炊事班的口号是："不让一个战士牺牲在山上！"当部队到达陕北的时候,这个连的战士,除了战斗减员以外,没有因饥饿而牺牲一个人。但是,这个连里所有的炊事员没有一个人活下来,全部牺牲了。

2. 案例呈现：半条皮带②

2016年1月5日,习近平同志在视察十三集团军时说：我对长征途中红三十一军九十三师二七四团"半截皮带"的故事,感触很深。红军战士宁肯忍饥挨饿,也要将半截皮带留下来,带着它"去延安见毛主席",这就是信仰的力量,就是"铁心跟党走"的生动写照③。

---

① 哈里森·索尔兹伯里. 长征——前所未闻的故事［M］. 朱晓宇,译. 北京：北京联合出版公司,2015：284.
② 朱薇,陈晋著. 你是这样的人：精神谱系的故事［M］. 北京：新星出版社,2022：36-38.
③ 习近平. 视察十三集团军讲话［EB/OL］. 新华网,2016-01-05. http：//www.xinhuanet. com/politics/leaders/2021-05/30/c_ 1127510443. htm

周广才，随红四方面军中纵队进入了茫茫大草地时，才14岁。过草地，最困难的是粮食。部队刚进入草地时，每人每天还有三两青稞面，但不久就陷入断粮的绝境。红军战士不得不靠野菜、草根、树皮来充饥。当这些都难以找到的时候，他们只好把身上的皮带、帽檐上甚至草鞋上的牛皮收集起来，割碎、煮熟用来果腹。周广才所在的班到达草地时已经减员一半，剩下7个人了。当6位成友的皮带都吃光了、大家才对年幼的周广才说："这次该吃你的皮带了。"

周广才的皮带是1934年在任合场战斗中缴获敌人的战利品，一直被他视若珍宝。为了自己和战友能够抵御饥饿，周广才交出了皮带。当皮带被吃到仅剩第一个扣眼儿前面那一段时，周广才恳求战友把它留着做个纪念，好带着它去见毛主席。战友们怀着对革命必胜的信念，强忍住饥饿的折磨，将他们身上唯一可吃的这半条皮带保留了下来。

在随后的征途中，周广才的6位战友相继牺牲，只有他随红四方面军艰难却又幸运地胜利到达了陕北。为了纪念牺牲的战友，周广才用烧红的铁签在皮带的背面烫上"长征记"三个字。1975年，周广才将自己珍藏了近40年的半截皮带捐献给了中国革命博物馆（今中国国家博物馆）收藏。

3. 案例点评

长征是人民军队历史上最具史诗色彩的大规模军事行动，其行军路线之漫长、战斗程度之激烈、自然环境之艰苦，为人类战争史上所罕见。在漫漫征途中，红军将士同敌人进行了600余次战役战斗，跨越近百条江河，攀越40余座高山险峰，其中海拔4000米以上的雪山就有20余座，穿越了被称为"死亡陷阱"的茫茫草地，用顽强意志征服了人类生存极限[①]。以上两个案例，生动地向同学们展示了长征困苦的条件之外，也通过描述军队中最普通的战士在长征中的表现，鲜活地再现了当时战士们坚强的意志和毅力。而这，正是红军战士崇高的理想、坚强的信念的生动写照，是长征精神的第一内涵和灵魂所在。

（二）不怕困难，勇于牺牲

不怕困难、勇于牺牲是长征精神的最直接表征，也是长征精神的基本特征。长征是中国共产党成长过程中面临的重大挑战，面对着极其恶劣的自然环境，冒着敌人枪林弹雨的伏击，在勇于牺牲、坚持胜利的坚强意志下，一步一个脚印地走完了二万五千里。红军将领和战士从未退缩，他们甘愿吃苦、宁愿战死，也没有被敌人的嚣张气焰所吓倒，而是以钢铁般的毅力、超人的勇气、不怕死

---

① 习近平. 在纪念红军长征胜利80周年大会上的讲话［EB/OL］. 新华网，2016-10-21. http：//www.xinhuanet.com//politics/2016-10/21/c_1119765804_2.htm

不怕苦的英雄气概,让茫茫草原和皑皑雪山变为足下之臣。

1. 案例呈现:悲壮之师血战湘江①

这个故事是百岁红军刘惟治脑海中战况最惨烈的战役即血战湘江。他说:"死的人太多了,满江的血水。"

1934年11月下旬,始自赣南的长征已40多天了,连续突破三道封锁线的中央红军抵达广西境内全州、兴安一线的湘江边。此时,蒋介石已调集40万大军在湘江两岸围追堵截。11月25日,中革军委下达了强渡湘江的命令。11月27、28日,红1、红3军团各一部抢在国民党军之前赶到湘江,控制了湘江西岸界首至脚山铺一线的渡河点,架设起5座浮桥。但是,中央军委纵队行军速度极为缓慢,80多公里足足用了4天时间。这不仅丧失了有利的渡河时机,而且使负责掩护渡江的红军各部队不得不与敌人展开激烈的争夺战,战况惨烈,牺牲惨重。

11月28日凌晨,国民党军向红军先头部队发起猛攻。11月30日,坚守界首以南高地的红10团一天之内牺牲了两任团长,向江边运动的部队在敌机猛烈轰炸下成片倒下。刘惟治所在的红1军团1师1团,就是在这一天赶到湘江边增援的。战至下午,阵地上的人几乎少了一半。12月1日,战斗进入最关键阶段,也是战斗最激烈的一天。红军12个师中,只有4个师和军委纵队渡过了湘江。西岸的8个师,随时面临被围歼的危险。当天凌晨,中共中央在两个小时内连续发出两份急电,命令全力阻击进攻之敌,确保西进之路畅通。这一天,红军广大指战员同国民党军展开激烈搏杀,鲜血染红了滔滔湘江水。至12月1日17时,中央机关和红军主力大部渡过湘江。掩护主力的红5军团34师、红3军团18团则被阻断在了湘江西岸,大部分阵亡。

血战湘江之后,中央红军锐减到3万人。这是红军成立以来最为惨重的损失。这一严重失利,是"左"倾领导者实行退却中的逃跑主义所造成的严重恶果,是错误路线的失败。

2. 案例呈现:断肠明志②

1934年10月,中央红军开始长征。红军连续突破敌人三道封锁线,使蒋介石大为震惊。为阻止红军前进,他又调集40万大军在湘江沿岸300里长的地段精心设置了第四道封锁线,企图利用湘江天险,迫使红军在此决战,将红军歼

---

① 梅世雄. 血战湘江:红军长征中最惨烈之战[EB/OL]. 搜狐网,2021-12-06. https://www.sohu.com/a/505915727_120099890

② 朱薇,陈晋. 你是这样的人——精神谱系的故事[M]. 北京:新星出版社,2022:38-39.

灭于湘江东岸。

湘江之战是关系中央红军生死存亡的关键一战。11月27日，红军先头部队渡过湘江，控制了渡河点。陈树湘率领红三十四师担负全军后卫，负责"断后"，掩护主力部队和中共中央、中革军委机关过江。面对十几倍于己的多路敌人，陈树湘和战士们深知：红三十四师多坚持1分钟，党中央和红军主力渡江就少一分危险。他们用血肉筑起钢铁长城，阻截住潮水般涌来的敌人。经过4天5夜的鏖战，红三十四师为中央和军委两个机关纵队赢得了宝贵的渡江时间。直到红军最后一支部队——红八军团顺利渡过湘江，红三十四师以全师牺牲5000余人的巨大代价，最终完成了突破敌人第四道封锁线时的后卫掩护任务。

当中央红军主力渡过湘江后，陈树湘命令全师收缩部队，掩埋好同伴的尸体，疏散安置受重伤的战友，开始为自己部队过江做准备工作。在冲破桂军包围，急行赶到湘江而不能强渡后，陈树湘又率部回征湘南，12月12日，陈树湘率领红三十四师余部进至桥头铺，计划在马山附近抢渡牯子江。当木船行至江心时，两岸突然枪声大作，陈树湘被子弹击中腹部。他用皮带压紧伤口，躺在简易的担架上继续指挥战斗。前有阻敌，后有追兵，形势十分严重。陈树湘怕拖累战友，请大家丢下他。战士们不由分说地强行抬着他继续前进。在冲过敌人火力网时，陈树湘和警卫员被敌人围困在一座破庙里。子弹打完了，陈树湘让警卫员搀扶着走出庙门。他不动声色，像尊巨人屹立在庙堂前的草地上。敌人得知抓了一个红军师长，高兴得发了狂，用担架抬着他去邀功。为了保持革命气节，免遭人格侮辱，陈树湘乘敌不备，忍着无可名状的剧痛，毅然从伤口处掏出肠子，用力绞断，壮烈牺牲，实现了他"为苏维埃新中国流尽最后一滴血"的誓言。这一年，陈树湘才29岁。丧心病狂的敌人惨无人道地将陈树湘的头颅割下，悬挂在他的家乡长沙小吴门外中山路口的石橙柱上示众。

担任掩护任务的红五一军团红三十四师和红三军团第十八团大部壮烈牺牲，烈士鲜血染红了湘江，以致当地百姓中流传着这样一句话："三年不饮湘江水，十年不食湘江鱼。"千千万万像陈树湘一样的战士，以"寸土千滴红军血，一步一尊英雄躯"的巨大牺牲，才换来红军长征的伟大胜利。

3. 案例点评

以上两个案例通过从总体和个案两个角度分别向大家展示了湘江战役的残酷。一是，通过对整个战役的详细介绍，让学生了解到长征及其长征初期的困境是由当时"左"倾领导人错误领导的结果。同时，通过对广大战士和陈树湘无畏牺牲精神的描写，揭示出只有不怕牺牲，才能取得长征的胜利，这也是长征精神的内涵之一。

(三) 独立自主，实事求是

长征是在没有共产国际领导下中国共产党被迫进行的一次战略转移。长征途中遵义会议的召开，开启了中国共产党独立解决问题的开端。遵义会议以后，因为坚持实事求是、独立自主的解决中国革命问题，真正地搞清楚了在中国这样一个特殊的环境下如何进行革命，所以中国共产党充满了活力，这个活力主要表现在全党以及全军战士坚定的革命情怀上。长征促成了中国共产党的成长，遵义会议的成功召开标志着中国共产党的成熟，从此以后，从中国国情出发，实事求是地解决中国的问题，成为中国共产党从一个胜利走向一个胜利的保障和良方。因此，独立自主、实事求是是长征精神内在本质。

1. 案例呈现：四渡赤水出奇兵①

1935年1月遵义会议期间，蒋介石调集40万兵力，企图将中央红军3.5万人围歼于乌江西北地区。1月19日起，中央红军决定向北转移。27日，三路红军全部推进到赤水河以东地区，然而28日的土城之战，虽重创川军，但红军也付出不小的代价。毛泽东根据各路国民党军队调动的新情况，判明北渡长江的计划已不能实现，决定迅速撤出战斗，渡赤水河西进，由此拉开了四渡赤水的序幕。

1月29日，红军一渡赤水，进入川南古蔺、叙永地区。这时敌军36个团已部署在长江沿岸，以优势兵力分路向红军进逼，毛泽东认为不应恋战，立刻指挥各军团摆脱川军，进入云南省威信县扎西地区。2月上旬，当敌军从南北两个方向进逼扎西时，毛泽东指挥中央红军掉头东进，再渡赤水河，向桐梓地区急进。此举完全出乎蒋介石的意料。28日，红军乘胜再夺遵义，取得长征以来最大的一次胜利。毛泽东兴奋地登上娄山关，极目远望，吟成《忆秦娥·娄山关》："西风烈，长空雁叫霜晨月。霜晨月，马蹄声碎，喇叭声咽。雄关漫道真如铁，而今迈步从头越。从头越，苍山如海，残阳如血。"

蒋介石吃了败仗，大为恼火，重新调整部署，指挥军队合围遵义。中央红军又由遵义向西开进。为了进一步迷惑对方，调动国民党军队西移，红军在3月16日下午至17日中午分别从茅台附近三个渡口第三次渡过赤水河，向西进入川南古蔺地区，派一个团伪装主力继续向西北挺进，而主力部队却在附近山沟丛林里隐蔽集结。蒋介石果然中计，急忙调集各军迅速奔集川南古蔺地区。在达到调动国民党各路军队大举西向的目的后，红军立刻返回贵州。此时，贵

---

① 朱薇，陈晋著．你是这样的人：精神谱系的故事［M］．北京：新星出版社，2022：40-41．

州境内的国民党兵力已十分空虚。红军主力部队在 3 月 21 日晚至 22 日晨神速地第四次渡过赤水河，这完全出乎蒋介石的意料。红军随即挥师南下，迅速越过遵义，并于 31 日南渡乌江，从此跳出了国民党军队的包围圈。红军总参谋长刘伯承曾经回忆说："一过公路，甩开了敌人，部队就像插上了翅膀，放开大步，一天就走一百二十里。"

四渡赤水战役，是毛泽东根据战场情况的瞬息变化，采取高度机动的运动战方针，指挥中央红军巧妙地穿插于国民党军重兵集团之间，纵横驰骋于川黔滇边境交界地区，积极寻找战机，灵活地变换作战方向，有效地调动和歼灭敌人，使红军摆脱了国民党 40 万大军的围追堵截。四渡赤水是红军长征史上以少胜多、变被动为主动的光辉战例。1960 年，毛泽东曾对来访的英国陆军元帅蒙哥马利说：四渡赤水是我军事生涯中的得意之笔。

2. 案例点评

遵义会议是在与共产国际中断联系的情况下召开的，开启了党独立自主解决中国革命实际问题的新阶段。重新掌握了军队指挥权的毛泽东彻底改变"左"倾领导人错误的军事策略，采取高度机动的运动战，使得长征队伍摆脱了敌人的重围，为长征的胜利奠定了基础，也是走向成熟的中国共产党第一次独立自主的解决中国自己的问题取得的第一个重大成功。此后，实事求是，将马克思主义与中国具体实际相结合成为中国共产党优良作风和制胜法宝。

（四）严守纪律，紧密团结

没有纪律不成方圆，长征途中面对分裂，中国共产党人能够坚持党的纪律，遵守党的纪律，维护党的团结，才会最终取得胜利。团结就是力量，长征途中，中国工农红军在异常困难的情况下，只有团结起来才能增强凝聚力和战斗力，才能在强大的敌人面前无所畏惧，才能把坚定的革命热情和信念发挥到极致。长征精神就是顾全大局、严守纪律、紧密团结的革命信念，这是长征精神的光辉典范。

1. 案例呈现：度量大如海，意志坚如钢①

1935 年 6 月，红一、红四方面军会师后，张国焘反对中共中央和毛泽东北上建立抗日根据地的正确方针，坚持南下四川、西康，并自恃枪多人多，公然向党争权，甚至另立党的"中央""中央政府""团中央"，并宣布"毛泽东、周恩来、博古、洛甫应撤销工作，开除中央委员及党籍，并下令通缉"。党和红

---

① 朱薇，陈晋著. 你是这样的人：精神谱系的故事 [M]. 北京：新星出版社，2022：41-43.

军陷入了后来在毛泽东看来是中国革命"最黑暗的时期"。

1935年8月沙窝会议以后，红军总司令朱德暂别多年来一起并肩战斗的毛泽东、周恩来等，和红军总参谋长刘伯承率红军总部赴左路军行动。张国焘以红军总政委及红四方面军负责人的身份独揽了左路军党、政、军一切大权，并以个人意志挟制总部领导，进行分裂党和红军的活动。

朱德身处逆境、却"临大节而不辱"。当张国焘攻击党中央的北上方针时，朱德坚定地回答："党中央的北上方针是正确的"，"我在政治局会议上是举过手的"，"我是一个共产党员，我的义务是执行党的决定"；当张国焘突然宣布另立"中央"时，朱德明确表示："天下红军是一家。中国工农红军在党中央统一领导下，是个整体"，"要我这个'朱'去反'毛'，我可做不到呀"；当张国焘宣布朱德为"中央委员""中央政治局委员""中央书记处书记"时，朱德严正申明："我按党员规矩，保留意见，以个人名义做革命工作。"

面对张国焘的分裂行径，随左路军行动的原红一方面军五、九军团指战员中，有的提出：单独北上，找党中央去！有的说：张国焘要拦我们，就跟他干；面对这些情况，朱德耐心地教育大家说：我们要坚持斗争，也坚决拥护中央北上抗日的路线，但要顾全大局，讲革命讲团结。四方面军广大干部战士是我们的阶级兄弟。他们英勇善战，吃苦耐劳，你们应该很好地向他们学习。你们优点也不少，但你们人少嘛，光有你们也不行。所以同志们要注意团结就是力量，只有全体红军团结了，才能克服一切困难，争取革命事业的胜利。朱德还利用各种机会到部队下层同红四方面军的干部战士接触谈心，做他们的思想工作。

朱德毫不妥协的坚持斗争，在关键时刻维护了党和红军的团结统一，最终实现了红军三大主力在西北的会师，为长征取得胜利作出了重要贡献。毛泽东曾赞誉朱德在这场复杂的斗争中"度量大如海，意志坚如钢"。

2. 案例点评

长征途中，党的一部分领导继续坚持错误路线，企图分裂党和红军。在这个关键的时候，朱德以一个党员的身份遵守党的纪律，坚持党的集体决定，并善于团结战士，确保了长征的胜利。

（五）群众路线，艰苦奋斗

群众路线是中国共产党取得革命胜利的三大法宝之一。长征途中，中国工农红军严守"三大纪律，八项注意"，官兵一致，同甘共苦，赢得了沿途人民群众的支持和尊重，以自己的实际行动得到了群众的认可，播下了革命的种子。

1. 案例呈现：半条被子的故事①

1934年11月，中央红军路过湖南汝城县文明瑶族乡沙洲瑶族村时，经过长途跋涉的红军部队准备在村里宿营。可是红军战士发现，沙洲村里空荡荡、静悄悄，没有一个人影。原来，由于国民党和土豪劣绅肆意污蔑红军、丑化红军，村里的老百姓不明真相，纷纷躲到山里逃避战乱去了。红军战士们进村后，坚持"未经允许，不入民宅"，大家穿着衣服，睡在老百姓房屋的屋檐下或者村里的空地上。

三位红军女战士发现了因为儿子生病而留在村子里的徐解秀、朱兰芳两口子，不仅给孩子看好了病，并把"打土豪、分田地"得到的衣物、粮食，分给徐解秀、朱兰芳。徐解秀也硬拉着三位红军女战士住到自己房屋里面。三位红军女战士便用长征中随身携带的仅有的一条被子与徐解秀母子合盖，抵御风寒。三位女红军临走时，执意要把她们唯一的这床棉被留给徐解秀。徐解秀说什么也不肯收下。双方推来推去，争执不下。其中一位女红军急中生智，拿起一把剪刀将这床棉被剪成了两半，把其中半条被子塞到了徐解秀的怀里。徐解秀含着泪收下了半条棉被目送女红军离去，直到看不见。

"半条被子"的故事，并不偶然，具有深刻的历史内涵。1934年11月7日，邓小平主编的中国工农红军原总政治部机关报《红星报》在汝城发表长征路上唯一的"号外"，要求红军部队，"不乱打土豪，不乱拿群众一点东西；进入宿营地时，要向群众做宣传，出发时要向群众告别"。这份"号外"，没有吸引眼球的重大新闻，着重强调加强军民关系。"半条被子"的故事，与此"号外"是有内在联系的。"半条被子"饱含的鱼水深情，让徐解秀温暖了一辈子。徐解秀说："什么是共产党？共产党就是自己有条被子，也要剪下半条给老百姓的人。" 1991年徐解秀弥留之际，留下遗言："要永远记着红军，听共产党的话。"徐解秀后人中，有11名共产党员，有5人参加了中国人民解放军。

习近平总书记在纪念红军长征胜利80周年大会上的讲话中讲述"半条被子"的故事，近四年后又亲临湖南省汝城县沙洲村与干部群众一起重温"半条被子"的温暖，是因为"半条被子"的故事不一般，是因为"半条被子"长久暖人心。"半条被子"的故事体现了共产党领导下的人民军队的政治本色和与人民血肉相连的真实关系。当年红军在长征途中，不仅要冲破国民党军队的围追堵截，而且饥寒交迫，风餐露宿。但就是在这样的情况下，红军仍然时时刻刻关心老百姓的安危冷暖。红军战士哪怕只有一条被子，也要剪成两半，给群众

---

① 本书编写组.习近平讲党史故事[M].北京：人民出版社，2021：56-59.

留下一半。由此可见，同人民群众血脉相连，风雨同舟，同甘共苦，生死与共，是中国共产党和红军取得长征胜利的根本保证，也是我们在新长征路上战胜一切困难和风险的根本保证。

2. 案例点评：这是一个用女战士和女老乡之间发生的温情的故事，生动地诠释了中国共产党和人民的鱼水之情。也正是这样，长征成了红军的宣传队、宣言书和播种机。

四、长征精神专题教学设计

专题名称	大浪淘沙——长征精神永放光芒	学时	1学时
融入章节	第五章 第二节 中国革命在曲折中前进		
学情分析	1. 学生在第一节已学习了中国革命新道路的开辟。对大革命失败以后国民党所实行的代表地主阶级、买办性大资产阶级利益的一党专制和军事独裁统治的性质已经了解，掌握了中国共产党开辟的"农村包围城市、武装夺取政权"的革命新道路的内涵，为本节课的学习奠定一定的知识基础。 2. 从前面课堂学习的情况和往届学生对本课堂掌握的情况看，学生对"农村革命根据地""中华苏维埃共和国""'左'倾错误"的概念理解不够全面，对"长征胜利的意义"和"长征精神的内涵"把握的不够深入。因此，需要以理论与历史相结合的方式，从客观到主观、从整体到局部、从集体到个人选取相关历史的案例，帮助学生深入理解与思考长征在中国共产党政权建立过程中的历史地位、时代意义和精神价值。 3. 该节内容历史资料丰富，具有大量爱国主义教育和革命传统教育的良好素材，教师在讲课中应紧紧抓住这些教学内容，展开生动、准确、感人的教育，所以采取案例讲授法较为适宜。注意的是要对这些史料进行筛选和鉴别，通过历史史料的提炼、革命人物的短视频以及教师古今时代的对比，加入学生小组讨论、谈感想体会等互动环节，不断激发学生的共情和觉知，达到知识的把握和爱国情操精神的升华效果，弘扬长征精神，坚定共产主义理想和信念。		
一、教学目标			

知识目标：
1. 掌握中国革命在曲折中前进，深刻认识三次"左"倾错误，尤其是第三次"左"倾教条主义错误使中国革命遭受严重挫折，红军被迫长征的因果关系。
2. 把握红军长征的过程，重点了解遵义会议的历史意义，遵义会议开始形成以毛泽东同志为核心的第一代中央领导集体，成为中国共产党历史上一个生死攸关的转折点，标志着中国共产党在政治上走向成熟。
3. 熟悉长征精神的内涵及意义。
（二）能力目标
提高学生归纳与全面分析历史问题的素养，培养学生把握历史问题本质的能力。
（三）情感目标
充分认识中国共产党在极其困难情况下取得长征胜利的光辉历史，使学生明白拥有革命理想的队伍是不可战胜的，从而更深刻地理解长征精神的内涵，强化理想信念，激发爱国情操。

续表

二、教学重点与难点
教学重点：长征精神内涵的把握和内化为精神力量 教学难点：如何选取合适的案例，讲好长征故事
三、教学过程
（一）任务导入： 1. 播放视频《反围剿　建红都》，引导学生认识土地革命战争的发展过程，了解红军长征前的革命大好形势。 2. 提问：哪位同学能背诵毛主席的诗词《七律·长征》，并播放音频资料《七律·长征》。 3. 提问：为什么中国共产党在革命形势大好的情况下，开始了长征？长征对中国共产党意味着什么？今天我们作为新时代青年学子，如何理解长征精神，又该如何将长征精神落地到我们的学习生活中？ （二）新课讲授 同学们刚才通过视频知道，大革命失败后，中国共产党探索出"农村包围城市、武装夺取政权"的革命新道路，取得反围剿的胜利，建立了中华苏维埃政权。从此中国共产党进入独立领导中国革命的新时期，中国革命蓬勃发展。但是，为什么红军又进行了艰苦卓绝的长征了呗？长征又给中国革命和中国共产党带来了什么影响？带着这个"但是"、带着这两个问题我们来学习第五章第二节的内容。 1. 长征发生的背景：土地革命战争的发展及其挫折。 （1）结合案例"党反腐败历史上被枪毙的第一个贪官"阐释农村革命根据地在经济、政治、文化教育及党的自身建设方面取得的发展成果。 （2）介绍土地革命时期出现的三次"左"倾错误，重点讲述第三次"左"倾错误的原因及危害。 党内连续出现"左"倾错误的原因： - 党的马克思主义理论准备不足，缺乏实践经验，对中国的历史状况、中国革命的特点、中国革命的规律不甚了解，不善于把马克思列宁主义与中国实际全面地、正确地结合起来 - 共产国际对中国革命的错误指导 - 八七会议以后党内一直存在着浓厚的"左"倾情绪始终没有得到认真清理 提出问题：中国共产党与共产国际的关系是什么？为什么，利用苏联经验来领导中国革命的中国共产党领导人是犯了"左"倾？"左"倾错误是何时得以纠正的？ 2. 讲述红军长征的艰辛过程：本部分以案例教学为主，教学过程中以长征精神的五个内涵为导引，结合长征故事，让学生从感性层面体会长征精神。

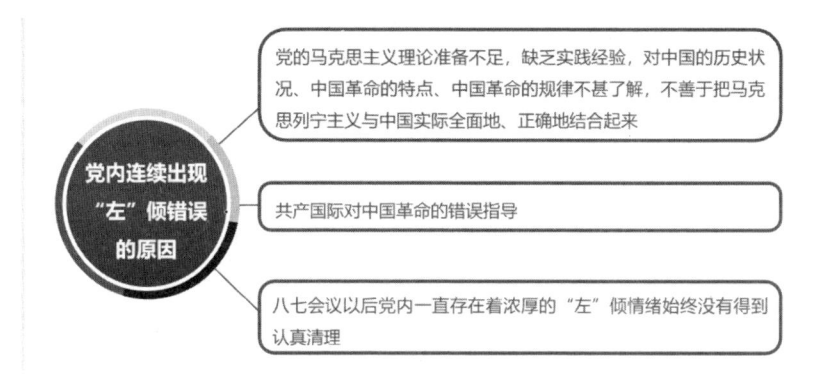

续表

　　(1) 用"民以食为天""一顿不吃饿得慌"引出马斯洛"需求层次理论",引导同学们关注到生存是人类需求的第一层次,是最本能的生理需求。接着,讲述"九个炊事员和一口行军锅"和"半条腰带"两个案例。让同学们深刻认识到,对于生存都是问题的艰困环境下,红军队伍及未成年的小红军是如何在共产主义崇高理想和革命必需的坚强信念下,克服困难,坚持胜利的。体现了红军坚定的理想信念和崇高的使命担当,突显了信仰的力量。长征路上的苦难、曲折、死亡,检验了中国共产党人的理想信念,向世人证明了中国共产党人的理想信念是坚不可摧的。

　　(2) 习近平总书记在纪念红军长征胜利80周年大会上的讲话中提到一个数据,即"在红一方面军二万五千里的征途上,平均每300米就有一名红军牺牲"。所以,长征这条红飘带,是无数红军的鲜血染成的。但是,面对牺牲,红军从没有怕过。讲述"悲壮之师血战湘江"和"断肠明志"两个案例,"悲壮之师血战湘江",讲明红军长征的艰难处境,红军军队不怕牺牲的革命精神。"断肠明志",让学生们从红军军官面对生死进的选择来体现中国共产党人"不怕困难,勇于牺牲"的革命大无畏精神。这两个案例分别从红军军队整体和红军将领个体两个维度强化了红军为了救国救民,不怕任何艰难险阻,不惜付出一切牺牲的精神。

　　(3) 湘江战役后,革命形势更加险恶,在这个时候,中国共产党领导人果断地在遵义召开了中央政治局扩大会议,史称"遵义会议"。这次会议结束了"左"倾错误领导,确立了毛泽东同志在红军和党中央的领导地位,是中国共产党从幼年走向成熟的开始。并用"四渡赤水出奇兵"案例,让学生通过具体的战争案例来体会中国共产党已经能够"独立自主,实事求是"地处理自己的事务。从此,中国革命走向了胜利的道路,直到建立新中国。

　　(4) 长征不仅是对红军意志的考验,也是对中国共产党领导队伍的检验。通过讲述朱德面对张国焘分裂党和红军的活动,让学生了解革命先辈是如何在矛盾和利益引诱面前坚持大局观念,严守党的纪律,秉持紧密团结的精神,以争取胜利的。

　　(5) 通过讲述"半条棉被"的故事,用女同志和老百姓之间的鱼水深情来诠释中国共产党在长征途中紧紧依靠人民群众,同人民群众生死相依、患难与共、艰苦奋斗,从而使得长征是"宣言书、宣传队、播种机"。

　　3. 长征胜利的意义和长征精神的内涵:用讲述法概括出长征胜利的前两个意义,即促使党在政法上和思想上的成熟和开创了中国革命的新局面,保存了红军的骨干,实现了中国革命由东南到西北的战略大转移。重点结合前期案例,总结归纳出长征精神的内涵。

　　(1) 把全国人民和中华民族的根本利益看得高于一切,坚定革命的理想和信念,坚信正义事业必然胜利的精神。选取两个故事。一是集体的信念代表:"九个炊事员和一口行军锅",一是个人的信仰代表:"半条腰带"。

　　(2) 为了救国救民,不怕任何艰难险阻,不惜付出一切牺牲的精神。选取两个故事。一是集体英勇奋战的代表"悲壮之师血战湘江",二是个人不畏牺牲的写照"断肠明志"。

　　(3) 坚持独立自主、实事求是,一切从实际出发的精神。选取"四渡赤水出奇兵"的故事,体现中国共产党依据实际情况,创造性开展军事斗争的精神。

　　(4) 顾全大局、严守纪律、紧密团结的精神。选取朱德"度量大如海,意志坚如钢"的故事,提炼出革命先辈的优良品质。

　　(5) 紧紧依靠人民群众,同人民群众生死相依、患难与共、艰苦奋斗的精神。选取"半条棉被"的故事,

　　结合案例后的理论层面提炼,让学生对长征精神从感性的体验升华到理性的认知,完成学生精神的洗礼,达到本节课程思想教育的目的。

　　提出问题:结合个人的学习和生活,谈谈如何继承和发扬长征精神?

续表

4. 长征精神的时代价值

毛主席告诫我们："夺取全国胜利，这只是万里长征走完了第一步。"当前我们正处于中国特色社会主义建设时期，我们这一代人的长征，就是要实现"两个一百年"奋斗目标、实现中华民族伟大复兴的中国梦。通过讲述法，向同学们阐述长征精神的六个当代价值。

（1）弘扬伟大长征精神，走好今天的长征路，必须坚定共产主义远大理想和中国特色社会主义共同理想，为崇高理想信念而矢志奋斗。

（2）弘扬伟大长征精神，走好今天的长征路，必须坚定中国特色社会主义道路自信、理论自信、制度自信、文化自信，为夺取中国特色社会主义伟大事业新胜利而矢志奋斗。

（3）弘扬伟大长征精神，走好今天的长征路，必须把人民放在心中最高位置，坚持一切为了人民、一切依靠人民，为人民过上更加美好生活而矢志奋斗。

（4）弘扬伟大长征精神，走好今天的长征路，必须把握方向、统揽大局、统筹全局，为实现我们的总任务、总布局、总目标而矢志奋斗。

（5）弘扬伟大长征精神，走好今天的长征路，必须建设同我国国际地位相称、同国家安全和发展利益相适应的巩固国防和强大军队，为维护国家安全和世界和平而矢志奋斗。

（6）弘扬伟大长征精神，走好今天的长征路，必须加强党的领导，坚持全面从严治党，为推进党的建设新的伟大工程而矢志奋斗。

（三）课堂小结

通过讲授红军长征的背景及艰辛的过程，阐明长征胜利的重要意义。通过案例分析，深入分析长征精神的深刻内涵。

（四）布置作业

从以下三个题目中选取一个题目写一篇1000字的感想

现在有一个说法叫"重走长征路"，2019年7月，国家审议通过了《长城、大运河、长征国家文化公园建设方案》。如果有机会，你会走哪一段长征路？请结合课堂学习内容，谈谈为什么？

结合我们国家的发展现状，你认为我们更应该发扬长征精神的哪一个方面？

作为当代青年，结合你自身学习目标、人生理想，谈谈你的"长征路"。

四、教学资源

（一）参考文献

1. 习近平. 在纪念红军长征胜利80周年大会上的讲话［EB/OL］. 新华网，2016-10-21.
2. 朱薇，陈晋. 你是这样的人——精神谱系的故事［M］. 北京：新星出版社，2022.
3. 王刚，李懋君. 长征精神［M］. 北京：中共党史出版社，2017.
4. 哈里森·索尔兹伯里. 长征——前所未闻的故事［M］. 北京：解放军出版社，1986.
5. 袁国柱. 中国共产党人的精神谱系［M］. 北京：中共中央党校出版社，2021.
6. 本书编写组. 习近平讲党史故事［M］. 北京：人民出版社，2021.

（二）网络资源

1. 习近平. 在纪念红军长征胜利80周年大会上的讲话［EB/OL］. 新华网，2016-10-21. http://cpc.people.com.cn/n1/2016/1022/c64094-28798737.html
2. 梅世雄. 血战湘江：红军长征中最惨烈之战［EB/OL］. 搜狐网，2021-12-06. https://www.sohu.com/a/505915727_120099890

第四节　宝塔光辉：延安精神

延安精神，是延安时期中国共产党人在抗日救亡、实现民族独立和人民解放的伟大历史进程中，在传承红色基因、推进马克思主义中国化和弘扬中华民族精神中培育和锻铸的一种伟大革命精神。它是党的性质和宗旨、优良传统和作风的集中体现。延安精神具有超越时空的普遍意义，是中国共产党精神谱系中的重要组成部分。

一、延安精神的基本内涵

（一）延安精神的形成背景

20世纪30年代中期，英雄的红军将士高举井冈山点燃的圣火，经过艰苦卓绝的二万五千里长征，胜利实现了伟大的战略转移，在陕北延安落地生根。从1935年10月19日至1948年3月23日，毛泽东等老一辈无产阶级革命家在此矻矻奋斗了十三个春秋，在拯救民族危亡和争取人民解放的血火岁月中创造了辉煌业绩，孕育形成了伟大的"延安精神"。

第一，马克思列宁主义、毛泽东思想是延安精神形成的理论基础。我们党在运用马克思主义解决中国革命实际问题的过程中，不断推进马克思主义中国化。马克思主义中国化时代化的第一个理论成果毛泽东思想萌芽于大革命时期，开始形成于土地革命战争时期，经过长征路，成熟于延安土窑洞。延安时期是毛泽东思想的成熟期。在这一时期，毛泽东将马克思主义普遍原理与中国革命的具体实践相结合，撰写了一篇篇光辉著作，照耀了中国革命的前程。据统计，《毛泽东选集》（第二版）四卷共收录毛泽东著作159篇，其中延安时期写的多达112篇。毛泽东的《中国革命和中国共产党》《新民主主义论》等重要著作的发表，标志着毛泽东思想走向成熟。延安精神正是伴随着毛泽东思想的成熟而逐渐形成和发展起来的。毛泽东思想是延安精神形成的理论基础和正确指南，延安精神是毛泽东思想的具体运用和生动体现。

第二，党领导的人民革命斗争是延安精神形成的实践基础。伟大的事业需要伟大的精神，伟大的精神推动伟大的事业。延安时期是中国革命走向胜利、中国共产党扭转乾坤、创造辉煌业绩的黄金时期。我们党在这一时期艰难困苦的革命斗争中，培育了延安精神。自1937年1月13日，中共中央进驻延安城，延安就成了抗日战争和解放战争的指挥中心和战略总后方，在这里，我们党经历了抗日战争和解放战争的重要时期，党领导的人民革命斗争取得了巨大进展，党在政治上、思想上、组织上更加成熟和发展起来。这个时期，我们党还坚决抵制和纠正了共产国际对中国革命的错误指导。这些都为延安精神的形成奠定了坚实基础。

第三，中华民族优秀文化传统和民族精神是延安精神形成的历史文化基础。延安精神是中国人民英勇奋斗、奋发图存精神的集中体现，它既汲取了传统民族文化精神的营养，又实现了对民族传统精神的批判和超越，从而升华为一种新的民族精神形态，是中国人民革命精神发展的重要里程碑。在中华民族的长期实践中，我们形成了以爱国主义为核心的勤劳勇敢、团结统一、爱好和平、自强不息的民族精神。延安时期，这种民族精神经过共产党人的继承与创新，发生了现代转换，也就是勤劳勇敢的精神转换为自己动手、丰衣足食的创业精神；团结统一的精神转换为无产阶级的爱国主义精神；爱好和平的精神转换为无产阶级的国际主义精神；自强不息的精神转换为独立自主、自力更生的奋斗精神。这就使我们的民族精神有了新的实践形态，成为能够体现中国共产党人的崇高理想和坚强意志的现代革命精神。

第四，中国共产党和中国人民的伟大创造是延安精神形成的主体条件。延安精神是中国共产党和中国人民的创造成果，是毛泽东和党的领袖们亲手培育和倡导的实践结晶。延安时期，从制定路线方针政策到具体实践，从政权机关到基层组织，从党的领袖到普通战士，始终面向群众、服务群众，树立了"为民谋利""人民救星"的光辉典范。毛泽东的《纪念白求恩》《为人民服务》等文章都对为人民服务作了精辟论述。除此之外，党的其他领袖，朱德、刘少奇、周恩来等也写下了许多关于党性修养、革命实践等方面的著作。这是我们党重视理论学习、加强党性修养、投身革命实践、领袖率先垂范的真实体现，也成为延安精神形成的重要主体条件。

（二）延安精神的理论内涵

延安精神是马克思主义中国化的理论结晶和精神成果，是中国共产党本质特征的集中体现。其理论内涵主要包括如下四个方面。

第一，坚定正确的政治方向是延安精神的灵魂。坚定正确的政治方向，即坚持以马克思主义为指导思想，坚持崇高的革命理想和共产主义信念。这是延安精神的灵魂[①]。坚定正确的政治方向就是公开树起的一面旗帜，一座灯塔，是

---

① 韩延明. 百年红色精神谱系之四　延安精神［J］. 党史博采（L），2021（04）：4-9.

马克思主义政党的精神动力和精神支撑，是延安时期党和根据地军民进行革命斗争的政治保证。延安时期我们党坚持坚定正确的政治方向，集中体现在模范建设"三三制"民主政权、实施民主选举制度的政治过程之中，集中体现在政治清明、法纪严明、从严治党、惩治贪污腐败方面，集中体现在坚持抗日民族统一战线，一切为着战胜日本帝国主义方面，集中体现在坚持党的七大路线，建立独立、自由、民主、和平的新中国方面。延安时期，中国共产党人正是因为牢牢坚持民族解放的正确政治方向，顺应历史和民意，所以领导中国革命一步步走向胜利，完成了领导争取民族独立和人民解放的神圣使命。

第二，解放思想、实事求是的思想路线是延安精神的精髓。解放思想，实事求是的思想路线，就是一切从实际出发，理论联系实际，把马克思主义的基本原理与中国革命的具体实际相结合，克服教条主义和经验主义，实现马克思主义中国化。解放思想、实事求是的思想路线，是延安精神的精髓，是中国共产党人发展壮大的思想武器。历史经验反复证明，什么时候坚持这一思想路线，革命就胜利，事业就进步；反之，就会犯错误，事业就会受损失。延安时期，我们党坚持真理，修正错误，开展整风运动，使解放思想、实事求是成为全党的思想路线和行动自觉，实现了马克思主义中国化的第一次飞跃，确立了毛泽东思想在全党的指导地位。正是有了正确思想旗帜的引领，中国革命的胜利才有了根本保证。

第三，全心全意为人民服务的根本宗旨是延安精神的核心。为人民服务是马克思主义最鲜明的政治立场，是中国共产党的根本宗旨，是延安精神的核心。"为人民服务"一语，源自毛泽东1944年9月在延安中央警备团追悼张思德同志大会上的演讲。他号召大家从世界观和人生观的高度学习张思德同志完全、彻底为人民服务的精神。1945年4月24日毛泽东在中国共产党第七次全国代表大会上所做的《论联合政府》政治报告中再次强调："全心全意为中国人民服务，就是这个军队的唯一宗旨。"① 延安时期，从制定路线方针政策到具体实践，从政权机关到基层组织，从党的领袖到普通战士，始终面向群众、服务群众，树立了"为民谋利""人民救星"的光辉典范。全心全意为人民服务的根本宗旨就是延安精神的核心。

第四，自力更生、艰苦奋斗的创业精神是延安精神的突出特征。自力更生体现着一种主体精神，是我们党的一贯主张。艰苦奋斗体现着一种奋斗精神，是中国共产党的政治本色。自力更生、艰苦奋斗，是我们不断夺取党和人民事

---

① 毛泽东. 毛泽东选集：第三卷 [M]. 北京：人民出版社，1991：1039.

业新胜利的传家宝。延安时期自力更生、艰苦奋斗精神体现在领导人清正廉洁、艰苦朴素的作风中。比如毛泽东主席身穿粗布补丁衣服；周恩来睡在土炕上；彭德怀穿的背心是用缴获的降落伞做的；林伯渠的耳朵上戴的是用线绳系着断了一条腿的眼镜等等。自力更生、艰苦奋斗的创业精神体现在为渡过难关，在根据地广泛开展大生产运动中。1941年3月，王震率领359旅万余名官兵，开赴南泥湾军垦屯田。到1944年，全旅种地达26万多亩，收获粮食3.6万石。1942年到1944年，陕甘宁边区共开垦荒地200多万亩。昔日的荒山野岭，成了"陕北的好江南"。正是依靠这种精神，我们克服了严重的物质困难，粉碎了国民党的经济封锁，有效地保卫和扩大了抗日根据地，进而团结和带领人民战胜了强大的国内外敌人，不断开创革命事业的新局面。

延安精神的理论内涵是一个相互联系的整体，要结合新的时代条件全面把握和深刻理解。坚定正确的政治方向是灵魂，政治方向是党生存发展第一位的问题，事关党的前途命运和事业兴衰成败；解放思想、实事求是的思想路线是精髓，凝结着辩证唯物主义和历史唯物主义的世界观、方法论；全心全意为人民服务的根本宗旨是核心，在党长期执政的条件下，保持党同人民群众的血肉联系是党的建设必须解决好的重大课题；自力更生、艰苦奋斗的创业精神是突出特征。中国共产党是靠自力更生、艰苦奋斗起家的，决不能丢掉这个传家宝。此外，延安精神还包括民主的精神、对外开放的精神、爱国主义的精神、批评和自我批评的精神等。

二、延安精神的历史意义和时代价值

延安精神是中国共产党革命精神的集中体现，在革命、建设、改革历史进程中发挥了重要作用，作为红色文化的重要组成部分，其具有跨越时空的价值引领功能。当前，党团结带领中国人民踏上了实现第二个百年奋斗目标新的赶考之路，继承和弘扬延安精神，具有新的时代价值。

第一，延安精神是拥护"两个确立"、践行"两个维护"的昭示指引。延安时期一个重要成果，就是形成了以毛泽东同志为核心的中央领导集体，把毛泽东思想确立为党的指导思想。党的七大后，之所以能够迅速地取得抗日战争的全面胜利和解放战争的伟大胜利，与这一历史决定是分不开的。历史是最好的教科书。传承和弘扬延安精神，就是要以史为鉴，开创未来。当前，要认真学习贯彻《中共中央关于党的百年奋斗重大成就和历史经验的决议》，提高政治站位，深化思想领悟，清醒地认识波谲云诡的国际形势所带来的前所未有的复杂环境、难以预料的矛盾风险挑战、繁重艰巨的改革发展稳定任务；清醒地认识进行伟大斗争、建设伟大工程、推进伟大事业、实现伟大梦想的难度；清醒地认识"两个确立"的决定性意义，同心同德，众志成城，坚定拥护"两个确立"，坚决做到"两个维护"。

第二，延安精神是中国共产党跳出"历史周期率"的强大定力。1945年7月，黄炎培到延安考察，谈到"其兴也勃焉，其亡也忽焉"，称历朝历代没能跳出兴亡周期率①。毛泽东表示："我们已经找到新路，我们能跳出这周期律。这条新路，就是民主。只有让人民来监督政府，政府才不敢松懈。只有人人起来负责，才不会人亡政息。"② 在党的十九届六中全会第二次全体会议上，习近平总书记谈及"窑洞对"并给出新解："经过百年奋斗特别是党的十八大以来新的实践，我们党又给出了第二个答案，这就是自我革命。"③ 传承和弘扬延安精神，就是要"两个答案"一起践行，一方面大力发展全过程人民民主，让人民依法实行民主选举、民主协商、民主决策、民主管理、民主监督；另一方面始终坚持打铁必须自身硬，直面"四大考验""四种危险"，刀刃向内，刮骨疗毒，确保我们党始终成为时代先锋、民族脊梁。

第三，延安精神是建设社会主义现代化强国的不竭动力。在延安期间，中国共产党将陕甘宁边区建设成了"一没有贪官污吏，二没有土豪劣绅，三没有赌博，四没有娼妓，五没有小老婆，六没有叫花子，七没有结党营私之徒，八没有萎靡不振之气，九没有人吃摩擦饭，十没有人发国难财"④ 的全国最进步的地方。这是中国共产党执政陕甘宁边区取得的非凡成就，也是革命圣地的集中写照和延安精神的生动体现。知来路，不忘初心；明前路，铿锵前行。延安精神自诞生起就如同"枣园的灯光"，始终照亮着中国共产党人"红船"启航的初心，始终照亮着中国人民前进的方向。传承和弘扬延安精神，就是要始终坚持社会主义制度，坚定不移地走中国特色社会主义道路；始终把实现好、维护好、发展好最广大人民根本利益作为一切工作的出发点和落脚点，更加自觉地使改革发展成果更多更公平惠及全体人民；始终坚持以人民为中心的发展思想，一件事情接着一件事情办，一年接着一年干，奋力夺取建设社会主义现代

---

① 成君忆. 中国历史周期律：朝代更迭中的管理变革［M］. 北京：北京理工大学出版社，2013：49.
② 逄先知. 毛泽东年谱（1893—1949）［M］. 北京：人民出版社，中央文献出版社，1993：135.
③ 习近平. 以史为鉴、开创未来埋头苦干、勇毅前行［J］. 求是，2022（01）.
④ 付建成. 延安时期与中国共产党的发展论集［M］. 北京：中央文献出版社，2011：234.

化强国新胜利。

第四，延安精神是全体中华儿女踔厉奋发向未来、笃行不怠谋复兴的宝贵财富。习近平总书记指出，一个民族之所以伟大，根本就在于在任何困难和风险面前都从来不放弃、不退缩、不止步，百折不挠为自己的前途命运而奋斗①。党中央在延安的十三年，是顽强抗争的十三年，也是赢得荣光的十三年。延安精神早已融入中华民族光荣历史的血脉之中，成为我们党自强不息、发奋图强的宝贵精神财富。延安精神属于历史，属于新时代，也属于未来。传承和弘扬延安精神，就是要坚持不懈用延安精神教育广大党员、干部，从中汲取信仰的力量、查找党性的差距、校准前进的方向；就是要持续加强作风建设，坚决破除形式主义、官僚主义，切实转变工作作风，始终保持党同人民群众的血肉联系；就是要深化党史、新中国史、改革开放史、社会主义发展史学习教育，解决好世界观、人生观、价值观这个"总开关"问题，胸怀"国之大者"，扛起使命担当，自觉做共产主义远大理想和中国特色社会主义共同理想的忠实实践者，努力为党和人民的事业艰苦奋斗、拼搏进取，为中华民族的伟大复兴披坚执锐、牺牲奉献。

三、延安精神融入教材专题教学案例分析

（一）小豆子决定大命运

1. 案例呈现

陕甘宁边区民主政治建设最具特色的是各级参议会、各级政府的人员组成均实行"三三制"，即共产党员、非党左派进步分子和中间派人士各占三分之一。

1940年3月6日，"三三制"原则在党内被首次正式提出。1941年11月6日，陕甘宁边区第二届参议会第一次代表大会召开，严格按照"三三制"原则选举产生了边区参议会和边区政府组成人员。林伯渠当选为边区政府主席，党外人士李鼎铭当选为副主席。在选举的18位边区政府委员中，共产党员有7人，超过三分之一，徐特立申请退出，由非中共人士白文焕递补，体现了共产党实行"三三制"原则的诚意和决心。与这种体制相配套的就是代表产生的办法。由于边区群众文化程度普遍不高，尤其是在基层选举中，群众不可能通过画票的方式选出自己心目中的候选人，因此，结合当地实际、简便易行的投票

---

① 习近平. 在全国抗击新冠肺炎疫情表彰大会上的讲话［N］. 人民日报，2020-09-09（002）.

方式就产生了，群众把它形象地称为"投豆"选举。简单来说，"投豆"选举就是在被选举人的背后放一个碗，群众信任哪个人，就把豆放在那个人背后的碗里面，最后按照碗里豆的多少来决定谁当选。"投豆"选举这种看似简单但是政治含义十分深远的选举方式，使广大贫苦民众能够选举出他们信得过的人来组成基层政权。当年老百姓的歌谣唱得好："金豆豆，银豆豆，豆豆不能随便投；选好人，做好事，投在好人碗里头。""投豆"选举和"三三制"原则以群众喜闻乐见的形式，保障了边区群众能够行使自己的民主权利，体现了人民政府为人民的执政理念。

3. 案例分析

从"投豆"选举和"三三制"原则可以看出，高度重视民主建设，必须坚持走群众路线。群众的智慧是无穷的，当年群众虽然文化水平不高，却发明了投豆、烧洞等选举办法，所以千万不能小看群众，现在更应该把这个优良传统传承发扬下去，继续走群众路线。通过这个案例的讲解，可以让同学们了解在延安时期党对群众路线的贯彻，了解党的群众路线，以及人民政府为人民的执政理念。

（二）敢讲真话的农家女

1. 案例呈现

群众有怨言怎么办？我们党的优良传统是调查研究。1940年10月，清涧县一位农妇在丈夫被雷击致死后，逢人便骂"政府官僚横行""世道不好"。她被逮捕押送至延安，拟审讯后交法院处理。毛泽东获悉后，让人把骂人的农妇找来，当面了解详细情况。原来，农妇有3个孩子，丈夫原本是一家人的顶梁柱，不仅要照顾妻儿，还要照顾瘫痪的母亲。丈夫过世后，农妇家的生活十分困难，而县里派来的干部只管催收公粮，不仅不考虑实际情况，还动不动就骂人，这让农妇非常委屈。群众情绪背后是真实的民意，体察民意才能真正走进群众，急群众所急。如果只满足于"处理"发泄情绪的群众，而不是深入调查研究，只会拉大党和群众之间的距离。毛泽东立即指示：马上放人，派专人护送回家，去的人要带上公文，讲明她没有罪过，是个敢于讲真话、为我们党和政府提供了良好愿望和意见的好同志，要向她赔礼道歉。毛泽东还要求工作人员对这次抓捕农妇的情况进行深刻反省，要求组织部门对时任村以上干部进行一次审查，不胜任的、不为群众服务的统统撤下来。

2. 案例分析

民心是最大的政治。在延安时期我们党就把人民群众的诉求放在心上，时刻把人民群众的利益诉求放在心中最高位置不是说说而已，而是体现在具体的行动中。党的十八大以来，习近平总书记反复强调，人心是最大的政治，人心向背、力量对比是决定党和人民事业成败的关键。在漫长的岁月里，在极端艰苦的环境中，中国共产党人为劳苦大众的利益舍生忘死奋斗，使人民群众从共产党人的身上看到了民族的希望。共产党也依靠人民的衷心拥护和支持由小变大，由弱变强，中国共产党之所以能够长期执政，最根本的原因，就是把为人民谋利益作为党和政府全部活动的立足点和归宿。

（三）小纺车见证大力量

1. 案例呈现

"女劳动英雄黑玉祥：听说你是延川县的劳动英雄，我有点不服气，要和你竞赛一下，你敢吗？"这是大生产运动期间，延川县张家河村农妇高兰英写给纺织英雄黑玉祥的挑战书。挑战书中提到的黑玉祥，是大生产运动中涌现出来的一位"巾帼劳模"。她依靠勤俭和劳动，改善了全家生活，农忙时，上山种地，农闲时，昼夜纺织。她踊跃参加生产，终年勤劳不懈，被延川县评为"纺织第一""女中模范"。1943年11月，黑玉祥参加劳模大会，陕甘宁边区政府奖励了她一架纺车，还有一份林伯渠亲笔书写的奖状。纺车小，力量大。1941年至1942年，是中国敌后抗战最为困难的时期。国民党还在通往边区的大小路口设立关卡，严禁棉花、布匹入境。面对日军的疯狂进攻和国民党顽固派的经济封锁，敌后军民进行了艰苦卓绝的斗争。当时的困难有多大？毛泽东有这样一段描述："我们曾经弄到几乎没有衣穿，没有油吃，没有纸，没有菜，战士没有鞋袜，工作人员在冬天没有被盖。国民党用停发经费和经济封锁来对待我们，企图把我们困死，我们的困难真是大极了。"从那时起，纺车走进千家万户，"新三年，旧三年，缝缝补补又三年"成为当时人们日常生活的真实写照。

2. 案例分析

延安时期自力更生、艰苦奋斗的创业精神，为中国革命的胜利提供了强大动力。中华民族是具有奋斗精神的伟大民族，进入新时代，大学生是整个社会力量中最积极、最有生气的力量，作为社会主义事业的建设者和接班人，要感知革命先辈的不易，学习他们的精神品质，继承和发扬新时代的艰苦奋斗精神。

四、延安精神教学设计

专题名称	宝塔光辉：延安精神	学时	1 学时
融入章节	第六章——中华民族抗日战争		
学情分析	1. 学生已有的认知水平和能力现状分析：由于延安精神在教材中并没有具体呈现，因此，学生对于延安精神的形成背景、科学内涵，时代价值等并不太了解，这就需要教师通过相关历史案例、视频、图片、人物故事等手段，帮助学生深入学习延安精神的相关知识。 2. 学生的学习问题和学习需求分析：新时代的大学生生长在中华民族从富起来到强起来的过程中，对中国共产党在革命战争年代遭受的苦难知之甚少，他们需要从延安精神中汲取营养来滋养初心、淬炼灵魂，才能担当起民族复兴的时代责任。		
一、教学目标			
（一）知识目标 把握延安精神的形成背景、形成发展过程，理解延安精神的理论内涵，把握延安精神的时代价值。 （二）能力目标 掌握和运用辩证唯物主义和历史唯物主义方法来观察分析和处理学习生活和社会交往过程中的问题。 （三）情感目标 通过对课程的学习，对抗日战争这段历史有更深入的认识，深刻感悟延安精神，培养爱国主义热情，树立正确历史观。			
二、教学重点与难点			
（1）教学重点：延安精神的理论内涵和时代价值。 （2）教学难点：延安精神的形成背景。			

三、教学过程
（一）导课
1. 导课方式：歌曲导入法。
2. 导课内容：
  同学们，在上课之前，我们来欣赏由郭兰英演唱的《南泥湾》。1943 年南泥湾从延安开始唱响。巍巍宝塔山，悠悠延河水，熠熠枣园光，延安是中国革命的圣地，也是新中国的摇篮，在这片厚重的土地上，形成了光照千秋的延安精神。让我们走进今天的课程—延安精神的形成背景、内涵、当代价值，感受延安精神的磅礴力量。
（二）新课讲授
问题 1：延安精神的形成背景
（1）导课方式：疑问式导入法。
（2）导课内容：
  1935 年 10 月，一支七千余人的工农红军队伍到达陕北，结束长征。从 1935 年 10 月到 1948 年 3 月，十三年的磨砺，中国共产党谱写了可歌可泣的伟大历史篇章，培育了永放光芒的延安精神。提出问题：延安精神形成的背景是什么？			

(3) 讲解过程：

理论基础：马克思列宁主义、毛泽东思想。中国共产党自成立之日起，就将马克思主义作为指导思想，坚持马克思主义基本原理和中国具体实际相结合，马克思主义中国化的第一次历史性飞跃就是形成了毛泽东思想，毛泽东思想萌芽于大革命时期，开始形成于土地革命战争时期，经过长征路，成熟于延安土窑洞。马克思列宁主义、毛泽东思想成为延安精神形成的理论基础。

实践基础：党领导的人民的革命斗争。在延安，我们党经历了抗日战争和解放战争的重要时期，党领导的人民革命斗争取得了巨大进展，党在政治上、思想上、组织上更加成熟和发展起来。

历史文化基础：中华民族优秀文化传统和民族精神。延安精神是中国人民英勇奋斗、奋发图存精神的集中体现，它既汲取了传统民族文化精神的营养，又实现了对民族传统精神的批判和超越，从而升华为一种新的民族精神形态，是中国人民革命精神发展的重要里程碑。

主体条件：中国共产党和中国人民的伟大创造。延安时期，我们党重视理论学习，加强党性修养，投身革命实践，领袖率先垂范，这些都是延安精神形成的主体条件。

问题2：延安精神的理论内涵

(1) 导课方式：疑问式导入法。

(2) 导课内容：

2020年4月23日，习近平总书记在陕西考察时指出："延安精神培育了一代代中国共产党人，是我们党的宝贵精神财富。要坚持不懈用延安精神教育广大党员、干部，用以滋养初心淬炼灵魂，从中汲取信仰的力量、查找党性的差距、校准前进的方向。"那么，延安精神的理论内涵是什么呢？

(3) 讲授过程：

坚持正确的政治方向是延安精神的灵魂。坚定正确的政治方向，即坚持以马克思主义为指导思想，坚持崇高的革命理想和共产主义信念。这是延安精神的灵魂。延安时期我们党坚持坚定正确的政治方向，集中体现在模范建设"三三制"民主政权、实施民主选举制度的政治过程之中，集中体现在政治清明、法纪严明、从严治党、惩治贪污腐败方面，集中体现在坚持抗日民族统一战线，一切为着战胜日本帝国主义方面，集中体现在坚持党的七大路线，建立独立、自由、民主、和平的新中国方面。

解放思想、实事求是的思想路线，是延安精神的精髓。历史经验反复证明，什么时候坚持这一思想路线，革命就胜利，事业就进步；反之，就会犯错误，事业就会受损失。延安时期，我们党坚持真理，修正错误，开展整风运动，使解放思想、实事求是成为全党的思想路线和行动自觉，实现了马克思主义中国化的第一次飞跃，确立了毛泽东思想在全党的指导地位。正是有了正确思想旗帜的引领，中国革命的胜利才有了根本保证。

全心全意为人民服务的根本宗旨是延安精神的核心。"为人民服务"一语，源自毛泽东1944年9月在延安中央警备团追悼张思德同志大会上的演讲。他号召大家从世界观和人生观的高度学习张思德同志完全、彻底为人民服务的精神。1945年4月24日毛泽东在中国共产党第七次全国代表大会上所做的《论联合政府》政治报告中再次强调："全心全意为中国人民服务，就是这个军队的唯一宗旨。"延安时期，从制定路线方针政策到具体实践，从政权机关到基层组织，从党的领袖到普通战士，始终面向群众、服务群众，树立了"为民谋利""人民救星"的光辉典范。全心全意为人民服务的根本宗旨就是延安精神的核心。

续表

自力更生、艰苦奋斗的创业精神是延安精神的突出特征。自力更生体现着一种主体精神，是我们党的一贯主张。艰苦奋斗体现着一种奋斗精神，是中国共产党的政治本色。自力更生、艰苦奋斗，是我们不断夺取党和人民事业新胜利的传家宝。延安时期自力更生、艰苦奋斗精神体现在领导人清正廉洁、艰苦朴素的作风中。比如毛泽东主席身穿粗布补丁衣服；周恩来睡在土炕上；彭德怀穿的背心是用缴获的降落伞做的；林伯渠的耳朵上戴的是用线绳系着断了一条腿的眼镜等等。自力更生、艰苦奋斗的创业精神体现在为渡过难关，在根据地广泛开展大生产运动中等等。

问题3：延安精神的当代价值

（1）导课方式：疑问式导入法。

（2）导课内容：

2015年2月15日习近平总书记在陕西考察工作时提出："老一辈革命家和老一代共产党人在延安时期留下的优良传统和作风，培育形成的以坚定正确的政治方向、解放思想实事求是的思想路线、全心全意为人民服务的根本宗旨、自力更生艰苦奋斗的创业精神为主要内容的延安精神，是我们党的宝贵精神财富。今天，全面从严治党要继续从延安精神中汲取力量。"

2020年9月4日习近平总书记给中国延安精神研究会第六次会员大会发来贺信："延安是中国革命的圣地，老一辈革命家和老一代共产党人在延安时期培育形成的延安精神是我们党的宝贵精神财富。希望同志们在新的历史条件下，坚持正确政治方向，服务党和国家工作大局，深入研究、大力宣传、认真践行延安精神，努力为全面建成小康社会、乘势而上开启全面建设社会主义现代化国家新征程提供强大精神动力。"

提出问题：延安精神的时代价值是什么？

（3）讲解过程：

延安精神是拥护"两个确立"、践行"两个维护"的昭示指引；延安精神是中国共产党跳出"历史周期率"的强大定力；延安精神是建设社会主义现代化强国的不竭动力；延安精神是全体中华儿女踔厉奋发向未来、笃行不怠谋复兴的宝贵财富。

（三）课堂小结

延安精神是党的优良传统和作风的集中体现，是加强党性锤炼、增强党性修养的珍贵教材，是党员干部滋养初心、淬炼灵魂的营养剂和新时代全面建设社会主义现代化强国、实现中华民族伟大复兴的强大精神动力。我们作为新时代的青年处在中华民族发展的最好时期，既面临着难得的建功立业的人生际遇，也面临着天将降大任于斯人的时代使命，让我们从延安精神中，汲取精神力量，奋力谱写更加壮丽的篇章！

（四）布置作业

请同学们思考：延安精神对当代大学生有哪些启示？

四、教学资源

参考文献

1. 韩延明．百年红色精神谱系之四　延安精神［J］．党史博采（上），2021（04）：4-9.

2. 吴文珑．"实践导向"及其双重意义：1935—1942年的马克思主义中国化［M］．北京：人民出版社，2018：119.

3. 毛泽东．毛泽东文集：第三卷［M］．北京：人民出版社，1996：224.

4. 成君忆．中国历史周期律：朝代更迭中的管理变革［M］．北京：北京理工大学出版社，2013：49.

5. 中共中央文献研究室编．毛泽东年谱（1893—1949）［M］．北京：人民出版社，中央文献出版社，1993：135.

续表

6. 习近平. 以史为鉴、开创未来埋头苦干、勇毅前行［J］. 求是，2022（01）. http：//jhsjk. people. cn/article/32322450. 7. 付建成. 延安时期与中国共产党的发展论集［M］. 北京：中央文献出版社，2011：234. 8. 习近平. 在全国抗击新冠肺炎疫情表彰大会上的讲话［N］. 人民日报，2020-09-09（002）. DOI：10. 28655/n. cnki. nrmrb. 2020. 008782. （二）网络资源 1. 中国大学MOOC《中国近现代史纲要》相应网络教学视频等。 2. 学习强国
五、教学方法
（1）讲授法 （2）讨论法 （3）案例教学法
六、实践环节
同学们课下自行分组，针对延安时期形成的抗大精神、南泥湾精神、张思德精神、白求恩精神、愚公移山精神等原生形态进行探究，可以采用主题演讲或者PPT汇报的形式进行展示。

第五节　凤凰涅槃：抗战精神

77年前，中国人民经过14年艰苦卓绝的奋战，最终赢得了抗日战争的完全胜利，"开启了古老中国凤凰涅槃，浴火重生的历史新征程"①，这是中华民族抗战精神的伟大胜利。2020年9月3日，习近平总书记在纪念中国人民抗日战争暨世界反法西斯战争胜利75周年座谈会上指出："伟大抗战精神，是中国人民弥足珍贵的精神财富，将永远激励中国人民克服一切艰难险阻，为实现中华民族伟大复兴而奋斗。"②抗战精神是中国共产党精神谱系的重要组成部分，传

---

① 习近平. 在纪念中国人民抗日战争暨世界反法西斯战争胜利75周年座谈会上的讲话［N］. 人民日报，2020-09-04（002）.
② 习近平. 在纪念中国人民抗日战争暨世界反法西斯战争胜利75周年座谈会上的讲话［N］. 人民日报，2020-09-04（002）.

承和弘扬抗战精神，有助于指引中华民族战胜艰难险阻，实现中华民族伟大复兴的中国梦。

一、抗战精神的基本内涵

近代以来，西方用坚船利炮打开中国大门，中国民族饱经沧桑磨难。1931年后，日本对华持续侵略，给中国人民带来巨大的灾难。据不完全统计，在整个战争期间，中国军民伤亡3500多万人，按1937年的比值折算，中国直接经济损失1000多亿美元，间接经济损失5000多亿美元①。面临深重的灾难，救亡成为整个中华民族的主旋律，抗战精神在中华民族的苦难和抗争中孕育形成。

第一，中华民族优秀传统文化是抗战精神形成的文化渊源。

中华民族历史源远流长，中华文明有着举世无双的连绵性。中国优秀传统文化是中华民族历史和文明的瑰宝。爱国主义是中华民族优秀传统文化的核心。爱国主义在中国传统文化中的体现是对国家、山河、家乡无尽的眷恋和维护领土的主权意识。屈原投汨罗江而死、霍去病北击匈奴、祖逖北伐、岳飞抗金、文天祥誓死不降元、戚继光抗倭，这些都是古代爱国主义的集中表现。

近代以来，爱国主义更深刻内涵，表现为抵御外国侵略，争取民族独立。林则徐虎门销烟、冯子材镇南关大捷、左宗棠收复新疆、刘铭传收复台湾，都在中国近代史画卷上留下了浓墨重彩。抗战开始后，无数仁人志士，如英勇就义的刘胡兰、视死如归的狼牙山五壮士、血染太行的左权，把中华民族看得高于一切，坚决不成为亡国奴，谱写了惊天动地的爱国史诗。爱国主义在抗日战争中不断升华，最终成为伟大抗战精神的文化土壤。

第二，马克思主义理论是抗战精神形成的理论渊源。

马克思主义理论是科学的的世界观和方法论，是指导中国共产党认识世界改造世界的思想武器。抗日战争中，中国共产党在马克思主义的指引下，坚持建立抗日民族统一战线，成为抗战胜利的重要法宝。抗战进入相持阶段后，中国共产党坚持马克思主义理论与中国的具体实际相结合，在"亡国论"和"速胜论"甚嚣尘上的情况下，提出了持久战，给抗战的胜利指明了方向。抗战精神的形成和发展，离不开马克思主义。正确理解和把握抗战精神的核心和实质，必须坚持马克思主义的立场观点，马克思主义是抗战精神的理论渊源。

第三，同心御侮，浴血抗战是抗战精神形成的实践背景。

---

① 本书编写组. 中国共产党简史［M］. 北京：人民出版社，中共党史出版社，2021：108.

九一八事变后,日军侵占中国东北,三个月的时间,120万平方公里领土沦陷。东北军自发抗战,马占山部在嫩江桥与日本军队激战。1935年,日本先后迫使南京国民政府签了《何梅协定》和《秦土协定》,策划华北五省二市"自治"。一二·九运动学生兴起,全国抗日高潮到来。沈钧儒、马相伯等人发表《上海文化界救国运动宣言》,成立上海文化界救国会,领导抗日救国运动。此后,各地各界救国会纷纷成立,抗日救亡运动不断发展。中国共产党领导成立中华民族解放先锋队,成为全国各地救亡的中坚力量。1936年12月12日张学良、杨虎城进行"兵谏",发动西安事变,中国共产党捐弃前嫌,坚持"兄弟阋于墙外御其侮",和平解决西安事变,全民族抗战到来。1937年卢沟桥事变后,日军全面侵华,中国面临亡国灭种危险。中华民族同仇敌忾,成立抗日民族统一战线。国民党先后在正面战场组织了淞沪会战、忻口会战、徐州会战、武汉会战等大规模的军团作战,李宗仁、张自忠、佟麟阁等国民党爱国将领浴血奋战,英勇杀敌;中国共产党领导武装力量在敌后战场,广泛开展游击战和运动战,建立晋察冀、山东等七大敌后抗日根据地。全国各民族、各阶层、各团体、海外侨胞纷纷支援抗战,知识分子、工人农民、高级将领、普通士兵共赴国难,共同奏响救亡的最强音,筑建新的长城,抗战精神在战争中形成发展。

第四,中国共产党的中流砥柱作用是抗战精神形成的关键因素。

中国共产党自成立那天起,就把为中国人民谋幸福、为中华民族谋复兴作为自己的初心和使命。九一八事变后不久,中国共产党举起了武装抗日的旗帜,反对日本强占东三省,号召进行民族自卫战争。1932年,局部执政的中华苏维埃共和国临时中央政府宣布对日作战。东北三省沦陷后,中国共产党组织的抗日义勇军、抗日游击队在东北各地兴起,1936年后,东北抗日联军建立,领导东北人民抗战。

1935年后,全国抗日高潮到来,在瓦窑堡会议上,中国共产党提出建立广泛的抗日民族统一战线。1936年中国共产党改变政策,从反蒋抗日到逼蒋抗日,西安事变中毛泽东说:"我们在西安事变中实际地取得了领导地位",1937年卢沟桥事变后,全民族抗战阶段到来,抗日民族统一战线正式形成。中国共产党坚持全面抗战路线,发动各族人民、各民主党派、各团体、海外华侨,坚持人民战争,进入相持阶段后,提出持久战略,开辟敌后战场,坚持游击战争,1940年8月到1942年1月发动百团大战。中国共产党在统一战线中始终坚持独立自主的原则,坚决打退敌人的三次反共高潮,注重文化建设和干部教育,加强党的自身建设,进行整风运动,在全党范围内确立实事求是的思想路线,六届六中全会提出"马克思主义中国化"命题,七大确立毛泽东思想为党的指导思想，为抗战胜利指明了方向。

中国共产党的武装力量从平型关大捷取得全民族抗战的第一次重大胜利，到 1944 年后，敌后战场军队抗击全部侵华日军的 64%，据统计，仅在 8 年全国性抗战中，中国共产党领导的抗日军民就对敌作战 12.5 万余次，消灭日伪 171.4 万余人，其中，包括 52.7 万余人日军①。14 年的抗日战争，中国共产党始终走在抗战的最前列，中国共产党在抗战中发挥了中流砥柱的作用。共产党人在抗战中发挥英勇不屈，不怕牺牲的革命斗争精神，铸就抗战之魂。习近平总书记指出："中国共产党人以自己的政治主张、坚定意志、模范行动，支撑起全民族救亡图存的希望，引领着夺取战争胜利的正确方向，成为夺取战争胜利的民族先锋。"② 中国共产党是抗战精神形成的关键。

（一）天下兴亡、匹夫有责的爱国情怀

这是抗战精神的核心内容。爱国情怀是千百年来人们对祖国的最深厚情感，指引了一代又一代的中国人民为之奋斗。天下兴亡、匹夫有责，这是中国自古以来就有的爱国传统。14 年的抗日战争使这种传统得以极大升华。面对生死存亡的空前危机，全体中华儿女团结一致、众志成城、共御外侮，为民族、为祖国、为尊严而战，铸成血肉长城，血洗百年耻辱，取得最终胜利。正如毛泽东同志所说："这个战争促进中国人民的觉悟和团结的程度，是近百年来中国人民的一切伟大的斗争没有一次比得上的。"③

（二）视死如归、宁死不屈的民族气节

这是抗战精神的精髓。民族气节是民族的信仰追求、精神品质。中华民族的民族气节突出表现在为了维护国家主权和民族尊严永不屈服高尚品质。日本法西斯在 14 年的侵略，把中国变成了人间地狱，南京大屠杀、重庆大轰炸、三光政策、731 细菌部队、三岛万人坟，种种罪恶，罄竹难书。中华儿女面临黑暗挺直脊梁，奋起抗争，前赴后继，不怕牺牲用血肉之躯铸成钢铁长城，抗争到底，体现了视死如归、宁死不屈的民族气节。

（三）不畏强暴、血战到底的英雄气概

这是抗战精神的特色。它充分体现了中华儿女为了祖国利益不怕流血牺牲

---

① 本书编写组. 中国近现代史纲要［M］. 北京：高等教育出版社，2021：148-149.
② 习近平. 在纪念中国人民抗日战争暨世界反法西斯战争胜利 69 周年座谈会上的讲话［N］. 人民日报，2014-09-04（002）.
③ 习近平. 在纪念中国人民抗日战争暨世界反法西斯战争胜利 69 周年座谈会上的讲话［N］. 人民日报，2014-09-04（002）.

的崇高精神。"中华民族是崇尚英雄、成就英雄、英雄辈出的民族"①，历来有着反抗外来侵略的光荣传统。抗日战争唤起了中华民族的危机意识，不愿做亡国奴的中国人民不畏强暴，血战到底。国民党在正面战场大型会战22次，大小战斗22次，八百壮士、力战台儿庄、血战昆仑关、远征滇缅印，一寸河山一寸血。中国共产党在敌后战场上浴血奋战，先后取得了平型关大捷，奇袭阳明堡、百团大战、平原游击战的胜利。国共两党众志成城，血战到底，无数英雄血染疆场，以身殉国，为中华民族的独立谱写了最壮丽的史诗。

（四）百折不挠、坚忍不拔的必胜信念

这是抗战精神的根本体现。抗战时期敌强我弱，百折不挠、坚韧不拔的必胜信念是战胜侵略者的精神武器。14年抗战，是中华民族与日本侵略者武力、意志和信念的较量。抗战进入相持阶段后，日本大肆"扫荡"，汪精卫公开叛国投敌，抗日根据地遇到严重困难，这时候，中国共产党坚持抗战到底，反对中途妥协，巩固国内团结，反对内部分裂，领导中国人民在持久战中抗击侵略者。中国人民能彻底打败日本侵略者，就是靠着这种面临艰难险阻百折不挠，坚忍不拔的信念。

二、抗战精神的历史意义和时代价值

第一，为抗战胜利指引正确方向。抗战精神是抗战胜利的精神之源。抗日战争持续了14年，是持久战。中国是半殖民半封建社会，贫穷落后，而日本"是一个强的帝国主义国家，它的军力、经济力和政治组织力在东方是一等的"②，敌强我弱，抗战是持久艰难的。不屈的精神是中华民族取得胜利的重要力量。抗战进入相持阶段后，亡国论尘嚣之上，汪精卫公开叛国，蒋介石屡次挑起反共摩擦，抗战精神让中国民族看到希望，激起斗志，空前的抗战热情，让全民族团结一致，共赴国难，转化为重大的物质力量，最终取得完全胜利。

第二，抗战精神是抗战胜利的重要组成部分。抗战胜利不仅是中国军事、政治的胜利，也是精神的胜利。中国和日本是一衣带水的邻国，隋唐时期，日本多次派遣隋使与遣唐使到中国，两国友好往来。但是明朝中后期国力衰败，倭寇之患日益严重，嘉靖年间涌现了很多抗倭名将，如台州九战九捷的戚继光、

---

① 习总书记论英雄［EB/OL］．求是网，2021-09-29. https：//baijiahao.baidu.com/s?id=1712203284366114416&wfr=spider&for=pc

② 毛泽东．毛泽东选集：第二卷［M］．北京：人民出版社，1991：449.

浙东平倭的俞大猷等，万历年间还曾经取得抗倭援朝的胜利。进入近代，日本明治维新后走上帝国主义道路，早在1874年就曾经入侵台湾。1894年日本挑起甲午中日战争，这次战争被称为国运之战，看似强大的清政府不堪一击，北洋海军全军覆没，中国陷入了帝国主义瓜分的狂潮。中国整个精神日益萎靡，一团散沙，"四万万人齐泪下，天涯何处是神州"。抗日战争，又一次国运之战，卢沟桥事变后，蒋介石发表"庐山谈话"指出："地无分南北，年无分老幼，无论何人，皆有守土抗战之责任，皆应抱定牺牲一切之决心。""四万万人齐蹈厉，同心同德一戎衣"，抗战到底，牺牲到底，最终取得了胜利。这是民族意识的觉醒，这是民族精神的胜利，从此之后，我们不再畏惧西方的坚船利炮，不再恐惧西方强权暴力，不再是弱等民族，中华民族挺直了脊梁，凤凰涅槃，浴火重生。

第三，抗战精神是完成祖国统一的精神纽带。自太平天国以降，晚清政府无力控制地方，辛亥革命后，军阀混战。中国一直处于分裂状态，内乱不止，面临西方的侵略，中国屡战屡败，抗日战争中，整个中华民族同心御侮，中国共产党主张抗日民族统一战线，实行全面抗战路线，国民党也从大局出发，先后组织了淞沪会战、忻口会战、长沙会战等战役。中国各阶层、各团体、各民族众志成城，最终取得抗战胜利。团结一心、共同御侮是祖国统一的精神基础。当前，中华民族未实现全面统一，"台独"势力猖獗，"港独""藏独""疆独"等分裂势力依然存在，"中国人民的抗日战争是全民族抗战的胜利，是全体中华儿女的荣光"①，共同的抗日历史，两岸对抗战的纪念，抗战精神是两岸交流的基础，有着这样的记忆，中华民族必然统一。

第四，抗战精神是中华民族伟大复兴的精神支持。中国抗日战争的胜利，彻底洗刷了百年耻辱，重新确立中国在世界上大国地位，"民族觉醒和民族精神的升华，在抗日战争时期达到了全新高度"，民族认同、民族团结为伟大复兴奠定基础，是中华民族从近代以来陷入沉重危机走向民族伟大复兴的转折点。实现中华民族伟大复兴中国梦，弘扬抗战精神，以史为鉴，可以加强当代大学生爱国主义教育，坚持民族自信，主动应对各种挑战，真正理解抗日战争的胜利"开启了古老中国凤凰涅槃、浴火重生的历史新征程"②，帮助学生抵制历史虚无主义，为实现中华民族伟大复兴中国梦提供精神支持。

---

① 习近平. 在纪念中国人民抗日战争暨世界反法西斯战争胜利69周年座谈会上的讲话[N]. 人民日报，2014-09-04（002）.

② 习近平. 在纪念中国人民抗日战争暨世界反法西斯战争胜利75周年座谈会上的讲话[N]. 人民日报，2020-09-04（002）.

第五，抗战精神是维护世界和平，构建人类命运共同体的精神基础。"我们的战争是神圣的、正义的，是进步的、求和平的。"① 九一八事变是世界反法西斯战争的起点，中国是世界反法西斯的东方主战场，中国作为反法西斯四强之一，为维护世界和平做出了不可磨灭的贡献。当前世界局势波谲云诡，经济全球化与多极化局势并存，地区、民族冲突时有发生，霸权主义强权政治依然存在。"为了和平，我们要牢固树立人类命运共同体意识。"② 世界反法西斯战争能够胜利离不开世界反法西斯统一战线，这是人类命运共同体的意识的体现。抗战精神是当前我们维护世界和平，构建人类命运共同体的精神基础。

三、抗战精神案例分析

（一）《义勇军进行曲》

1. 案例呈现③

《义勇军进行曲》是中华人民共和国国歌，诞生于1935年，是电影《风云儿女》的主题曲。它的歌词是田汉为这个电影写的长诗的最后一节，歌词写完后不久，田汉被国民党当局逮捕入狱，去探监的同志辗转带出了田汉写在香烟盒包装纸背面的歌词，这是《义勇军进行曲》的原始手稿。当时，聂耳正准备去日本避难，得知电影《风云儿女》有首主题歌要写，主动要求为歌曲谱曲，1935年4月18日，聂耳到达日本东京后，完成了曲谱的定稿，后来，聂耳和孙师毅商量，对歌词作了3处修改，从而完成了歌曲的创作。

1935年5月10日，这首歌曲在《中华日报》上发表，随着《风云儿女》在各个影院的播映，《义勇军进行曲》引发强烈反响，唱遍大江南北，成为最为流行的抗战歌曲。淞沪会战时期，它是八百战士的战歌。抗战期间，国民党中央广播电台定期安排播放该曲，美、英、法、印度及南洋各国的广播电台也经常播放该曲，并被翻译成多国语言。国民党很多军校把它定为军歌，张学良还曾强调士兵齐唱《义勇军进行曲》的重大意义。"一二·九"运动中，很多学生、爱国人士、国际友人在在集会上、在游行中都演唱了该曲。1940年，美国人保罗·罗伯逊在纽约演唱。第二次世界大战快结束时，它是盟军凯旋曲目之一。1945年联合国成立时，它作为代表中国的歌曲被演奏。中国收回台湾后，

---

① 毛泽东. 毛泽东选集：第二卷［M］. 北京：人民出版社，1991：76.
② 习近平. 在纪念中国人民抗日战争暨世界反法西斯战争胜利70周年座谈会上的讲话［N］. 人民日报，2015-09-04（002）.
③ 袁成亮. 国歌《义勇军进行曲》诞生记［J］. 党史纵览，2008（07）：26-29.

学唱《义勇军进行曲》是一项重要学习内容。1949年新政协以《义勇军进行曲》作为国歌，2004年3月14日，人大正式将《义勇军进行曲》作为国歌写入宪法。2017年《中华人民共和国国歌法》通过①。

2. 案例分析

《义勇军进行曲》是为反对民族侵略，争取民族独立而作，"中华民族到了最危险的时候"，"把我们的血肉铸成我们新的长城"，"冒着敌人的炮火前进"，表明了中华民族面临亡国灭种的危险，万众一心，团结一致，与敌人决一死战的英雄气概。这首歌蕴含着中华民族的抗战精神，即天下兴亡、匹夫有责的爱国情怀；视死如归、宁死不屈的民族气节；不畏强暴、血战到底的英雄气概；百折不挠、坚忍不拔的必胜信念。这是中华民族的抗战精神，是中国共产党精神谱系之一。正是因为如此，这首诞生于抗战初期的爱国歌曲，奏出时代最强音，奏出中华民族凤凰涅槃，伟大复兴的主旋律，具有强大的生命力和凝聚力，最终成为中华人民共和国的国歌。抗战精神作为中国共产党精神谱系之一，对于我们赓续红色血脉，传承红色基因，有着非常重要的时代意义。

（二）刘老庄连

1. 案例呈现②

抗战进入相持阶段后，日本侵略者实行烧光、杀光、抢光的"三光"政策，经常对敌后抗日根据地进行大规模"扫荡"。1943年3月，日伪军1000余人，分兵11路对淮海抗日根据地进行大规模残酷"扫荡"。新四军第3师7旅19团2营4连奋勇阻击各路敌人，掩护淮海区党政机关安全转移。日伪军先后三次合围4连，4连英勇抗敌，最终使主力部队和党政机关安全转移。然而在刘老庄地区，4连陷入重围，最终寡不敌众，战至弹尽，82人全部壮烈牺牲。4连牺牲后，八路军总指挥朱德在《八路军新四军的英雄主义》一文中，称刘老庄连为"我军指战员英雄主义的最高表现"。反扫荡结束后，第7旅重新组建第4连，并将该连命名为"刘老庄连"。

2. 案例分析

刘老庄连是抗战中涌现的英雄连队的一支，抗战中这样的英雄连队很多，比如马定夫连、任常伦连、狼牙山五壮士连等，这些抗战英雄们面临敌人英勇不屈，抗战到底，为了中华民族洒尽最后一腔热血，铸就民族之魂。英雄们有着天下兴亡、匹夫有职责的爱国情怀，视死如归、宁死不屈的高尚气节，不畏

---

① 国歌与电影和《风云儿女》（影史沉钩）[N]. 中国日报，2017-07-17.
② 刘颖. 刘老庄连：抗战烽火中的英雄连队 [J]. 党建，2021（09）：64.

强暴、血战到底的英雄气概,集中体现了中华民族的抗战精神。中华民族正是有了他们,才能铸成最牢固的长城,取得抗战的胜利。抗战精神已经镌刻在血脉中,只有"铭记历史,缅怀先烈",弘扬抗战精神,我们才能真正实现"珍爱和平、开创未来",实现中华民族伟大复兴的"中国梦"。

四、抗战精神融入教材专题教学设计

专题名称	凤凰涅槃:抗战精神	学时	1学时
融入章节	第六章　中华民族的抗日战争 第五节　抗日战争的胜利及其意义		
学情分析	1. 从既往教学情况来看,学生对抗战精神的形成过程了解不清楚,教材中涉及的有关抗战精神的内容是单纯从理论的角度做简单概括,"纲要"课教师很难在授课过程中把抗战史与抗战精神结合起来,学生对形成背景、具体内涵、价值意义等不太了解,需要以理论与历史实际相结合的方式,通过相关历史案例、视频、图片、人物故事等手段,帮助学生深入学习伟抗战精神的知识内容。 2. 大多都是抗战史和抗战精神分开来讲,这样也就导致学生在认知抗战精神的时候,只停留在对其基本定义的记忆上且了解得很不全面甚至会有偏差。 3. 从课堂反馈情况来看,学生对教师单一的讲授感觉枯燥,无法持续学习兴趣,若教师在教学过程中采用启发式教学,通过案例展示、图片视频展示、小组讨论等互动环节,能够激发学生学习兴趣,达到预期教学效果。		
一、教学目标 (一)知识目标 1. 掌握抗战精神的形成背景、基本内涵、历史地位。 2. 进一步深入了解抗战精神的形成过程,体会伟大抗战精神的时代力量。 (二)能力目标 1. 提高学生归纳与分析历史问题的素养,能够运用大历史观的眼光看待和解决问题。 (三)情感目标 1. 充分认识抗战精神形成的理论和实际背景,体会抗战胜利的不易和艰辛,感受抗战精神的强大精神力量,增强学生的爱国主义信仰。			
二、教学重点与难点 教学重点:抗战精神的基本内涵和重要地位。 教学难点:抗战精神的形成逻辑。			
三、教学过程			

续表

任务导入

插入国歌歌曲图片，先让学生讲述国歌的故事。老师可针对学生讲的内容进行补充说明。

给学生提出问题：1.《义勇军进行曲》所蕴含的精神是什么？

教师对学生回答的问题进行总结。指出《义勇军进行曲》奏出时代最强音，鲜明体现了抗战精神，最终成为中华人民共和国的国歌。教师在PPT上显示抗战精神的主要内容，进入本专题的讲授。

新课讲授

（一）抗战精神的基本内涵

1. 形成背景

1931年9月18日，日本炸毁南满铁道柳条湖一段铁轨，反诬中国军队炸毁，炮轰中国军队北大营，进攻沈阳等地，这就是九一八事变。自此以后，日本不断入侵中国，给中国带来沉重灾难。面临亡国灭种危险，中国人民空前团结，一致抗日，孕育了以爱国主义为核心的伟大的抗战精神。

（1）中华民族的优秀传统文化是抗战精神形成的文化渊源

列宁说过："爱国主义就是千百年来巩固起来的对自己的祖国的一种极其深厚的感情。"中华民族优秀传统文化的集中体现就是爱国主义。

图片展示：从古至今的英雄人物。

中华民族五千年文明史中涌现了千千万万的爱国英雄，投汨罗江而死的屈原、北击匈奴的霍去病、坚决抗金的岳飞、誓死不降元的文天祥、"唯愿海波平"的戚继光，他们关注国家安危，捍卫国土完整的爱国精神传诵古今，成为民族血脉的一部分。

进入近代，为了抵御外国侵略，争取民族独立，林则徐、冯子材、左宗棠等英雄人物进一步弘扬爱国主义传统。14年的抗日战争，为了不成为亡国奴，杨靖宇、左权、刘胡兰、佟麟阁、张自忠等无数仁人志士用鲜血书写了伟大的爱国史诗。爱国主义在抗日战争中不断升华，最终成为伟大抗战精神的文化土壤。

（2）马克思主义理论是抗战精神形成的理论渊源

抗战精神不是无源之木无源之水。抗日战争中，马克思主义理论指导中国共产党建立抗日民族统一战线，提出了持久战，有力抨击"亡国论"和"速胜论"，给抗战的胜利指明的方向。马克思主义是抗战精神的理论渊源。

（3）同心御侮，浴血抗战是抗战精神形成的实践背景

展示西安事变的照片

九一八事变后，国民党政府采取不抵抗政策，日本三个月侵占中国东北，进而成立"伪满洲国"。1935年日本又策划华北五省二市"自治"，中华民族到了最危险的时候。面临生死存亡，中国人民在白山黑水拉开了抗日战争暨世界反法西斯战争的序幕。一二·九运动学生兴起后，全国抗日高潮到来。1936年，西安事变爆发，中国共产党捐弃前嫌，和平解决西安事变，共同抗日。1937年卢沟桥事变后，抗日民族统一战线建立。抗日民族统一战线成立后，国民党在正面战场组织大规模军团作战，共产党领导敌后战场建立根据地，领导人民战争，两个战场相互依存、相互需要，相互配合、相互协助。全国各民族、各阶级、各阶层、各团体、海外侨胞共赴国难、同心御侮，中华民族抗战精神在战争中形成发展。

（4）中国共产党的中流砥柱作用是抗战精神形成的关键因素

提出问题：中国共产党为建立抗日民族统一战线做了那些努力？

插入中国共产党主张图：

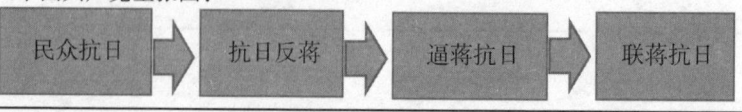

民众抗日 → 抗日反蒋 → 逼蒋抗日 → 联蒋抗日

续表

  中国共产党始终坚持人民的利益高于一切。整个抗日期间，中国共产党正式发表的抗日主张有290多次。九一八事变后不久，中国共产党最早举起了武装抗日的旗帜，日本占领东三省后，中国共产党领导东北人民抗战，组织了抗日义勇军、抗日游击队，1936年，建立东北抗日联军。1933年1月中国共产党发出"一·二六指示信"指出："联合一切可能的，虽然是不可靠的动摇的力量，共同的与共同敌人——日本帝国主义及其走狗斗争。"为抗日民族统一战线迈出了新的一步，但是这一时期蒋介石对中国共产党进行"围剿"，中国共产党采取抗日反蒋的措施。1935年12月，瓦窑堡会议上，中国共产党提出建立广泛的抗日民族统一战线。1936年9月中国共产党发出《关于逼蒋抗日问题的指示》，改变政策，从反蒋抗日到逼蒋抗日，西安事变发生后，中国共产党坚持大义为先，和平解决西安事变，实现联蒋抗日，最终建立抗日民族统一战线，实现第二次国共合作。

  案例：白皮红心萝卜故事

  抗日民族统一战线建立后，红军进行改编，摘下红军帽，带上青天白日帽，面临与国民党的血海深仇，很多战士接受不了，刘伯承对战士动员讲话："换顶帽子算什么，只要我们的心是红的，我们是白皮红心萝卜……同志们，为了抗击日寇，拯救中国，让我们告别红军帽吧！"从这个案例中讲出中国共产党作为抗战的中流砥柱为了建立抗日民族统一战线进行全民族抗战的做出的让步和努力。

  抗日民族统一战线建立后，中国共产党坚持全面抗战、提出持久战略、开辟敌后战场，坚持游击战争，坚决打退敌人的三次反共高潮，注重文化建设和干部教育，加强党的自身建设，坚持实事求是的思想路线，七大确立毛泽东思想为党的指导思想，为抗战胜利指明了方向。14年的抗日战争，中国共产党始终走在抗战的最前列，改变了以往一团散沙的局面，"支撑起全民族救亡图存的希望，引领着夺取战争胜利的正确方向，成为夺取战争胜利的民族先锋"。中国共产党是抗日战争的中流砥柱，中国共产党是抗战精神形成的关键。

  2. 理论内涵

  （1）天下兴亡、匹夫有责的爱国情怀

  案例：王铁汉[①]

  王铁汉是东北军第七旅六二〇的团长，九一八事变发生后，日本向北大营攻击。东北当局发布不抵抗的命令正在组织全团准备撤退的时候，敌人已向六二〇团第2营开始攻击，王铁汉当即下令还击，大声说道："我们面前就是凶恶的敌人，各部集中火力射击，用火力压住敌人的进攻，开火！"王铁汉打响了抗击日本侵略者的第一枪。

  教师讲授王铁汉的故事，引导学生思考，王铁汉要违抗命令，带领部队进行抵抗，体现了怎样的情感。

  习近平总书记指出：中国人民抗日战争胜利是以爱国主义为核心的民族精神的伟大胜利。天下兴亡，匹夫有责的爱国情怀，是抗战精神的核心内容。面临空前的民族危机，中华民族涌现了千千万万像王铁汉一样的爱国者，国共两党捐弃前嫌，共同抗日，各阶级、阶层、团体、海外华侨也积极抗战，中华民族团结一致、同仇敌忾、万众一心、共御外侮，最终血洗百年耻辱，取得抗战的胜利。

  （2）视死如归、宁死不屈的民族气节

  案例：杨靖宇

  杨靖宇是东北抗日联军的主要创建者和领导者。1940年由于叛徒告密，日伪军包围了杨靖宇避身的山洞。杨靖宇在弹尽粮绝、冰天雪地的情况下与敌人殊死搏斗，最终身中数弹，壮烈牺牲，牺牲时35岁。他牺牲后，日本人残忍地把他割头剖腹，发现他的胃里只有枯草、树皮和棉絮，没有一粒粮食。2014年9月1日，杨靖宇被列入民政部公布的第一批300名著名抗日英烈和英雄群体名录。杨靖宇视死如归、宁死不屈的民族

[①] 李佑新. 抗战精神 [M]. 北京：中共党史出版社，2019：36-37.

续表

品格是抗战精神的集中表现。他是当之无愧的民族英雄。

这种民族品格是抗战精神的精髓。抗战中无论是正面战场还是敌后战场，中华儿女为了维护国家主权和民族尊严的英勇斗争牺牲无数，以血肉之躯，铸就的伟大的抗战精神，为后人留下了宝贵的精神遗产。

（3）不畏强暴、血战到底的英雄气概

图片展示：习近平总书记论英雄的重要论述

中国人民和中华民族历来具有不畏强暴、敢于压倒一切敌人而不被敌人所压倒的英雄气概。

——2014年12月13日在南京大屠杀死难者国家公祭仪式上的讲话

一个有希望的民族不能没有英雄，一个有前途的国家不能没有先锋。包括抗战英雄在内的一切民族英雄，都是中华民族的脊梁，他们的事迹和精神都是激励我们前行的强大力量。

——2015年9月2日在颁发"中国人民抗日战争胜利70周年"纪念章仪式上的讲话

通过展示习近平总书记关于英雄的重要论述，让学生明白中华民族是崇尚英雄，英雄辈出的民族。

抗战中中华儿女展现出不畏强暴、血战到底的英雄气概。民族危机唤醒了民族意识，救亡成为主旋律。中华民族在统一战线的旗帜下，两个战场同心协力，抱着血战到底的信念，涌现了杨靖宇、赵尚志、赵一曼、左权、佟麟阁、赵登禹、张自忠、刘胡兰等一大批英雄和八百壮士、狼牙山五壮士、东北抗联八位女战士等英雄团体还有千千万万无名英雄，他们是全体中华儿女的荣光，是我们永远不能忘记的！

（4）百折不挠、坚忍不拔的必胜信念

案例：给同学们放《南泥湾》的歌曲，这首歌曲欢快、活泼，让人听到心情放松，充满活力。

歌曲是时代的产物，《南泥湾》这首歌曲创作于抗战相持阶段，这是中国抗战最艰难的时期，敌人不断在沦陷区进行"扫荡"，抗日根据地面临严重困难。给学生提出问题：为什么南泥湾被称为陕北的好江南？

抗日战争时期，敌强我弱，日本迅速占领中国大量领土，进入相持阶段后，亡国论与速胜论两种错误言论尘嚣之上，蒋介石消极抗日积极反共，毛泽东提出了《论持久战》，分析敌我双方的特点，提出"兵民是胜利之本"的人民战争的思想，提升了抗战胜利的信念。不仅如此，面对根据地的严重困难，根据地军民实行大生产运动，把南泥湾建成陕北的好江南。这里面体现出中华民族百折不挠，坚忍不拔的必胜信念。正是在这种精神的指引下，中国共产党先后打退敌人三次反共高潮，坚持抗战到底，最终取得抗战胜利。

（二）抗战精神的历史意义和时代价值

1. 为抗战胜利指引了方向

抗战时期，敌强力量对比悬殊，抗战是持久战。战争是政治、军事、经济的较量，也是民族精神的较量，毛泽东说过，"力量对比不但是军力和经济力的对比，而是人力和人心的对比。"抗战精神凝聚人心人力，磨砺中华民族的抗战意志，永不放弃，成为中华民族的重要力量，是抗战胜利的精神之源。

2. 抗战精神是抗战胜利的重要组成部分

案例：以近代日本两次侵略战争甲午中日战争和抗日战争的对比为例子，指出这两次国运之战中精神所起到的不同作用。

甲午中日之战中，中国一盘散沙，最终失败，签订《马关条约》，中国日益衰败。抗日战争中华民族同心同德、不怕牺牲、百折不挠、抗战到底，在爱国主义精神的旗帜下，凝结升华为抗战精神，民族意识觉醒，最终弱国胜强国，取得胜利。抗战胜利离不开抗战精神。

续表

3. 抗战精神是完成祖国统一的精神纽带

中国几千年的历史证明，国家统一则强大，国家分裂则衰弱。国家兴衰关系人民幸福，实现中华民族的统一是中华民族伟大复兴的应有之义。抗战胜利促进了中华民族的大团结，两岸都有着共同的抗战历史，抗战精神为两岸提供共同的精神支撑。"台独"分裂祖国，必然会遭到唾弃，以爱国主义为核心抗战精神必然会为中华民族的伟大复兴，提供源源不断的动力。

4. 抗战精神是中华民族伟大复兴的精神支持

资本-帝国主义的侵略造成了近代中国的贫穷落后，中国饱受屈辱。14年抗战，中华民族精神空前觉醒，抗战胜利是中华民族从近代以来陷入沉重危机走向民族伟大复兴的转折点，弘扬抗战精神，可以增强民族自豪感和自信心，树立正确的历史观，坚持民族自信，自觉抵制历史虚无主义，为实现中华民族伟大复兴中国梦提供精神支持。

5. 抗战精神是维护世界和平，构建人类命运共同体的精神基础

图片展示：习近平总书记关于和平的重要论述

中国人民对战争带来的苦难有着刻骨铭心的记忆，对和平有着孜孜不倦的追求。纵观世界历史，依靠武力对外侵略扩张最终都是要失败的。这是历史规律。

——2014年7月7日，习近平在纪念全民族抗战爆发七十七周年仪式上的讲话

中国人民抗日战争的伟大胜利，重新确立了中国在世界上的大国地位，中国人民赢得了世界爱好和平人民的尊敬，中华民族赢得了崇高的民族声誉！

——2020年9月3日，习近平在纪念中国人民抗日战争暨世界反法西斯战争胜利75周年座谈会上的讲话

中国是反法西斯的东方主战场也是世界反法西斯的起点，世界反法西战争的胜利离不开中国，中国的胜利也离不开世界。中国抗战的胜利是人类命运共同体的胜利。抗战精神是世界反法西斯精神的重要组成部分，是世界反法西斯胜利的精神动力之一。当前世界局势多变，新冠疫情蔓延、法西斯主义、殖民霸权主义并未消亡，反而有复活趋势。抗战精神是宝贵的精神财富，是维护世界和平，构建人类命运共同体的精神基础。

(三) 课堂小结

抗日战争虽然已经过去70多年了，但是中华民族浴血奋战的历史却不容忘记，抗战的胜利彻底洗刷了中国人民百年耻辱，是中华民族从危机走向复兴的转折点，开启了古老中国凤凰涅槃、浴火重生的新征程，14年的全民族抗战形成了伟大的抗战精神，为中华民族实现完全统一，实现中华民族伟大复兴的中国梦提供了宝贵的精神财富。

(四) 布置作业

1. 通过本节课的学习，谈谈你对抗战精神当代价值的认识。

四、教学资源

(一) 参考文献

1. 于晓雷．论抗战精神的丰富内涵与时代价值 [J]．观察与思考，2021 (12)：77-83.

2. 冯春梅，刘博通，李龙伊．弘扬伟大抗战精神　为实现中华民族伟大复兴而奋斗——中国共产党人的精神谱系之六 [J]．奋斗，2021 (21)：19-21.

3. 百年大党的精神密码——伟大抗战精神 [J]．实践 (党的教育版)，2021 (09)：41.

4. 李伟慧．抗战精神及其价值研究 [D]．南宁：广西民族大学，2018.

5. 王健博．抗战精神融入高校思想政治工作的当代审视 [J]．产业与科技论坛，2019，18 (21)：98-99.

续表

6. 陈柳伊，于耀洲. 网络时代下抗战精神的传承与弘扬［J］. 新闻传播，2019（07）：49-50. 7. 王晶. 论实现中国梦是抗战精神的当代价值［J］. 现代营销（创富信息版），2018（10）：142-143. 8. 陈雷雷. 薪火传承：东北十四年抗战精神探析［J］. 世纪桥，2017（07）：27-28. 9. 朱纯辉. 毛泽东与人民军队抗战精神培育［J］. 上海党史与党建，2017（03）：5-8. 10. 田亚兰. 抗战中中国精神及其现代价值［J］. 党史文苑，2016（24）：19-20. 11. 陈士勇. 抗战精神：培育和践行社会主义核心价值观的重要资源［J］. 毛泽东思想研究，2016，33（06）：78-82. 12. 滕慧君. 以抗战精神为载体，推动民族精神的创新培育［J］. 人民论坛，2016（31）：58-59. 13. 龚晓伟，余颖颖，王琴. 从抗战历史的角度培育学员战斗精神［J］. 学理论，2016（10）：67-68. 14. 苏美玲，刘韵清. 抗战精神融入大学生爱国主义教育的路径探析［J］. 黑龙江教育（高教研究与评估），2016（07）：90-92. 15. 王成. 抗战精神的当代价值与"中国梦"的实现［J］. 广西师范大学学报（哲学社会科学版），2016，52（02）：173-179. 16. 王英，肖立新，牛伟. 基于"三史育人"视角谈高校弘扬抗战精神的路径选择［J］. 高教学刊，2016（02）：14-16. 17. 肖芳，颜清. 弘扬抗战精神的当代价值［J］. 思想政治工作研究，2015（12）：61. 18. 朱成山. 民族精神、抗战精神与中国精神之关系研究［J］. 南京社会科学，2015（10）：145-150. 19. 王文兵，郭华. 抗战精神是中华民族复兴的精神动力［J］. 中国矿业大学学报（社会科学版），2015，17（05）：22-28. 20. 董伟. 抗战精神的激情呈现［J］. 求是，2015（18）：61. 21. 李佑新. 抗战精神［M］. 北京：中共党史出版社，2019. （二）网络资源 《血战台儿庄》《风云儿女》《地道战》
五、教学方法
讲授法、谈论法、演示法
六、实践环节
参观中国人民抗日战争纪念馆、山东抗日根据地纪念馆等。

第六节 翻天覆地：西柏坡精神

西柏坡精神是中国共产党历史上永不磨灭的精神丰碑。它是在伟大历史转折中形成的伟大革命精神，体现了中国共产党人的崇高价值追求和使命担当，指引中国人民创造了彪炳史册的千秋伟业，开启"赶考"之路。2013年7月习近平总书记第四次到西柏坡参观学习指出："60多年过去了，我们取得了巨大进步，中国人民站起来了，富起来了，但我们面临的挑战和问题依然严峻复杂，应该说，党面临的'赶考'远未结束。"西柏坡精神具有历久弥新的精神力量，激励我们克服困难，英勇奋斗，踏上实现第二个百年奋斗目标的"赶考"之路。

一、西柏坡精神的基本内涵

西柏坡，中国革命史上的圣地，新中国从这里走来，共产党人"赶考"之路从这里开始。中国共产党在西柏坡一年零十个月的时间里，结束了旧时代，建立新中国。西柏坡时期的革命实践波澜壮阔，为西柏坡精神的孕育形成提供了丰富的养料，成为中国革命走向成功的伟大力量。

第一，中国优秀传统文化是西柏坡精神形成的历史来源。

中华文明源远流长，辉煌灿烂的民族文化形成了高尚的品格和民族精神。江泽民在十六大报告中指出："在五千多年的发展中，中华民族形成了以爱国主义为核心的团结统一、爱好和平、勤劳勇敢、自强不息的伟大民族精神"。西柏坡精神中"两个敢于""两个一切""两个善于""两个务必"与中华民族热爱祖国、爱好和平、自强不息精神是一致的。西柏坡在地域上深受燕赵文化的熏陶，燕赵文化源于合符文明，成熟于战国末期。燕赵文化具有鲜明的地域特色，突出表现在勇武任侠、慷慨悲歌、自强不息、顾全大局等方面。这深深的镌刻在了中华儿女的血脉中，成为西柏坡精神形成的重要土壤。

第二，马克思主义是西柏坡精神的理论渊源。

1945年中共七大，确立毛泽东思想为党的指导思想，对中国革命的规律有了更深的认识。西柏坡时期，中国共产党从中国国情出发，将马克思主义普遍原理同中国具体实践结合，指导中国革命。西柏坡精神坚持唯物史观，"一切为了人民、一切依靠人民"成为西柏坡精神的重要内涵；西柏坡精神坚持唯物辩证法，"打破旧世界，建立新世界"既破又立；西柏坡精神坚持矛盾分析法，领导中国革命战争，抓住重点，从而取得新民主主义革命的伟大胜利。

第三，井冈山精神、长征精神、延安精神是西柏坡精神的重要源泉。

轰轰烈烈的大革命失败后，中国共产党人没有放弃，毛泽东率领队伍到达井冈山，建立农村革命根据地，后来，朱德陈毅带领南昌起义的部分队伍与毛泽东在井冈山会师。他们在井冈山进行武装斗争、土地革命和根据地建设，建立工农武装割据，为中国革命找到了一条农村包围城市，武装夺取政权的革命新道路，星星之火，成燎原之势，形成了"坚定信念、艰苦奋斗、实事求是、敢闯新路、依靠群众、勇于胜利"的井冈山精神。

第五次反"围剿"失败后，红军被迫实行两万五千里长征，面临生死存亡，中国共产党召开遵义会议，独立自主地解决问题，关键时候挽救了党，挽救了红军，挽救了中国革命，确立毛泽东同志在全党全军的领导地位，党和红军在敌人的围追堵截中，克服艰难险阻，取得长征的胜利，培育了"不怕牺牲、前赴后继、百折不挠、力挽狂澜、浴血奋战、勇往直前"长征精神。

1936年红军三大主力在甘肃会宁会师，1937年中国共产党中央机关进驻延安，井冈山的圣火，在延安熊熊燃烧，中国共产党作为抗日战争的中流砥柱，领导中国人民进行全民族抗战，发表《论持久战》，开展延安整风，召开党的七大，在战火中孕育了"实事求是、理论联系实际的精神，全心全意为人民服务的精神和自力更生艰苦奋斗的精神。"井冈山精神、长征精神、延安精神都是产生于新民主主义革命过程中，是中国共产党在不同的历史阶段形成的革命精神，是宝贵的精神财富，西柏坡精神就是吸收这些红色基因和血脉发展来的，是中国共产党革命精神新的升华。

第四，西柏坡时期中国共产党人的共同实践是西柏坡精神的实践基础。

精神来源于实践。从1947年中央工委进驻西柏坡中国共产党召开全国土地会议，制定《中国土地法大纲》实行土地改革，废除封建半封建的土地制度，彻底打碎封建制度的根基奠定了西柏坡精神的社会基础；1948年9月党中央在西柏坡召开九月会议，确定打倒国民党的战略方针，并要求全党全军"克服地方主义和游击主义"①，为西柏坡精神的形成奠定了思想基础。1948年9月开始，中国共产党领导解放军发动辽沈、淮海、平津三大战役，取得大决战的胜利，加速全国解放的到来，为西柏坡精神的形成创造有利条件。1949年3月七届二中全会召开，确定了全国胜利后在政治、经济、外交上的基本政策，以及中国从农业国到工业国，从新民主主义社会转变成社会主义社会的总的任务和主要途径，规划了党的工作重心的转变和转移的宏伟蓝图，表明了西柏坡精神正式形成。

（一）敢于斗争、敢于胜利精神

"两个敢于"精神是西柏坡精神重要特征。西柏坡精神形成于解放战争的过程中。解放战争开始，我们与国民党相比，敌强我弱，在这种形势下，中国共产党领导的军队，敢不敢对抗，能不能够打败国民党反动派，取得胜利，是首

---

① 毛泽东.毛泽东选集：第四卷[M].北京：人民出版社，1991：1346.

先面对的问题。对此，中国共产党有信心，中国共产党始终代表人民的利益，有着二十多年斗争经验，敢于斗争，敢于对抗强大的敌人，最终取得胜利。正如毛泽东所指出："决定战争胜败的是人民，而不是一两件新式武器。"① 中国共产党同时敢于胜利。1948 年解放战争开始进行战略决战，中国共产党领导的解放军确立"打前所未有的大歼灭战的决心"②，仅仅 52 天就取得辽沈战役胜利。随后，66 天取得淮海战役的胜利，64 天平津战役结束，创造了战争史上的奇迹。三大战役后，中国共产党更是"宜将剩勇追穷寇"，取得渡江战役的胜利。"两个敢于"表现了中国共产党积极进取的信心和勇气，是中国共产党取得一个又一个胜利的重要法宝。

（二）一切为了人民、一切依靠人民的精神

"两个一切"是西柏坡精神的基石。全心全意为人民服务，是中国共产党的宗旨。解放战争是人民战争，得到人民支持是取得战争胜利的关键，解决农民土地问题已成为能否进一步发动群众支持的关键所在。中国共产党及时进行政策调整，1946 年 5 月发布《五四指示》，1947 年召开全国土地会议，颁布《中国土地法大纲》，又制定一系列土地改革的方针、指示，旨在解决农民土地问题，最终取得解放战争的胜利。"两个一切"是新中国的立国之本。

（三）善于破坏旧世界、善于建设新世界的精神

"两个善于"是西柏坡精神的重要准则。新中国成立后，工作重心从农村转到城市，这对于中国共产党是新的挑战。中国共产党善于学习，从中国的具体实际出发，按照客观规律办事，破和立结合起来，处理各种矛盾关系。中国共产党努力学经济、学管理、学文化，学会一切不懂的东西，管理城市和建设城市，学会在城市中进行斗争。中国共产党用铁的事实回击国内外敌对势力所谓的共产党只会打仗、不会搞建设的预言。中国共产党根据中国国情，建立了人民代表大会制度，民族区域制度，多党合作和政治协商制度，为中国人民的民主政治打下了牢固基础。

（四）务必保持谦虚谨慎、不骄不躁的作风，务必保持艰苦奋斗的作风的精神

"两个务必"是西柏坡精神的核心。党和人民群众的关系是党生死存亡的大问题。西柏坡时期，革命形势一日千里，中国共产党面临从革命党到执政党的转变。夺取政权十分艰难，建设政权对于中国共产党更是新的考验。"夺取全国

---

① 毛泽东. 毛泽东选集：第四卷［M］. 北京：人民出版社，1991：1091.
② 毛泽东. 毛泽东选集：第四卷［M］. 北京：人民出版社，1991：1231.

胜利只是万里长征走完了第一步"，中国共产党人君安思危，未雨绸缪。为了防止党内出现享乐主义，被资产阶级糖衣炮弹所打倒，中国共产党提出了"两个务必"。两个务必使中国共产党在"赶考"路上兢兢业业，"决不当李自成"，交出满意答卷。

二、西柏坡精神的历史意义和时代价值

第一，西柏坡精神是取得解放战争胜利的精神支柱。

西柏坡时期，中国的革命任务十分紧迫，"两个敢于"的精神，让中国共产党领导的军队打败敌人的全面、重点进攻，取得战略决战的胜利，打倒蒋介石，最后解放全中国。"两个一切"的精神，使中国共产党始终站在人民的立场上，进行土地改革，发动群众，调动了全国各族人民的积极性，得到人民支持。"两个善于"的精神让中国共产党在与国民党战略决战的关键时刻，制定正确的策略，彻底推翻国民党的统治，最终取得解放战争的胜利。

第二，西柏坡精神为建设新中国提供了强大的精神动力。

中国共产党具有善于建设新世界的精神。建立新中国后，中国共产党善于学习，学习技术、学习经济、管理城市，建立各种制度，从新民主主义社会过渡到社会主义社会，完成建设一个新世界的任务。建立新中国后，中国共产党从革命党成为执政党面临更加艰难的任务和挑战，党的自身建设需要进一步加强，"两个务必"的精神奠定了中国共产党走向全面执政的思想基础，为执政党建设指明了方向。

第三，西柏坡精神对丰富民族精神，坚定文化自信有重要的推动作用。

西柏坡精神是在革命实践中来的，"两个敢于"是中国共产党领导的人民军队敢打必胜，攻无不克精神的继承；"两个坚持"是中国共产党全心全意为人民服务宗旨的集中体现；"两个善于"是中华人民共和国的立国之本；"两个务必"是中国共产党自我革命永葆活力的关键所在。"两个敢于""两个善于""两个一切""两个务必"丰富了中国民族精神的内涵，镌刻在民族基因中，成为中华文化不可分割的一部分，弘扬西柏坡精神有利于坚定文化自信。

第四，西柏坡精神为中华民族伟大复兴，实现中国梦提供精神引领。

西柏坡精神形成于中国前途命运的大转折期，为中国民族独立和人民解放提供精神引领。实现中华民族伟大复兴的中国梦，离不开西柏坡精神的支持。当前国际形势风云变幻，国内发展面临新问题、新挑战，"两个敢于"有助于中国共产党领导中国人民在新时代迎难而上，攻坚克难。中国共产党始终坚持为人民服务，"两个坚持"有利于我党坚持群众路线，发挥政治优势。"两个善于"有助于中国

共产党不断学习，坚持创新，提高执政能力。"两个务必"是党的建设的永恒课题，有助于提高党的忧患意识，保持党的清醒，增强党的凝聚力、战斗力。面对中国梦这一大考，西柏坡精神必将帮助中国人民交出优异的答卷。

三、西柏坡精神教学案例分析

（一）"赶考"永远在路上

1. 案例呈现[①]

1949年3月23日，七届二中全会结束后，中央机关从要从西柏坡迁往北平。毛泽东在离开住处的时候说："今天是进京的日子，不睡觉也高兴啊。今天是进京'赶考'嘛，进京'赶考'去，精神不好怎么行呀？"周恩来笑着说："我们应该都能考试及格，不要退回来。"毛泽东满怀信心地说："退回去就失败了。我们决不做李自成，我们都希望考个好成绩。"毛泽东进入北平城建立新中国比喻成是"进京赶考"。表明了中国共产党的领导人对于进京，既有喜悦和信心，也有对建设新中国这一大考的清醒思考。新中国从西柏坡走来，"绝不做李自成"是中国共产党交出的答卷。

2013年7月11日，习近平总书记来到西柏坡召开座谈会，动情地说道："'考试'仍在继续，所有领导干部和全体党员要继续把人民对我们党的'考试'、把我们党正在经受和将要经受各种考验的'考试'考好，努力交出优异的答卷。"

从十八大起来，中国发展面临众多挑战和问题，习近平总书记多次强调"赶考"。党的十九届六中全会审议通过的《中共中央关于党的百年奋斗重大成就和历史经验的决议》指出，时代是出卷人，我们是答卷人，人民是阅卷人。过去一百年，党向人民、向历史交出了一份优异的答卷。

2. 案例分析

中国共产党人一直"赶考"在路上。提到"赶考"，就不能忘记西柏坡精神，不能忘记中国共产党是如何发挥敢于斗争、敢于胜利的精神，将革命进行到底；坚持一切为了人民、一切依靠人民的精神，取得解放战争的胜利；发挥善于破坏旧世界、善于建设新世界的精神，取得新民主主义革命的胜利，建立了新中国；务必保持谦虚谨慎、不骄不躁作风，务必保持艰苦奋斗的作风，为中国共产党执政党建设指明了道路。

[①] https://baijiahao.baidu.com/s?id=1700346443577913254&wfr=spider&for=pc

(二)《七律·人民解放军占领南京》

1. 案例呈现

上课时可以图片展示这首诗，让学生们读一读。

《七律·人民解放军占领南京》

钟山风雨起苍黄，百万雄师过大江。

虎踞龙盘今胜昔，天翻地覆慨而慷。

宜将剩勇追穷寇，不可沽名学霸王。

天若有情天亦老，人间正道是沧桑。

三大战役结束后，全国胜利就要到来，南京国民政府苦心经营三个半月的长江防线，妄图通过长江天险，划江而治，没想到人民解放军乘胜追击，只用三天时间就冲破长江防线，取得胜利。这是毛泽东在得知人民解放军取得渡江战役胜利，解放南京时所做的一首诗。这首诗用的典故较多，大气磅礴，热情洋溢的歌颂了人民解放军成功飞渡长江天堑，解放南京的重要历史事件，表达了诗人庆祝解放战争即将胜利喜悦之情。

2. 案例分析

解放战争是为人民而战，"一切为了人民"是西柏坡精神的内涵。"虎踞龙盘今胜昔，天翻地覆慨而慷。"表明人民解放军解放南京后，南京将发生天翻地覆的变化，成为真正为人民服务的城市。中国共产党解放南京"百万雄师过大江""宜将剩余追穷寇，不可沽名学霸王"表明了中国共产党将革命进行到底的决心。这是西柏坡敢于斗争，敢于胜利精神的鲜明写照。在这种精神的指引下，解放军乘胜追击，解放上海，即将迎来新中国的诞生。"天若有情天亦老，人间正道是沧桑"富有哲理性，揭示不断革命、不断改革、不断前进是人类发展的必然规律，不以人的意志为转移，中国共产党是不断革命的党，建立新中国后，迅速从革命党转化为执政党，积极学习如何治理国家，成功从新民主主义社会过渡到社会主义社会。这表明中国共产党人不但善于打破旧世界，还善于建设新世界。这首七律成功诠释了"两个敢于""两个善于的"西柏坡精神，了解这首诗，不仅可以了解历史，还可以更深入的了解红色精神，赓续红色血脉。

四、西柏坡精神融入教材专题教学设计

名称	"赶考"永远在路上——西柏坡精神	学时	1学时
融入章节	第七章为建立新中国而奋斗 第四节建立人民民主专政的新中国		

续表

学情分析	1. 从既往教学情况来看，学生对于近现代西柏坡的历史了解不清楚，进而对于西柏坡精神的形成背景、具体内涵，价值意义等不太了解，需要以理论与历史实际相结合的方式，通过相关历史案例、视频、图片、人物故事等手段，帮助学生深入学习西柏坡精神的知识内容。 2. 从课堂反馈情况来看，学生对教师单一的讲授感觉枯燥，无法持续学习兴趣，若教师在教学过程中采用启发式教学，通过案例展示、图片视频展示、课堂讨论等互动环节，能够激发学生学习兴趣，达到预期教学效果。

一、教学目标

（一）知识目标
1. 掌握西柏坡精神的形成背景、基本内涵、历史地位。
2. 进一步深入了解西柏坡精神的时代价值。
（二）能力目标
1. 提高学生归纳与分析历史问题的素养，运用正确的历史观看待和解决问题。
（三）情感目标
充分认识西柏坡精神形成的理论和实际背景，体会新中国建立的不易和艰辛，感受西柏坡精神的强大精神力量，增强学生的爱国主义信仰。

二、教学重点与难点

教学重点：西柏坡精神的基本内涵和重要地位。
教学难点：西柏坡精神的形成逻辑。

三、教学过程

任务导入
展示"赶考"图片
教师讲述进京"赶考"的故事，给学生提出问题：为什么说中国共产党人一直在"赶考"路上？学生回答完后，教师要引导学生思考，中国共产党要想答出满意答卷，不能忘记西柏坡精神。

新课讲授
（一）西柏坡精神的基本内涵：
图片展示：西柏坡的照片
教师引导学生观察照片上"新中国从这里走来"几个字，给学生提出问题，为什么西柏坡会成为革命圣地？

1946年6月，蒋介石发动全面内战，解放战争爆发。中国共产党领导的解放区军民一致，挫败蒋介石的计划。1947年3月，蒋介石改变战略，发动针对山东和陕北的重点进攻，面临严峻形势，中共中央实行战略转移，主动撤出延安。1947年5月，刘少奇、朱德率中央工作委员会委员到达河北平山县西柏坡村。经过一年零十个月的时间，中国共产党领导人民结束了旧世界，开始建设新世界，孕育了伟大的西柏坡精神。

续表

1. 形成背景

（1）中国优秀传统文化是西柏坡精神形成的历史来源

中国优秀传统文化是中华民族五千年文明史的精华，是中华民族的精神家园。民族精神是优秀传统文化的升华。西柏坡精神的形成离不开对是对中华优秀传统文化继承和弘扬。西柏坡精神"两个敢于""两个善于""两个一切""两个务必"与中华优秀传统文化一脉相承。西柏坡在历史上属于燕赵地区，深受燕赵文化影响，体现出勇武任侠、慷慨悲歌、追求和合、顾全大局、变革进取、自强不息的地方特色。

（2）马克思主义是西柏坡精神的理论渊源

没有革命的理论，就没有革命的精神。西柏坡精神的形成和发展离不开马克思主义的指导。西柏坡精神"两个一切"是坚持唯物史观，认识到人民群众重要性的真实写照。西柏坡精神"两个善于"是坚持唯物辩证法，即破又立。毛泽东思想在中国七大上确立为党的指导思想，是马克思主义中国化的成果，指导中国革命从实际出发，抓住重点，从而取得新民主主义革命的伟大胜利。

（3）建党精神、红船精神、井冈山精神、长征精神、延安精神是西柏坡精神的重要源泉

图片展示：建党精神、红船精神、井冈山精神、长征精神、延安精神的内容

西柏坡精神是中国共产党红色精神谱系的一部分，传承和发展了建党精神、红船精神、井冈山精神、长征精神、延安精神等革命精神的红色基因和红色血脉，是这些伟大精神新的升华。伟大建党精神是中国共产党的精神之源，也是西柏坡精神的根。红船精神是中国革命的起点，西柏坡精神是新中国的起点。井冈山精神开辟了中国革命的新道路，西柏坡精神给新中国立规矩。长征精神力挽狂澜，勇往直前，西柏坡精神敢于斗争，善于建设。延安精神坚持独立自主，自力更生，西柏坡精神以"两个务必"为核心。中国人民的革命斗争波澜壮阔，这些革命精神有着共同的理想目标和价值取向，一脉相承，又体现了中国革命不同时期的特点，是中国共产党宝贵的精神财富，是中国共产党的精神法宝，是实现中华民族伟大复兴中国梦的不竭动力。

（4）西柏坡时期中国共产党人的共同实践是西柏坡精神的实践基础

西柏坡精神来源于中国革命的伟大实践。西柏坡时期是中国革命的重要转折时期。中国共产党在这里指挥三大决战，1948年9月到1949年1月，5个月的时间，歼灭国民党军队154万人，全国胜利马上到来；中国共产党在这里推进土地改革，1947年7月，全国土地会议召开，颁布《中国土地法大纲》，废除封建半封建土地制度，彻底改变了中国社会经济基础；中国共产党从这里开始工作重心转移，1948年召开九月会议，提出"使党的工作重心逐步由乡村转到城市"，1949年3月召开七届二中全会，确定中国从农业国转到工业国，从新民主主义社会转变成社会主义社会的规划蓝图。这些实践为西柏坡精神形成提供了坚实基础。

2. 理论内涵

（1）敢于斗争、敢于胜利精神

图片展示：毛泽东诗词《七律·人民解放军占领南京》可以让学生集体读一下，教师简要解释这首诗的历史背景并提出问题：毛泽东这首诗蕴含了怎样的精神？

西柏坡时期是国共两党军事力量全面较量，检验中国共产党敢不敢推翻国民党反动派的统治，取得全国胜利的时期。对此，中国共产党及其领导的军队给出看了肯定的回答。敢于斗争，敢于胜利是西柏坡精神的鲜明特征。中国共产党转战西柏坡后，敢于斗争，仅仅4个月就粉碎敌人重点进攻，1947年10月提出"打倒蒋介石，解放全中国"的口号，1948年秋，抓住时机进行战略决战，先后取得锦州、淮海、平津三大战役的胜利。中国共产党敢于胜利，勇追穷寇，将革命进行到底，占领南京，解放上海。"两个敢于"体现了中国共产党的积极进取精神，是解放战争取得胜利的法宝，是中国革命胜利的精神支柱。

续表

(2) 一切为了人民、一切依靠人民的精神

图片展示：平山一带流行的《支前民谣》的歌词，同时给学生放这首红色歌曲。

最后的一碗饭送去做军粮，最后的一尺布送去做军装，

最后的老棉被盖在那担架上，最后的亲骨肉含泪送战场，

军队和老百姓军民鱼水长，子弟兵是好儿郎，老百姓是亲爹娘……

放完歌曲后，引导学生思考为什么中国共产党会得到人民支持？

中国共产党始终坚持全心全意为人民服务。解放战争是人民战争。中国自古以农立国，解决农民问题，也就解决中国革命的关键问题。抗战结束后，减租减息政策已经不适应革命的发展。中国共产党1946年发布《五四指示》，1947年颁布《中国土地法大纲》确定"耕者有其田"，发动群众，实行土地改革，废除了封建制度的经济基础。农民分得土地，翻身当家做主，纷纷支前，陈毅曾经说过："淮海战役的胜利，是人民群众用小车推出来的！"西柏坡期间，中国共产党的土改政策是一切为了人民、一切依靠人民的最鲜明体现，西柏坡精神坚持人民至上，"两个一切"是西柏坡精神的基石。

(3) 善于破坏旧世界、善于建设新世界的精神

给学生提出问题：中国当前的基本政治制度是什么？

西柏坡时期，中国从半殖民地半封建社会的旧中国转向人民当家做主的新中国。善于破坏旧世界、善于建设新世界是时代赋予中国共产党的责任。中国共产党善于制定正确的政策和策略，发动人民群众，打败国民党反动派，打破旧世界，建立新中国。中国共产党善于应对新挑战，及时转移工作重心，善于学习一切不懂的东西，学会建设城市。中国共产党一切从实际出发，在吸取苏联民主制度的基础上，建立了符合中国国情的人民代表大会制度，民族区域制度，多党合作和政治协商制度，实现人民当家做主。"两个善于"的创新精神，为我国现代化建设不断提供精神动力。

(4) 务必保持谦虚谨慎、不骄不躁的作风，务必保持艰苦奋斗的作风的精神

图片展示：电影《霓虹灯下的哨兵》照片，给学生简要说一下电影的内容，让学生参与讨论：为什么新中国成立前夕我党要警惕资产阶级"糖衣炮弹"的进攻？

西柏坡时期，中国共产党面临进京"赶考"，从革命党到执政如何答出满意答卷，是新的挑战，也是新的机遇。"两个务必"是在革命形势一片大好的情况下，中国共产党防止被胜利冲昏头脑，敲响的警钟。谦虚谨慎、不骄不躁是要求中国共产党不能骄傲自满，虚心学习，避免功亏一篑。艰苦奋斗，是对中国共产党作风建设的要求。中国共产党成为执政党后，面临资产阶级糖衣炮弹的攻击，需要有防腐拒变的意识和能力，继续发扬艰苦奋斗的作风，才能保证党和人民的血肉联系，实现长治久安。"两个务必"是西柏坡精神的核心内涵，关系着党的生死存亡。中国共产党要向人民交出满意答卷必须做到"两个务必"。

(二) 西柏坡精神的历史意义和时代价值

1. 西柏坡精神是取得解放战争胜利的精神支柱

中国共产党在西柏坡精神的指引下一切为了人民，一切依靠人民，全心全意为人民服务，进行土改，调动广大人民群众参加战争和生产的积极性，支援解放军作战，为战争胜利打下基础；中国共产党在西柏坡精神的指引下敢于斗争，敢于胜利，打倒蒋介石，最终取得解放战争的胜利。

2. 西柏坡精神为建设新中国提供了强大的精神动力

西柏坡精神是建设新中国的动力之源。中国共产党在西柏坡精神的指引下善于破坏旧世界，善于建设新世界，建立新中国后仅仅几年的时间就从新民主主义社会过渡到社会主义社会。中国共产党在西柏坡精神的指引下，坚持做到务必保持谦虚谨慎、不骄不躁的作风，务必保持艰苦奋斗的作风，居安思危，为中国共产党执政党建设指明方向。

续表

3. 西柏坡精神对丰富民族精神，坚定文化自信有重要的推动作用

革命精神是中华民族的精神品格，是中华民族的灵魂脊梁，是中华优秀文化的升华。"两个敢于""两个善于""两个一切""两个务必"是在解放战争形成和发展的，具有时代性的革命精神。西柏坡精神丰富了中国民族精神的内涵，是中国共产党红色精神谱系重要组成部分。弘扬西柏坡精神有利于坚定文化自信，建设社会主义文化强国。

4. 西柏坡精神为中华民族伟大复兴，实现中国梦提供精神引领

西柏坡时期，中国共产党进京"赶考"，把近代以来中国人民实现民族独立、人民解放的梦想变为现实；今天，中国共产党还走在"赶考"路上，要实现中华民族伟大复兴中国梦，把中国梦变为现实，离不开西柏坡精神的支持。"两个敢于"有助于迎难而上，攻克改革深水区。"两个一切"有利于践行人民至上，践行群众路线。"两个善于"有助于中国共产党不断学习，超越自我，提高执政水平。"两个务必"坚持党的建设，提高党的凝聚力、战斗力。面对中国梦这一大考，有西柏坡精神的引领中国共产党必定交出优异的答卷。

（三）课堂小结

西柏坡，新中国巨轮启航的地方，中国共产党人的赶考路在这里开始，一年零十个月，中国共产党坚持斗争，积极探索，不断开拓，打碎旧世界，建立新世界，孕育了伟大的西柏坡精神，成为中国共产党人的精神高地，为实现中华民族的伟大复兴提供精神力量。

（四）布置作业

通过本节课的学习，结合中国共产党全面从严治党谈谈你对西柏坡精神的认识。

四、教学资源

（一）参考文献

1. 张剑飞. 西柏坡精神新时代的价值［J］. 文化产业，2018，18（01）：38-39.
2. 刘利平，李庆安. 西柏坡精神的基本内涵和时代价值［J］. 人民周刊，2022（07）：61-63.
3. 王红霞. 新时代背景下西柏坡精神的当代价值研究［J］. 河北青年管理干部学院学报，2022，34（03）：109-112.
4. 王荣丽. 西柏坡精神的当代价值［D］. 石家庄：河北师范大学，2009.
5. 王昆. 西柏坡时期党的建设研究［D］. 天津：天津师范大学，2014.
6. 苏建民，申彩虹，田茹. 西柏坡精神的历史及时代价值分析［J］. 保定学院学报，2013，26（02）：26-29.
7. 王荣丽. 西柏坡精神的本质特征及时代价值［J］. 河北师范大学学报（哲学社会科学版），2009，32（03）：15-19.
8. 王腾. 新时代深化西柏坡精神研究的思考［J］. 中共石家庄市委党校学报，2018，20（04）：38-42.
9. 张雪，张彤. "西柏坡精神"研究综述［J］. 新西部，2019（27）：90-91.
10. 梁胜文. 西柏坡"赶考"精神的内涵及时代价值［J］. 中共石家庄市委党校学报，2015，17（11）：16-19.
11. 王玉平. 西柏坡精神的基本特征［J］. 社会科学战线，2015（06）：97-100.
12. 陈宗良. 西柏坡时期党对政府构建的设想和探索［J］. 党的文献，2003（3）：58-62.
13. 陈宗良，周艳芝，康彦新. 西柏坡时期党对执政问题的思考与探索［J］. 石家庄职业技术学院学报，2007（01）：1-6.
14. 赵明. "西柏坡精神"内涵研究［J］. 党史博采（下），2019（09）：43-44.

续表

15. 杨洋．西柏坡时期中国共产党执政党建设探索研究［D］．石家庄：河北科技大学，2021． 16. 康彦新，南洋．西柏坡时期"两个务必"论述提出的历史考察［J］．河北经贸大学学报（综合版），2022，22（02）：11-18． 17. 李建强．西柏坡精神［M］．北京：中共党史出版社，2020． 18. 蔺丽军，刘炳源，王罐．西柏坡精神融入大学生思想政治教育研究［J］．大庆社会科学，2022（02）：41-44． 19. 刘艳房，王淑杰．西柏坡时期中国共产党调查研究的历史考察及其重大意义［J］．河北经贸大学学报（综合版），2022，22（01）：5-9． 20. 郭凯．西柏坡时期共产党接管城市政策演进与启示［J］．石家庄职业技术学院学报，2022，34（01）：1-5． （二）网络资源 电影《大决战》《建国大业》
五、教学方法
讲授法、谈论法、演示法
六、实践环节
观看《西柏坡》电影，感受西柏坡精神的伟大力量。

第三章

社会主义革命和建设时期中国共产党人的精神谱系融入"纲要"课解析

第一节 无畏强敌：抗美援朝精神

2020年10月23日，在纪念中国人民志愿军抗美援朝出国作战70周年大会上，习近平总书记指出："在波澜壮阔的抗美援朝战争中，英勇的中国人民志愿军锻造了伟大抗美援朝精神。"伟大抗美援朝精神跨越时空、历久弥新，必须永续传承、世代发扬。1950年，为了保卫和平、反抗侵略，中国共产党和政府毅然作出抗美援朝、保家卫国的历史性决策，中国人民志愿军高举正义旗帜，同朝鲜人民和军队一道，在两年零九个月的时间里，舍生忘死、浴血奋战，赢得了抗美援朝战争伟大胜利，为世界和平和人类进步事业作出巨大贡献。

一、抗美援朝精神的主要内涵

（一）祖国和人民利益高于一切，为了祖国和民族的尊严而奋不顾身的爱国主义精神

爱国主义精神是维护国家统一、促进民族团结的强大内生动力。虽然，在不同的时期，爱国主义精神有着不同的主体和历史使命，但其本质都包含着人民对国家的强烈归属感和认同感，蕴含着浓郁的集体主义精神，渗透出强烈的群体本位意识。列宁曾经说过："爱国主义是千百年来巩固起来的对自己祖国的一种最深厚的感情。"[1] 可以说，爱国主义精神是抗美援朝精神的根基血脉，是凝聚军心民心的内生动力。

美国侵略朝鲜和武装挑衅中国制造的侵略行为，激起了中国人民对侵略者的仇恨和保家卫国的热情。特别是作为国际化的朝鲜战争，严重损害了新中国

---

[1] 列宁. 列宁全集：第二十八卷 [M]. 北京：人民出版社，1958：168.

的主权和经济的复苏、发展，扰乱了人民群众的正常生活。在彭德怀等人的坚决支持下，毛泽东果断决策，"打得一拳开，免得百拳来""我们认为应当参战，必须参战，参战利益极大，不参战损害极大"。1950年10月24日，周恩来在全国政治协商常务委员会上，也对为什么进行抗美援朝进行说明："朝鲜如果被美帝国主义压倒，我们东北就无法安定。""如果美帝打到鸭绿江边，我们怎么能安定生产？"而电影《上甘岭》中的插曲《我的祖国》更是质朴地唱出"为什么要进行抗美援朝"的原因，因为"这是美丽的祖国，是我生长的地方"。正是因为志愿军战士们秉持为祖国和民族的尊严而奋不顾身的爱国主义精神，他们以"钢少气多"力克"钢多气少"，打破了美军不可战胜的神话。在武器装备极为落后、战场环境极为恶劣的情况下，志愿军在朝鲜战场赢得伟大胜利，也同全国人民空前高涨的爱国主义精神密不可分。在中国共产党的领导下，全国掀起声势浩大的抗美援朝、保家卫国的爱国群众运动、开展了全国捐献和爱国增产节约运动、派出了慰问团前往朝鲜战场，看望"最可爱的人"。在抗美援朝中所形成的坚不可摧的团结，让世界见证了蕴藏在中国人民之中的无限伟力，也成为赢得这场战争的精神力量和政治基础。

（二）英勇顽强、舍生忘死的革命英雄主义精神

英雄是一个时代奋斗意志和拼搏毅力的鲜活例证，是一种无惧无畏，向死而生的气节，更是一个民族生命张力和创造能力的突出表征。在抗美援朝中，人民志愿军发扬大无畏的精神，秉持"临危不惧，顽强不屈，虽战至最后一人"的信念，他们敢于近战夜战、迂回挺进；他们即使身负重伤，也要从血泊中爬起来同敌人血战到底；他们冒着密集的轰炸和严密的封锁，建成了打不断、炸不烂的钢铁运输线；他们同敌人"空中拼刺刀"，创造了世界空战史上的奇迹。"不相信有完不成的任务、克服不了的困难、战胜不了的敌人"，志愿军战士们以英勇顽强、舍生忘死的革命英雄主义精神与侵略者开展殊死搏斗。

1950年11月28日，杨根思率领志愿军第20军第58师第172团3连奉命坚守长津湖畔下碣隅里外围制高点"1071高地"的东南屏障小高岭，负责切断美军南逃退路。11月29日，面对敌人飞机的狂轰滥炸和猛烈的炮火，杨根思率领全连打退敌人连续8次的进攻。在最后只剩他一人时，已负伤的杨根思投完手榴弹，打光子弹后毅然抱起一个5公斤的炸药包，拉燃导火索，纵身冲向敌群，壮烈牺牲。"不相信有完成不了的任务，不相信有克服不了的困难，不相信有战胜不了的敌人。"这是杨根思在朝鲜战场上立下的誓言，也是杨根思的信念与血

性①。2014年10月29日，经民政部、原总政治部登记确认，在两年零9个月的浴血奋战中，有197653名战士献出了宝贵的生命，伤亡总人数达36万人（中国人民志愿军《抗美援朝战史》）。最终，中国人民志愿军在异国他乡的土地上浴血奋战，凭借毫无保留的一己之力，用自己的血肉之躯践行着肩负的重要使命和责任，昂扬起天地为之动容的革命英雄风貌。

（三）不畏艰难困苦、始终保持高昂士气的革命乐观主义精神

革命的乐观主义是对现实斗争和革命前途的一种看法，是无产阶级世界观的一种表现。革命的乐观主义者相信革命的人民群众的力量能够改变一切，相信革命的新生力量必将战胜反动的腐朽力量，始终具有坚定不移和战斗不懈的革命意志，在革命力量遇到艰难险阻的情况下，也能藐视困难，毫不动摇，紧密地团结和依靠广大群众，坚韧不拔地进行战斗。可以说，革命乐观主义是建立在历史唯物主义和辩证唯物主义基础上的，它正视了阶级斗争对历史发展起着重要的作用，充分看到蕴藏在人民群众中的无限力量，因而确信正义必将战胜邪恶的历史潮流是势不可挡的。

1951年的除夕夜，敌军投掷的照明弹没有停止过，但是战士们却幽默地称这种现象为"敌人给我们送来了节日礼花"。而后我军的高射机枪打中了一架敌机，战士们又欢呼："敌人给我们送来了过年礼物。"他们在给祖国人民的信中写道："我们除了战斗以外，就是说笑和娱乐，谈着我们的胜利，谈着祖国的伟大，还唱着歌曲。我们的心情永远都是愉快的。"② 即使在艰苦环境下，中国人民志愿军也能够充分发挥主观能动性，苦中作乐。在作战之余，志愿军会唱军歌、讲故事、演小戏，布置阵地之家，给自己的防空洞取名叫"立功洞""英雄洞""抗美洞"等。慰问团到来时，志愿军们会热烈欢迎祖国来的亲人，在坑道口扎上松门，贴上"迎接亲人""以战斗的胜利迎接祖国人民的使者"等标语，敲打着用炮弹壳做的锣③。

在硝烟弥漫的上甘岭战场，志愿军战士李征明曾给家人写下一封封家书，表达了对家人们的牵挂，为了能让年幼的弟弟妹妹看懂家书，他在信中画了许多生动又容易理解的"表情包"。此外，全国各条战线和各族人民广泛深入地开展报名入朝参战运动、增产节约运动、捐献飞机大炮运动等在内的抗美援朝运

---

① 王喜. 抗美援朝精神的历史内涵与时代价值[J]. 党史博采（下），2021（02）：8-9，27.
② 军事科学院军事历史研究部. 抗美援朝战争史：第3卷[M]. 北京：军事科学出版社，2000：319.
③ 军事科学院军事历史研究部. 抗美援朝战争史：第3卷[M]. 北京：军事科学出版社，2000：318.

动,都无限激发了人民群众乐观向上的革命热情,有效推进了志愿军在前线克敌制胜的战斗进程。

(四)为完成祖国和人民赋予的使命、慷慨奉献自己一切的革命忠诚精神

革命忠诚是革命斗争中最基本的纪律原则和最严肃的信念考验,是支撑中国人民志愿军奋勇向前的深层次因素,同时这种革命忠诚精神也是军人本色的生动体现。正是中国人民志愿军秉承着对党的绝对忠诚,才会有不破楼兰终不还的作战气势,坚守对革命的绝对忠诚,才会有感天动地的英雄壮举。在中央政治局会议反复讨论是否出兵和选将挂帅最激烈时,彭德怀挺身而出,义正词严:"出兵援朝是必要的,打烂了,等于解放战争晚胜利几年。如美军摆在鸭绿江岸和台湾,他要发动侵略战争,随时都可以找到借口。"面对强大的对手,彭德怀临危受命,挂帅出征,他考虑更多的是祖国安危,将个人荣辱置之度外,展现了一代无产阶级革命家的胸怀与气魄。毛泽东感慨道:"得良将者,兵强国昌。"

在双方激烈交战过程中,不管是较量武器的军事战场,还是纵横捭阖的政治战场,革命忠诚都是保证战斗持久力、深化胜利信念的关键。在抗美援朝战争的军事战场,以美国为首的联合军全面使用现代化武器作战,有强大的后勤保障能力,并掌握着战场的制空权和制海权。与敌方相比,我方武器装备十分落后,主要由少量炮兵配合步兵进行陆地作战。在如此优劣悬殊的武器装备和极其不对等军力的艰难作战条件下,肩负祖国人民重托的中国人民志愿军临危不惧,毫不退缩,始终保持对抗美援朝战争胜利的忠心、信心与决心。在抗美援朝战争的政治战场,敌方战俘营不仅对我方被俘战士强制进行"甄别",而且在我方被俘战士身上残忍刺上"反共文字",我军战士面对敌方的卑劣侮辱,不屈不挠,始终保持革命忠诚正气,不顾生死安危、不忘出征使命,誓死捍卫祖国和人民利益①。

(五)为了人类和平与正义事业而奋斗的国际主义精神

国际主义是各个国家无产阶级政党间合作支持关系的行为准则,表现在反对侵略、压迫和争取独立解放过程中,在经济、政治、战争冲突等各方面的驰援互助。在我国局势尚未稳定、经济建设刚刚开始的时候,中国人民志愿军出兵援助朝鲜对美作战,这不仅是一种大无畏的国际主义精神的体现,同时也体现了中国负责任的大国形象和坚决维护世界和平的坚定决心。

1951年1月19日,毛泽东曾在一份报告上特别写道:"中国同志必须将朝

---

① 吕健,王梦喆.抗美援朝精神的科学内涵与三重价值研究[J].中共郑州市委党校学报,2021(02):77-80.

鲜的事情看作自己的事情一样，教育指挥员战斗员爱护朝鲜的一山一水一草一木，不拿朝鲜人民的一针一线，如同我们在国内的看法和做法一样，这就是胜利的政治基础。只要我们能够这样做，最后胜利就一定会得到。"① 无论是在战火纷飞的战时，还是在热火朝天的战后重建时期，志愿军战士都严格执行毛泽东同志的指示，真正做到了纪律严明、秋毫无犯，而且还利用战斗和训练间隙帮助朝鲜人民春耕秋收，修渠治水，植树造林，修房盖屋，医疗治病。自古以来，朝鲜半岛同中国山水相连，抗美援朝既是从中国的安全和发展利益出发，也是从朝鲜人民的民族解放事业需要考虑，更是从维护世界和平与正义着眼作出的战略决策。为了人类和平与正义事业，志愿军将士尊重朝鲜人民的风俗习惯，战争中与朝鲜人民军并肩作战，停战后积极帮助朝鲜人民医治战争创伤、重建家园，谱写了一曲国际主义的壮丽诗篇②。

二、抗美援朝精神的历史意义和时代价值

（一）抗美援朝战争胜利的历史意义

伟大抗美援朝精神，是中国共产党人和人民军队崇高风范的生动写照，是以爱国主义为核心的民族精神的具体体现。反抗外来侵略、保卫新生共和国、维护地区和世界和平，抗美援朝战争的正义性，激发了中华民族强烈的爱国主义精神，凝聚起民族团结的伟力，成为志愿军将士不畏艰险、不畏强敌、杀敌立功、夺取胜利的精神之源。习近平总书记指出："抗美援朝战争伟大胜利，是中国人民站起来后屹立于世界东方的宣言书，是中华民族走向伟大复兴的重要里程碑，对中国和世界都有着重大而深远的意义。"

1. 极大提高了中国共产党在人民心中的威信，是中国共产党化危为机的光辉典范。面对突如其来的严峻考验，中国共产党权衡利弊得失，作出经得起历史考验的战略决策，坚持国际主义与爱国主义高度统一，打正义之战；坚持科学研判和准确分析，打有把握之仗，充分发挥民主集中制优势，突出领导核心"一锤定音"。在领导抗美援朝战争的过程中，党积累起在全国执政的最初经验，表现出应对和驾驭复杂局面的能力，展示了高超的领导艺术③。

---

① 毛泽东年谱 1949—1976：第一卷 [M]．北京：中央文献出版社，2013：285.
② 空军党的创新理论研究中心．大力弘扬伟大的抗美援朝精神 [EB/OL]．中国日报网，2020-11-28. http://cn.chinadaily.com.cn/a/202011/28/WS5fc20e88a3101e7ce9732320. html
③ 中共中央党史研究室．中国共产党历史：第二卷（1949—1978）[M]．北京，中共党史出版社，2011：88.

2. 彻底改变了近代中国落后、挨打的国际形象，为新中国建设争取到了宝贵的和平环境。抗美援朝战争的胜利，是中国自鸦片战争以来，首次在境外取得的决定性胜利，有力地震慑了美国，极大地震动了全世界，彻底把近代以来中国的国际形象，从被侵略、被拯救的可怜形象，改写成了拯救者、保护者的英雄形象。美国也不得不承认，中国人民是不好惹的，是说话算数的，中国再也不是第二次世界大战时的那个软弱无能的国家了。此外，朝鲜停战谈判，是中国成立后第一次大型外交活动，也是第一次在国际范围内公开与美国为主的多国进行谈判的外交斗争。在周恩来的亲自指挥下，中国以对国际政治巧妙的纵横捭阖、制服了美国的现代化军事力量。从而在世界人民面前，展示出了新中国外交的卓越成就和崭新形象，使之成为配合抗美援朝军事斗争的第二条重要战线。自朝鲜战争胜利后，中华人民共和国以大国姿态登上国际舞台，为新中国建设争取到了宝贵的和平环境，真正屹立于世界民族之林。

3. 完全打破了美国不可战胜的"神话"，推动了世界范围内民族解放运动的蓬勃发展。志愿军的力量源泉及其获胜的主要原因之一，在于抗美援朝战争的正义性。虽然，美国作为世界头号强国，装备先进，且动用了当时除了核武器之外几乎所有的新式武器；而中国则是刚刚建立起新生政权，多年战争的创伤还未经恢复，就要投入到这场实力对比悬殊的较量。但就是在这样极其艰难的条件下，中国人民志愿军入朝作战不到 8 个月，连续进行了 5 次战役后，就同朝鲜人民军把侵略军从鸭绿江和图们江边赶回到三八线附近，一举收复了朝鲜北部广大土地。此后，中国人民志愿军又构筑起铜墙铁壁般的纵深防御阵地，在粉碎敌人的重点进攻和细菌战后，还进行了多次进攻战役，迫使侵略者停战谈判。抗美援朝打破了美国不可战胜的"神话"，顶住了美国侵略扩张的势头，极大鼓舞了亚洲人民反对帝国主义、争取民族解放的斗争，推动了世界范围内民族解放运动的发展。

（二）时代价值

形成于 20 世纪 50 年代的抗美援朝精神，是广大优秀的中华儿女用一腔热血和宝贵的生命铸成的，是中国人民志愿军在中国共产党领导下赢得抗美援朝战争胜利的精神结晶。中国共产党在新中国刚刚成立这一特殊历史节点上，在面临外部威胁的危急情况下，毅然决然出兵支援朝鲜战场，并最终取得了抗美援朝战争的伟大胜利。抗美援朝精神就是在这个特定的历史进程中积淀而成的精神品质，伟大抗美援朝精神跨越时空、历久弥新，必须永续传承、世代发扬。

1. 弘扬伟大的抗美援朝精神，有助于汇聚实现中华民族伟大复兴的爱国力量。古往今来，爱国主义精神深深流淌在中华民族的血脉中，是激励中国人民战胜强敌、保家卫国的强大精神力量。爱国，既是对国家和人民利益的坚定维护，又是对生养自己的国土的真挚热爱；既是对祖国和民族的认同和自豪，又是对民族发展和人民幸福的使命和责任。实现中华民族伟大复兴的征途中，我们面临的风险考验只会越来越复杂，甚至会遇到难以想象的惊涛骇浪，正如党的十九大报告指出："实现伟大梦想，必须进行伟大斗争。"伟大的抗美援朝精神所淬炼的爱国主义精神，激励着我们时刻铭记"祖国和人民利益高于一切"的原则，坚持中国共产党的领导、坚持以人民为中心，为了中华民族的根本利益，骨头要硬，敢于出击，敢战能胜。

2. 弘扬伟大的抗美援朝精神，有助于锻造保家卫国的钢铁长城。抗美援朝战争的胜利雄辩地证明，任何损害中国主权、安全、发展利益的行径，必将遭到中国人民的坚决反击。正如毛泽东同志指出的："任何地方我们都不要去侵略，但人家侵略来了，我们就一定要打，而且要打到底。"① 强大的国防和军队是捍卫国家主权、安全、发展利益的坚强后盾。当今世界，和平与发展仍是时代主题，全球爆发世界性大战的可能性很小，但霸权主义仍然存在，地区冲突和局部战争频繁发生。维护国家主权和领土完整，实现国家长期繁荣稳定，就必须不断建设同我国国际地位相称、同国家安全和发展利益相适应的巩固国防和强大军队。伟大抗美援朝精神充分展示了人民军队听党指挥、敢打必胜、舍生忘死、守正创新等优秀品质和作风，为新时代强军兴军提供了目标引领。

3. 弘扬伟大的抗美援朝精神，有助于激励着世界各国人民加强国际合作。抗美援朝战争的实践充分证明，正义必定战胜强权，和平发展使不可阻挡的历史潮流。中华民族自古以来，秉持"协和万邦""四海内皆兄弟"的和平思想，是爱好和平的民族，中国决不会以牺牲别国利益为代价来发展自己，也决不放弃自己的正当权益。习近平总书记指出："中国人是讲爱国主义的，同时我们也是具有国际视野和国际胸怀的。"因此，弘扬伟大的抗美援朝精神，需要坚守"共商共建共享"与"互利共赢"的原则，坚持胸怀天下、命运与共、和谐共生、开放合作，打破国强必霸的逻辑，将发展置于全球治理的突出为之，在发展中保障和改善民生，构建全球发展命运共同体。

---

① 中共中央文献研究室，中国人民解放军军事科学院. 建国以来毛泽东军事文稿：中卷［M］. 北京：中央文献出版社，2010：176.

三、抗美援朝精神教学案例分析

（一）出兵朝鲜是毛泽东毕生中最难作出的决策之一

1. 案例呈现①

1950年9月下旬，朝鲜半岛的战火向北燃烧。唇亡齿寒的危急使新中国面临着是否出兵参战的重大选择。在国家"一穷二白"百废待兴的情况下，要派兵跨出国门与美国乃至"联合国军"打仗，下这个决心真不容易！长期跟随毛泽东担任秘书工作的胡乔木回忆说："我在毛主席身边工作20多年，记得有两件事是毛主席很难下决心，一件是1950年派志愿军入朝作战，一件就是1946年我们准备同国民党彻底决裂。"

1950年10月1日，毛泽东和其他党和国家领导人登上天安门参加了群众庆典并检阅了部队。虽然北京城内还是一片节日气氛，东邻朝鲜的紧急消息却不断传来。据毛泽东的机要秘书叶子龙回忆，当天"金日成首相发来一封急电，请求中国直接出兵援助。我马上把电报交给毛泽东。毛泽东看后迅速说：'请在京的政治局委员过来开会！'"

入夜后，天安门广场上国庆的焰火尚未熄灭，中共中央便在中南海颐年堂的会议厅里召开会议。从10月1日起直至10月19日志愿军正式跨过鸭绿江，被史学研究者称为艰难决策的"18个日日夜夜"。为了最后下定决心，毛泽东因焦虑多少天日夜不眠。当时任毛泽东卫士长的李银桥记述道："毛泽东考虑出兵不出兵，连续几天不能入睡，吃安眠药也睡不着。开会那天，他的东屋里坐了一屋子人……满屋子烟雾腾腾，从五六点钟开始研究，一直到后半夜。"有的中央领导人后来回忆说，在考虑出兵不出兵朝鲜的问题时，毛主席一个礼拜不刮胡子，留那么长，想通以后开了会使大家意见统一了，才刮了胡子。如此反复思考，焦虑到一个星期不刮胡子的状况，这在毛泽东的一生中都是少见的。

在1950年国庆节后十几天内，中共中央反复开会讨论，面对多数人列举的种种困难以及苏联在出动空军问题上一再退缩（开始称两三个月内不能出动，最后声称其飞机不能过鸭绿江），毛泽东经许多天不眠不休的思考，也曾两次要求入朝部队暂停行动。不过最后权衡，他还是确定："应当参战，必须参战。参战利益极大，不参战损害极大。"历史又一次证明了毛泽东的正确。中国出兵朝鲜，在政治上大大提高了在国际上的地位和影响，在经济上保障了国家恢复建

---

① 徐焰. 毛泽东毕生最难决策之一：出兵朝鲜前几天不睡［EB/OL］. 中国新闻网，2009-01-14. http：//www.chinanews.com.cn/cul/news/2009/01-14/1528060.shtml.

设，在军事上也打出了国威军威。

2. 案例点评

本案例介绍了国家"一穷二白"、百废待兴的情况下，毛泽东在面对是否要派兵跨出国门与美国乃至"联合国军"打仗的艰难抉择，引导学生思考为什么出兵朝鲜毛泽东毕生中最难作出的决策之一？为什么毛泽东最终作出了抗美援朝、保家卫国的重大战略决策？

一是基于"保家卫国"的战略决断：新中国成立初期，中国的外交方针是"一边倒"，对以美国为首的西方国家始终保持着高度警惕。而美国对朝鲜的军事干预，将使中国东北区域由国民经济建设的战略基地成为国防的前沿阵地，给国家的生存和安全带来极大隐患。一旦朝鲜被美国占领，新中国在政治、经济、军事等方面将存在极大安全隐患。二是国际主义视域下的逻辑和担当：中朝关系唇亡齿寒，患难与共，在革命斗争的年代中，中朝人民结下了革命的"兄弟般"的友谊。当共产主义信仰和曾经的战友受到帝国主义武力进逼的严重挑战之时，为了维护亚洲的革命秩序，捍卫社会主义前沿阵地，要不惜承担最大的民族牺牲，用革命的暴力打倒反革命的暴力。因此说，毛泽东同志出于其坚定的共产主义信念、国际主义使命感，在错综复杂的形势下更坚定了出兵朝鲜的考虑。三是美国的侵略行径迫使新中国不得不进行应战。美军的悍然挑衅、越过共和国决策层所能容忍的底线则是出兵朝鲜的导火索。我们不是主动去打仗，而是别人已经把战火烧到了我们的大门口，迫使新中国不得不应战。四是巩固中苏同盟的政治需要：中苏同盟的建立，是中苏国家安全和经济发展的需要。朝鲜战争对中苏同盟而言是一次考验。当朝鲜局势恶化，斯大林和金日成均希望中国出兵之时，如果袖手旁观，不仅中苏、中朝关系将蒙上阴影，而且中国可能会在社会主义阵营中陷于孤立，中国出兵朝鲜，果敢地化解了中苏同盟出现的危机，并获得了对苏关系的主动。尽管中苏分歧和矛盾依然存在，但协调与合作已经成为两党、两国关系的主流①。

（二）"我就是伍千里！"——老兵李昌言的故事

1. 案例呈现②

"荡气回肠的战争史诗、慷慨激昂的英雄赞歌。"2021年10月，电影《长津湖》上映后，好评不断。山东的一位93岁老人李昌言，在观看《长津湖》之

---

① 高思峰.共和国出兵朝鲜之决策逻辑及政治智慧［J］.大连海事大学学报（社会科学版），2017，16（03）：96-100.

② 网易新闻：https：//www.163.com/dy/article/H7IDD19G0546RV8S.html

后,泣不成声,他拿出自己的军功章,告诉所有人:"我就是伍千里!"

李昌言出生在一个农民家庭,没读书,不识字,用他自己的话来说,自个儿就是个粗人。这位粗人虽然没文化,但是有见识。他知道自己的国家正处于怎样的危机之中,他没有办法用语言来描述这个危机,但他有决心和毅力为祖国解决这个危机。

1950年11月,李昌言作为第一批志愿军战士,跨过鸭绿江开赴前线。到了朝鲜之后的那些日子,李昌言一辈子也不会忘记。电影里说的那些低温、饥饿、炮火,他们都是真真实实经历过的。志愿军战士因为战事紧张,大都没有像样的御寒冬装,仅有的棉衣不仅破旧而且超薄,更难受的脚下还是用草鞋裹足。可以想见,志愿军的装备与武装到牙齿的美军相比,可谓不能同日而语。然而就是凭借着这样极其简陋的装备,能够打掉了美军的嚣张气焰,逼迫他们不得不在停战协议上签字。这种伟大的献身精神一直到现在,依旧是激励人前行的精神食粮。

从部队退伍之后,李昌言一直在鞍钢工作。李昌言从来不肯把抗美援朝的事情告诉给大家,他认为,与自己相比,那些永远长眠在朝鲜大地的烈士们才是值得崇尚的。尤其是与自己并肩作战的战友们,李昌言总是在重大节日抽出时间去看望他们。对于牺牲在朝鲜的英烈们,李昌言也总能做到一年一次前往烈士陵园去抚慰他们的英灵。几十年来,李昌言在本职工作上勤勤恳恳默默奉献。不管职位有多高,他总是能够拿朝鲜战争的战友们的牺牲精神来鼓励自己鞭策自己,从而在鞍钢继续为党奉献自己的一切。

要不是因为这次观看《长津湖》这部电影,被这位老功臣雪藏多年的过往历史依旧不能被挖掘出来,其实人生就是一部电影,是由许许多多的精彩片段所拼接而成。今天我们借着长津湖再一次缅怀朝鲜战争中的革命英烈,就是要像李昌言一样,不忘初心,在新的历史发展阶段做出自己的贡献。

2. 案例点评

电影《长津湖》以抗美援朝战争中长津湖战役为背景,以英雄团队"穿插连"战斗行动为主线,选取战争中的重大事件、典型场景、主要行动和代表性人物,展示中国人民的钢铁意志,不畏强暴、反抗强权的民族风骨,汇聚万众一心、勠力同心的民族力量,激发守正创新、奋勇向前的民族智慧将抗美援朝精神生动形象地呈现在观众面前,深刻诠释了爱国主义精神、革命英雄主义精神、革命乐观主义精神、革命忠诚精神和国际主义精神。

已是耄耋之年的老人—李昌言通过观看电影《长津湖》,再次回忆起那段血与火的战争岁月。虽然老人把这段记忆深埋在心底,从不吹嘘过往的经历,在工作岗位中，始终踏实勤奋、默默奉献，传承着伟大的抗美援朝精神。但每当回忆起当年一起战斗的岁月和在朝鲜战场牺牲的战友们，老人总是忍不住落泪："我们活着的人要记得他们，要永远怀念他们。"电影《长津湖》上映后，让越来越多的人开始关注、了解抗美援朝这段历史，我们在感激先烈们做出的牺牲和贡献时，更要发扬伟大抗美援朝精神，倍加珍惜当下的和平与安宁。

四、抗美援朝精神教学设计

专题名称	无畏强敌：抗美援朝精神	学时	1学时
融入章节	第八章　中华人民共和国的成立与中国社会主义建设道路的探索 第一节　中华人民共和国的成立与新生人民政权的巩固		
学情分析	1. 学生已有的认知水平和能力现状分析：学生通过对第八章第一节"中华人民共和国的成立与新生人民政权的巩固"第一部分内容"新中国成立初期面临的考验"的学习，了解了新中国成立初期，面临许多严重的困难和一些紧迫的问题。这对于刚刚执掌全国政权的中国共产党来说，是新的严峻考验。中国共产党和人民政府采取一系列积极稳健的政策措施，有条不紊地领导全国各族人民进行巩固新政权、建设新中国的伟大斗争。这为本节课的学习提供了一定的理论基础。 　　2. 学生的学习问题和学习需求分析：近年来，随着以《长津湖》《金刚川》《狙击手》等抗美援朝为题材的电影上映，学生对抗美援朝的关注度和兴趣点日渐提升。通过这些影视作品，学生对抗美援朝的战争背景、具有代表性的战役过程及感人情节有一定的了解，但从唯物史观的角度，把握抗美援朝胜利的原因，其中蕴含的精神含义及其当代价值还略显欠缺，这也是本节课所要讲授的重点。		
一、教学目标 （一）知识目标 　　了解抗美援朝战争发生的背景、主要过程，掌握抗美援朝精神的主要内涵及其历史意义。 （二）能力目标 　　通过学习，提高学生归纳、概括和全面分析历史问题的素养，通过对抗美援朝精神的深刻理解，感悟抗美援朝精神的时代价值。 （三）情感目标 　　激发学生的爱国主义热情，培养学生对实现中华民族伟大复兴的历史使命感和民族责任感。			
二、教学重点与难点 　　1. 教学重点：通过案例导入及问题的启发，深入理解抗美援朝精神的内涵。 　　2. 教学难点：抗美援朝精神的时代价值，如何传承发扬抗美援朝精神？			

续表

三、教学过程

（一）案例导入

通过导入案例《出兵朝鲜是毛泽东毕生中最难作出的决策之一》，使学生了解抗美援朝的历史背景：1950年6月25日，中国近邻的朝鲜半岛爆发大规模战争。美国立即进行武装干涉，同时命令其海军第七舰队侵入台湾海峡，"阻止对台湾地区的任何进攻"，公然干涉中国内政，阻挠中国的统一大业。美军无视中国政府的一再警告，悍然越过南北分界的北纬38度线（通称三八线），直逼中朝边境的鸭绿江和图们江，直接威胁新中国的国家安全。在战况陡转危急的情势下，朝鲜劳动党和政府两次请求中国出兵支援。同时，对比当时中国与美国经济、军事力量，指出朝鲜战争的爆发及美国对中国的一再挑衅，对于刚成立仅一年的新中国而言，又是一次严峻考验。

通过以上讲述，引发学生讨论并思考：

1. 你认为中国是否应出兵援助朝鲜？
2. 为什么毛泽东最终作出了抗美援朝、保家卫国的重大战略决策？

（二）新课讲授

1. 抗美援朝的基本过程

（1）中国人民志愿军入朝作战和朝鲜战局的稳定

1950年10月19日，中国人民志愿军肩负着祖国人民的重托，在夜幕的掩护下，按照预定计划，从安东（今辽宁丹东）、长甸河口、集安（今属吉林）三个口岸，跨过鸭绿江，秘密进入朝鲜战场。从此，开始了中国人民伟大的抗美援朝战争。

从1950年10月至1951年6月，中国人民志愿军和朝鲜人民军紧密配合，历时七个多月，连续进行五次大的战役，共歼敌23万余人，将以美国为首的"联合国军"从鸭绿江边打回三八线，并将战线稳定在三八线附近的地区。

（2）确定边打边谈的方针

抗美援朝战争第五次战役后，战线已稳定在"三八线"南北地区，美国当局因在战场上遭到失败而被迫调整了朝鲜战争政策，放弃了军事占领全朝鲜的计划，并且作出了愿意通过谈判，沿"三八线"一带实现朝鲜停战的表示。根据形势的变化，1951年6月3日，毛泽东邀请金日成访问北京，商谈可能举行的停战谈判的方针和方案。随后，金日成和高岗赴莫斯科与斯大林会谈。6月中旬，毛泽东提出实行边打边谈的方针，政治斗争和军事斗争双管齐下：一方面准备同美国方面举行谈判，争取以"三八线"为界实现停战撤军；另一方面对谈判成功与否不抱幻想，在军事上必须做长期持久的打算，并以坚决的军事打击粉碎敌人的任何进攻，以配合停战谈判的顺利进行。以美国为首的"联合国军"和中朝方面均同意举行停战谈判。由此，朝鲜战争转入边打边谈阶段。

（3）全国人民的抗美援朝运动

1950年10月26日，中共中央发出关于在全国进行时事宣传的指示。同日，抗美援朝总会在北京成立，负责领导全国人民的抗美援朝运动。11月4日，中国共产党与中国国民党革命委员会、中国民主同盟等民主党派发表联合宣言，指出："历史的事实早已告诉我们，朝鲜的存亡与中国的安危是密切相关联的。唇寒则齿寒，户破则堂危。中国人民支援朝鲜人民的抗美战争不只是道义上的责任，而且和我国全体人民的切身利益密切关联。"

一是"在抗美援朝，保家卫国"的号召下，全国掀起参军、参战、支前的热潮；二是1951年1月至2月，中共中央发出一系列指示，明确爱国运动的中心工作，以便与志愿军在朝鲜战场的胜利作战相呼应；三是1951年4月至7月，中国人民在抗美援朝总会和各级分会的组织下，开展反对美国重新武装日本，争取全面媾和的运动；四是在抗美援朝运动中，进一步发扬关怀慰问人民子弟兵的优良传统；五是订立爱国公约，把人民群众抗美援朝、保家卫国的爱国热情与实践行动结合起来。

续表

(4) 实现朝鲜停战

1953年7月27日,《朝鲜停战协定》在板门店签字。在长达三年零一个月的朝鲜战争中,在幅员狭小的半岛上,双方投入战场的兵力最多时达300多万,兵力密度、敌方空中轰炸密度和许多战役战斗的火力密度在世界战争史上都是空前的。异常激烈的战争,使参战各方都遭受了重大伤亡和损失。自1950年6月25日至1953年7月27日止;朝鲜人民军和中国人民志愿军共毙、伤、俘敌109万余人,其中美军39万余人。志愿军在两年零九个月的抗美援朝战争中,共毙、伤、俘敌71万余人,自身作战减员36.6万余人。美国开支战费400亿美元,消耗作战物资7300余万吨。中国开支战费62.5亿元人民币,消耗作战物资560余万吨。

在抗美援朝战争中,中国人民志愿军代表着祖国人民和世界爱好和平人民的意志和愿望,执行保卫祖国安全,保卫远东和世界和平的伟大光荣任务。志愿军广大指战员充分发挥我军的政治优势和光荣传统,与朝鲜人民军一道,在极为艰难的条件下,扬长避短,以灵活机动的战略战术,同世界上最强大的军队进行艰苦卓绝的作战。他们不畏强暴,不怕牺牲,敢于斗争,敢于胜利,打出了新中国的国威、军威,创造了伟大的抗美援朝精神,展示了中华民族的浩然正气。祖国人民把他们誉为"最可爱的人"。抗美援朝战争期间,志愿军中涌现出近6000个功臣集体和30多万名英雄功臣,其中像杨根思、黄继光、邱少云、罗盛教等许多英雄模范,以他们的勇敢、坚毅、顽强、无畏成为全国人民崇敬、学习的楷模。

2. 抗美援朝精神的主要内涵

(1) 祖国和人民利益高于一切,为了祖国和民族的尊严而奋不顾身的爱国主义精神

播放:电影《上甘岭》中的插曲《我的祖国》。一首能够流传的歌往往展示着一个时代的风貌,留存着一段动人的历史。时至今日,每当《我的祖国》熟悉的旋律响起,都会心潮澎湃,感动不已。通过聆听歌曲,引导学生思考《我的祖国》表达了怎样的情感?

习近平总书记在纪念中国人民志愿军抗美援朝出国作战70周年大会上发表重要讲话,对抗美援朝精神进行了深刻概括和诠释,包含爱国主义精神、革命英雄主义精神、革命乐观主义精神、革命忠诚精神和国际主义精神。其中,爱国主义精神是首要的、根本的。

弘扬爱国主义精神,要深刻认识爱国主义精神的本质内涵。爱国主义是中华民族精神的核心,也是中华儿女最自然、最朴素的情感。在朝鲜战场上,志愿军将士冒着枪林弹雨勇敢冲锋,顶着狂轰滥炸坚守阵地,用胸膛堵枪眼,以身躯做人梯,抱起炸药包、手握爆破筒冲入敌群,忍饥受冻绝不退缩,烈火烧身岿然不动,敢于"空中拼刺刀"。英雄们说:我们的身后就是祖国,为了祖国人民的和平,我们不能后退一步!这种血性正是爱国主义精神释放出的强大力量!

(2) 英勇顽强、舍生忘死的革命英雄主义精神

案例导入:抗美援朝一役,中国志愿军的冲锋号响彻朝鲜大地,中国军人的勇猛热血更是代表新中国给美帝国在内的霸权主义送去了一份令人闻风丧胆的"见面礼",这是捍卫中国领土安全和人民安居乐业的一役,更是提高中国国际影响力、稳固国际地位的关键一役。这是一场打得漂亮的战争,但胜利的背后是无数英雄用血肉之躯建立起的坚不可摧的意志长城,战况之惨烈甚至超乎习惯于和平年代的你我的想象,用胸膛堵机枪的黄继光、引爆炸药与敌人同归于尽的杨根思、烈火焚身岿然不动的邱少云、冒着敌军轰炸登高抢修抢粮的杨连弟……他们英勇就义、壮烈牺牲,换来了新中国的蓬勃发展,换来了如安稳富足的生活。

通过案例,启发学生感悟,中国人民志愿军在异国他乡的土地上浴血奋战,凭借毫无保留的一己之力,用自己的血肉之躯践行着肩负的重要使命和责任,昂扬起天地为之动容的革命英雄风貌。

续表

（3）不畏艰难困苦、始终保持高昂士气的革命乐观主义精神

问题导入：什么是革命乐观主义精神？革命乐观主义精神的背后体现了中国人民志愿军怎样的信念？

革命乐观主义是指革命者对生活，事业和社会发展的前途充满坚定信念和进取精神的精神面貌。在历史上，一些进步思想家和从事进步事业的革命者已表现出革命乐观主义的精神，马克思主义诞生后，产生了无产阶级的革命乐观主义。它继承和发展了历史上的乐观主义，成为无产阶级世界观的表现之一。由于革命乐观主义建立在对社会发展规律的科学认识和对人民群众力量以及新生事物必胜的基础上，对实现共产主义抱必胜信念，因而在任何情况下都能保持乐观、开朗的心情，始终具有坚定的革命意志和朝气蓬勃的精神状态。

"不畏艰难困苦、始终保持高昂士气的革命乐观主义精神"，是抗美援朝精神的特质和最具标识性的精神内核。志愿军官兵始终以苦为乐、以苦为荣。

（4）为完成祖国和人民赋予的使命、慷慨奉献自己一切的革命忠诚精神

插入案例："打不烂炸不断的钢铁运输线。"

1951年8月18日，美军开始以摧毁朝鲜北方铁路系统为主要目标的空中攻势，实施绞杀战。美军除了"原子弹"没有用，其他各种炸弹都用上了。志愿军铁道兵团随炸随修，而且还创造地发明了"顶牛过江""钢轨架浮桥法"进行运输。美军无可奈何地承认对铁路实行绞杀作战的效果是令人失望的，凡是炸断了的铁路，很少是在24小时内未能修复的。在公路战线上，公路、桥梁、渡口随炸随修。志愿军和当地群众数10万人冒着敌机的轰炸扫射日夜抢修，沿途修了许多"水下桥"和汽车掩蔽所，有效地保障了公路交通。到1952年5月，志愿军对运输线的修复能力已经抵消了"联合国军"空军的破坏能力。至1952年6月，历时10个月的美国空军绞杀战以失败结束。志愿军以铁路运输和公路运输相结合，以抢修抢运和防空斗争相结合，构筑了前后贯通、纵横交错的铁血动脉，形成了"打不烂炸不断的钢铁运输线"。

引导学生思考：什么是革命忠诚精神？

在抗美援朝的战场上，不管是较量武器的军事战场，还是纵横捭阖的政治战场，革命忠诚都是保证战斗持久力、深化胜利信念的关键。志愿军面对各种风险挑战，总能逢山开路、遇水架桥，面对各种困难永不气馁，意志坚定，顽强战斗到底。这种意志如钢的忠诚品质贯穿了抗美援朝战争的始终，成为支撑战争胜利的重要精神力量。

（5）为了人类和平与正义事业而奋斗的国际主义精神

中华民族历来秉持"亲仁善邻"的理念。世界各国虽然语言和文化不同，可是命运与共，真情相通，应该坚守和平、发展、公平、正义、民主、自由的全人类共同价值，和睦相处、守望相助，共建人类美好家园。

国际主义精神是抗美援朝精神的有机组成部分。党中央作出抗美援朝、保家卫国的战略决策，既从中国的安全和人民的利益出发，也从朝鲜人民的民族解放事业需要考虑，更着眼于维护和促进世界和平。抗美援朝战争是保卫和平、反抗侵略的正义之战，是高扬国际主义精神的正义之战。这场正义之战既激发了志愿军将士愈战愈勇的旺盛斗志，也得到全世界爱好和平的国家和人民的同情、支持和援助，最终赢得了战争胜利，维护了亚洲以及世界的和平。

3. 抗美援朝精神的时代价值

（1）弘扬伟大的抗美援朝精神，有助于汇聚实现中华民族伟大复兴的爱国力量。

（2）弘扬伟大的抗美援朝精神，有助于锻造保家卫国的钢铁长城。

（3）弘扬伟大的抗美援朝精神，有助于激励着世界各国人民加强国际合作。

续表

（三）课堂小结 　　在波澜壮阔的抗美援朝战争中，英雄的中国人民志愿军始终发扬祖国和人民利益高于一切、为了祖国和民族的尊严而奋不顾身的爱国主义精神，英勇顽强、舍生忘死的革命英雄主义精神，不畏艰难困苦、始终保持高昂士气的革命乐观主义精神，为完成祖国和人民赋予的使命、慷慨奉献自己一切的革命忠诚精神，为了人类和平与正义事业而奋斗的国际主义精神，锻造了伟大抗美援朝精神。新时代，我们要深刻理解认识伟大抗美援朝精神的丰富时代内涵，传承发扬伟大抗美援朝精神，把新时代中国特色社会主义伟大事业不断推向前进。
四、教学资源
（一）参考文献 　　1. 习近平. 在纪念中国人民志愿军抗美援朝出国作战70周年上的讲话［M］. 北京：人民出版社，2020. 　　2. 崔文龙. 抗美援朝精神的科学内涵和时代价值［J］. 人民教育，2021（12）：6-9. 　　3. 吕健，王梦喆. 抗美援朝精神的科学内涵与三重价值研究［J］. 中共郑州市委党校学报，2021（02）. 　　4. 王喜. 抗美援朝精神的历史内涵与时代价值［J］. 党史博采（下），2021（02）. （二）网络资源 　　1. 伟大抗美援朝精神，弥足珍贵的精神财富［EB/OL］. 共产党员网，2021-08-10. https：//www.12371.cn/2021/08/10/ARTI1628551973992496.shtml. 　　2. 抗美援朝精神：不老的英雄赞歌恒长的家国情怀［EB/OL］. 共产党员网，2021-10-20. https：//www.12371.cn/2020/10/20/ARTI1603176529670465.shtml. 　　3. 伟大抗美援朝精神跨越时空、历久弥新——论中国共产党人的精神谱系之七［EB/OL］. 共产党员网，2021-08-10. https：//www.12371.cn/2021/08/10/ARTI1628550852534359.shtml
五、教学方法
讲述教学法、演示教学法、讨论教学法、问题教学法、案例教学法

第二节　人人做铁人：大庆精神

　　大庆精神是中华民族伟大精神的重要内容之一，它锻造于中国石油工业的发展进程中，以"爱国、创业、求实、奉献"为主要内涵，与井冈山精神、长征精神等一起构成了中华民族的精神脊梁。

　　石油被誉为"黑色的金子"，工业发展的方方面面都离不开石油。缺少石油，一个国家的经济将不能健康的发展，毛主席说："要进行建设，石油是不可缺少的，天上飞的，地下跑的，没有石油都转不动啊！"① 朱德总司令也说道："石油重要啊！没有油，坦克、大炮还不如个打狗棍，打狗棍拿着还可以打狗，坦克、大炮没有油就开不动啊！"② 由此可见，石油的重要性不言而喻。

然而，当时的国际上盛行"中国贫油论"。早在 20 世纪初，美国等一些国家的地质学家在中国经过调查后，一致认为中国是一个贫油国。如美国地质学家艾·斯达金曾公开声称："中国的石油储量极其贫乏。"③ 石油的贫乏意味着我们的工业严重贫血，我国就不能积极地进行工业生产。飞机不能飞，汽车不能跑，机器不能运转，在工业时代，这将直接威胁到我国的国家安全。

而且，大庆石油会战时期，我们的国家还面临着严峻的国际形势。在国际上，以美国为首的资本主义阵营以及以苏联为首的社会主义阵营形成，两大阵营相互对立，国际局势非常紧张。以美国为首的西方国家采取了敌视中国的政策，对新生政权的巩固带来了非常不利的影响。新中国在成立之初，实行一边倒的外交政策，与苏联保持了友好往来，苏联也对中国提供了很多帮助。然而到了 20 世纪 50 年代后期，苏联在社会主义阵营推行大国沙文主义政策，导致中苏关系降至冰点。苏联撤走了所有专家，导致中国处于孤立无援的地步。对国内来说，三年的自然灾害无疑使中国雪上加霜，国家一度极端困难，而蒋介石集团又叫嚣反攻大陆，中国在国内国际上都面临着巨大的安全压力。

正是这样的条件激起了人们的爱国热情，他们在艰苦的环境中备受磨炼，走出了一条发展石油工业的道路，大庆精神就孕育其中。

一、大庆精神的主要内涵

大庆精神是在 20 世纪 60 年代波澜壮阔的石油大会战中逐步形成的，并在随后的油田生产建设实践中不断地得以丰富与发展。其内容主要有：为国争光、为民族争气的爱国主义精神，独立自主、自力更生的艰苦创业精神，讲求科学、"三老四严"的求实精神，胸怀全局、为国分忧的奉献精神。

（一）为国争光、为民族争气的爱国主义精神

爱国主义精神，是大庆精神中的首要核心精神。中华民族作为一个整体，在几千年的发展演变中，形成了拥有强烈的民族自尊心和自信心的民族。他们在很多艰难的时刻都坚信没有什么事情是做不成的。建国初期，中国被扣上了

---

① 余秋里.余秋里回忆录［M］.北京：解放军出版社，1996：508.
② 余秋里.余秋里回忆录［M］.北京：解放军出版社，1996：508.
③ 王大锐.中国人创立并发展的理论——陆相生油［J］.百科知识，1997（10）.

"贫油国"的帽子，而且还面临着经济发展以及国际形势严峻的局面，大庆人不负重托，迸发出了为国争光、为民族荣誉而战的爱国情怀。

钻井工人王进喜在他的《入党志愿书》中这样写道："我没有学过马列书籍，但在报纸上看过党章、党纲……我为了给人民给祖国贡献出更大的力量，所以要求加入光荣的中国共产党。"①正是在为祖国贡献更大力量的爱国主义情怀的支撑下，王进喜以及同样具有爱国主义精神的同伴，超额完成了生产计划。1959年，王进喜被评为全国道德模范，当他看到公共汽车还在烧自己背的煤气时，更加深入地了解到石油的重要性，也更加自责自己作为一名石油工人，让国家还没有充裕的石油使用。他回去后，多次跟战友提道："一个人没有血液，心脏就停止跳动。工业没有石油，天上飞的、地上跑的、海上行的，都要瘫痪。没有石油，国家有压力，我们要自觉地替国家承担这个压力，这是我们工人阶级的责任。""地种不上找农民，火车开不动找铁路，国家缺油问谁去？问我们！是我们石油人的责任。"②带着周恩来总理的殷殷嘱托，王进喜这样说道："总理对我们的期望那么大，我们没有压力，就产不出更多的油，没有油，国家就有压力，我们这些党员干部，要主动给国家分压啊！我们有了压力，才会有了干劲，有压力就有方法！这压力是我们自愿加上去。这压力就是我们作为一个石油工人对党负责的表现，对国家、对人民有责任心的表现！"③"先天下之忧而忧，后天下之乐而乐"，这种高度的责任感和历史使命感深深地融入了大庆人的血液中，他们一心一意想要为国分忧，也正是这种爱国主义精神使他们可以度过一个又一个的难关，为国家交上了满意的答卷。

（二）独立自主、自力更生的艰苦创业精神

大庆石油工人在石油会战中形成了独立自主、自力更生的艰苦创业的精神。他们在艰苦的环境中不畏艰难，迎难而上。具体来说，独立自主、自力更生的艰苦创业的精神又包括"人拉肩扛"精神、"干打垒"精神、"缝补厂"精神、"回收队"精神、修旧利废精神、"五把铁锹闹革命"精神。

在大庆石油会战初期，工作条件极其恶劣，最基本的生产所需工具都无法保证。当钻机到了之后，由于没有吊车、拖拉机等，如何搬运、安装钻机成了一个大难题。王进喜对石油工人说道："我们大会战也像打仗一样，只能上，不

---

① 宋连生. 共和国重大历史事件回顾：工业学大庆始末 [M]. 北京：九州出版社，2011：69.
② 王春娥，王世波. 爱国、创业、求实、奉献大庆精神与铁人精神 [M]. 哈尔滨：黑龙江人民出版社，2009：82.
③ 池斌. 代代读时代楷模：第1辑 [M]. 北京：北京工业大学出版社，2012：101.

能退；只能干，不能等！没有吊车，我们37个人就是37部吊车，汽车不够，我们有手有脚有肩膀，蚂蚁搬山也要搬。我们就是要靠自己的力量卸车搬运安装，早开钻。"① 就这样，王进喜带领钻井工人们人拉肩扛，把几十吨重的钻井设备从火车上卸下来，又一趟趟的运到了井场。但是，如何安装钻机又成了一大难题。经过商量，王进喜带领工人们又用大绳子、轮滑、柴油机、人力将40米高的井架架设了起来。

会战时期，工人们居住的房子极其简陋，如果进入寒冬，房子的问题没有得到妥善解决，不仅会冻坏工人，设备也会被冻坏。如果搬迁，等到来年再战的话，这种大会战变成拉锯战，会给国家带来很多困难。基于此，人们想出了一个办法，那就是盖"干打垒"的房子。这种房子可以就地取材且操作简单，实用性非常强。为了保证工作进度，工人们下了班就去搞"干打垒"，一些专家、工程师等人也加入了"干打垒"的队伍，不怕苦，不怕累。经过了120天，全油田完成了30万平方米的"干打垒"房子，使工人们以及机器设备能够安全过冬，这种艰苦奋斗的精神鼓舞了很多人。

由于国家财力比较紧张，职工们的劳保用品一时供应不上，他们便发挥了勤俭节约的美德，组成了缝补组，不仅缝补衣服，还把废旧的工作服、手套回收利用，缝制成手套。截至1977年底，缝补组共拆旧翻新工服等40万件，节约棉布92万余米。

同"缝补厂"精神一样，大庆职工还大搞废物回收利用。他们组成回收队，专门回收废旧物资。他们曾用回收的木料、砖瓦盖起了两栋住房和一座能装6部汽车的车库。此外，他们还修旧利废，力求做到大材小用，一物多用。这些废物回收、修旧利废充分体现了大庆石油工人勤俭节约、自力更生的创业精神。

大庆石油职工家属还组织起来，大搞农副业生产，发扬艰苦创业的精神，这种精神也被誉为"五把铁锹闹革命"精神。大庆石油会战初期，生产、生活条件极其艰苦，职工本身就面临着物资的匮乏状况，其家属的到来更是带来了新的困难。在这种情况下，刘少奇同志指示："家属要很好地组织，多少户可以组织一个合作社或者生产队，又盖房子又开地，又种粮种菜。否则，这么多人吃饭，粮食蔬菜全部从外地调入，问题很大。"② 职工家属们发扬自己动手、丰衣足食的精神，玉门油田的家属薛桂芳带着5名家属，扛着铁锹开始开荒种地。在她的带领下，越来越多的职工家属参与进来，油田开始出现了吃自产粮的家

---

① 李国俊，宋玉玲．大庆精神［M］．北京：中共党史出版社，2018：65.
② 李国俊，宋玉玲．大庆精神［M］．北京：中共党史出版社，2018.73.

庭。她们积极劳动，艰苦创业，为国家也减轻了许多负担。

以铁人王进喜为代表的石油工人在困难的时候发出了"没有条件，创造条件也要上""有也上，无也上，天大困难也要上"① 的豪迈誓言，也正是有了这么一大批人独立自主、艰苦创业，我国在石油工业方面在创造了一个又一个的奇迹。

（三）讲求科学、"三老四严"的求实精神

讲求科学、"三老四严"的求实精神是大庆石油工人在不断地理论与实践中逐渐孕育起来的。所谓"三老"是指当老实人，说老实话，办老实事。所谓"四严"是指严格的要求、严密的组织、严肃的态度以及严明的纪律。

石油的开采不仅需要鼓足干劲儿，更需要讲求科学，不仅需要一颗赤诚的心，更需要高超的科学技术与严谨的科学态度，只有这样，石油才能够得到顺利开采。"三老"精神源于一件小事。一名新来徒工的刮蜡片被挤扁了，他没有如实上报而去材料库里又领了一个新的。队长辛玉和认为这不是一个单纯的刮蜡片的问题，而是一个石油工人的老实态度。对此，井队党支部决定整顿职工们的思想作风。党支部书记李忠说："采油工人的工作特点是单兵作战，没有老老实实的态度、严格的要求，是管不好油井的。"② 在队党支部的带领下，全队开展了"当老实人，办老实事，说老实话，严格要求，严明纪律"的活动，全队严格要求自己，老老实实做人，扎扎实实工作。

大庆油田已经走过了很多年的风风雨雨，它有今天的成就靠的还有一点，那就是工人充分发扬了"严格的要求、严密的组织、严肃的态度以及严明的纪律"这种"四严"精神。大庆石油人对自己有严格的要求。有一次，有10根10米长的钢筋混凝土大梁比规定的标准宽了5毫米，其实这个宽度并不影响使用，但是指挥部书记、所属单位的队长、教导员以及工人等600余人为此召开了大会。会上，指挥部负责人认为，今天放过5毫米的差距，明天就可能出现6毫米。也有人说道："咱们要彻底铲掉抹掉的，不只是5毫米混凝土，而是马马虎虎、凑凑合合的坏作风。"③ 大庆石油工委还推行了基层岗位责任制、基层干部岗位责任制、领导干部岗位责任制，把责任落实到每一个人身上，每一个人都认真履行职责，体现了管理的严密性。石油工人还遵守严明的纪律。石油工人周占鳌和他所在的油建十一中队一直遵守"好字当头，自觉从严"的纪律，

---

① 李国俊，宋玉玲. 大庆精神［M］. 北京：中共党史出版社，2018：81，83.
② 李国俊，宋玉玲. 大庆精神［M］. 北京：中共党史出版社，2018：90.
③ 李国俊，宋玉玲. 大庆精神［M］. 北京：中共党史出版社，2018：92.

他们完成的工程质量合格率一直是100%，优良率也达到了80%以上。这种"四严"精神保证了项目保质保量的顺利完成，在油田队伍中一代一代的流传了下来。

（四）胸怀全局、为国分忧的奉献精神

自大庆油田开发以来，大庆石油人始终胸怀大局，坚持为国分忧，把国家的利益放在首位，为国家的建设奉献出了自己力量。在大庆石油会战初期，国际形势严峻，国内经济困难，石油急缺，但是国家在石油开发过程中遇到了很多生产和生活方面的困难和矛盾。在这种情况下，会战领导机关提出了"三先三后"，即在全局与局部的关系上，要先全局后局部；在国家与个人的关系上，要先国家或个人；在生产与生活的关系上，要先生产后生活①。这个原则体现了石油工人为国分忧，甘于将自己奉献给石油事业的精神。在石油会战中，铁人王进喜是一个不得不提的人物，他曾不止一次地说过："我从小放牛，知道牛的脾气，牛吃草，马吃料，牛的享受最少，出力最大，所以，还是当一头'老黄牛'最好。我甘愿在石油战线上，为党、为人民艰苦奋斗一辈子，当一辈子'老黄牛'。""我是个普通工人，没啥本事，就是为国家打了几口井。一切成绩和荣誉都是党和人民的，我自己的小本本只能记差距。"② 大庆石油工人只有一个王进喜，也有成百上千个王进喜，正是他们这种胸怀全局、为国分忧的奉献精神才促进了大庆石油的建设，促进了国家的发展。

二、大庆精神的历史意义与时代价值

大庆精神是中华民族伟大精神的重要组成部分，它在社会主义革命和建设时期、改革开放和社会主义现代化建设新时期、中国特色社会主义新时代都发挥了重要的作用，也随着新时代的发展而不断地得以深化、发展。

（一）大庆精神的历史意义

2009年，是大庆油田发现的第50个年头，习近平总书记在《在大庆油田发现50周年庆祝大会上的讲话》中指出：

> 大庆油田的开发建设，铸就了以"爱国、创业、求实、奉献"为主要内涵的大庆精神和铁人精神，造就了一支敢打硬仗、勇创一流的优秀职工队伍，涌现了铁人王进喜、新时期铁人王启民等不少在全国很有影响的先进典型，形成了团结凝聚百万石油工人的强大精神动力，集中体现了我国

---

① 李国俊，宋玉玲. 大庆精神 [M]. 北京：中共党史出版社，2018：116.
② 李国俊，宋玉玲. 大庆精神 [M]. 北京：中共党史出版社，2018：127，128.

工人阶级的崇高品质和精神面貌。大庆精神、铁人精神已经成为中华民族伟大精神的重要组成部分，永远是激励中国人民不畏艰难、勇往直前的高贵精神财富。①

2019年，习近平总书记在致大庆油田发现60周年的贺信中说道："60年来，几代大庆人艰苦创业、接力奋斗，在亘古荒原上建成我国最大的石油生产基地。大庆油田的卓越贡献已经镌刻在伟大祖国的历史丰碑上，大庆精神、铁人精神已经成为中华民族伟大精神的重要组成部分。"② 大庆精神是大庆石油人在艰苦奋斗中形成的，支撑着他们度过了艰难的岁月，促进了大庆石油的发展。铁人王进喜等人正是凭借着大庆精神开展了石油会战。从1976年开始，大庆油田连续27年高产稳产，创造了世界石油发展史上的奇迹，促进了我国经济社会的发展。

大庆精神为我国民族工业的发展提供了精神动力。大庆精神不仅仅促进了石油工业的发展，还推动了民族工业的发展。大庆精神是大庆经验的重要组成部分，1964年，毛主席接见王进喜等人时说道："余秋里和石油工人们一起搞出一个大庆来，很不错嘛！""铁人是工业带头人，要工业学大庆。"③ 中共中央1981年第47号文件《中共中央转发国家经委党组〈关于工业学大庆问题的报告〉》对"工业学大庆"的历史经验做了全面的阐述，其中提道："大庆之所以能够创造出那样的英雄业绩，为国家做出那样大的贡献，最重要的就在于继承和发扬了我国工人阶级的革命传统和优良的品质，就在于有强烈的爱国主义精神和民族自豪感。"④

（二）大庆精神的时代价值

在实现中华民族伟大复兴的中国梦的进程中，大庆精神也具有重要的时代价值。

大庆精神的理想信念价值导向助力中国梦的实现。大庆精神孕育与形成于新中国面临各种挑战的时期，大庆石油人在中国"贫油论"的压力之下，顺利开发了大庆油田，创造了许多奇迹。当今，中国依然面临着各种挑战，大庆精

---

① 中共大庆市委宣传部. 弘扬"三个超越"精神 推动大庆科学和谐跨越发展学习资料汇编［M］. 大庆：中共大庆市委宣传部，2011.
② 习近平. 习近平致大庆油田发现60周年的贺信［EB/OL］. 光明网，2019-11-15. https：//topics. gmw. cn/2019-11/15/content_ 33322003. htm.
③ 李国俊，宋玉玲. 大庆精神［M］. 北京：中共党史出版社，2018：150.
④ 李国俊，史洪飞. 大庆精神历史文献研究［M］. 哈尔滨：黑龙江教育出版社，2012：70.

神这种充满爱国主义色彩的理想信念为当代中国建设社会主义提供了重要的价值导向。

大庆精神中艰苦创业以及求实的精神也蕴含着创新、科学的意识。在大庆油田的开发建设中，大庆石油人不断地进行探索，不断地解放新思想。新时期的铁人王启民首创了因势利导、逐步强化、转移接替的注采方法，创建了大庆油田低含水阶段保持油田稳产的路子。这种创新且讲究科学的意识为我们不断地开拓创新，走出一条中国式现代化道路提供了精神动力。

三、大庆精神教学案例分析

（一）"铁人"称号的由来

1. 案例呈现

在大庆石油会战时期，有一个非常响亮的名字，那就是铁人王进喜，大庆精神的实践者。他出生于甘肃玉门县的一个贫苦家庭，1950年成为了新中国第一代钻井工人，曾作为玉门油田的代表参加北京群英会。面对中国贫油论的观点，他曾急切地说："中国这样大，我就不信找不到几个大的油田，难道石油只会埋在洋鬼子的地下面？我是石油工人，不甩掉石油落后的帽子我心不甘！我怎么能眼看着国家受难，无动于衷，在这里什么也不干呢？"① 带着这样的信念，他被选派到了大庆。在大庆油田的开发建设中创造了多个奇迹。

为了顺利拿下大油田，王进喜成为一名副其实的"铁人"。1960年，王进喜带领着他的钻井队来到了松辽大平原，住在了一个老乡赵大娘家里。可是自从住进去的第三天，赵大娘就再也没有见过王进喜，一打听才知道这是王进喜的一贯作风。她和孙子去井场看望王进喜，可是见到的却是一个眼窝深陷、嘴唇干裂、手被绳子勒出了血还在干活的人。工人张志贤说："大娘，你不知道，现在国家缺油，我们王队长心里着急，想早点打井，早点挖出油来啊。"当赵大娘知道王进喜为了抢运钻机，早日采油，三天三夜没有睡觉时，感慨道："你们王队长真是个铁人呀。"② "铁人"二字使当时指挥部的宋振明拍案叫绝，这不正是王进喜的真实写照吗。自此之后，"铁人"称号成为王进喜的代名词，也成了一代又一代人的精神榜样。

2. 案例点评

大庆精神孕育与形成于石油会战中，在石油大会战中，有一个最具代表性

---

① 池斌．代代读时代楷模：第1辑[M]．北京：北京工业大学出版社，2012：51.
② 池斌．代代读时代楷模：第1辑[M]．北京：北京工业大学出版社，2012：77.

的人物，那就是王进喜。王进喜在工作中所展现的精神就是"爱国、创业、求实、奉献"的铁人精神。可以说，铁人精神是大庆精神的集中体现，正是有了无数个像王进喜一样的铁人，才有了我国石油工业的蓬勃发展。

（二）五面红旗

1. 案例呈现

彰显大庆精神的不止王进喜一个人，还有在大庆会战中创下更高标杆的马德仁、一杆红旗段兴枝、油井主人薛国邦、钢骨红心朱洪昌，他们同王进喜一起被称为"五面红旗"。

1960年，马德仁带领团队到达了松辽大地，为了早日开采出石油，他常常几天几夜不离井场，在生活条件贫困的情况下，自己饿着也要工作。在他的带领下，全队创造了月钻井"五开四完""六开五完"的新纪录，用八个月的时间打井22口，实现了钻井进尺上双完米，刷新了世界钻井进尺纪录。1963年，他又带领团队打出了"三一"优质试验井，创造了全国最高纪录。马德仁不断地在超越自己，以更高的目标要求自己。

段兴枝是陕西人，1960年来到了大庆。他善于发扬艰苦创业、讲究科学的精神，被人们称为"智勇双全的钻井队长"。他带领大家把大钻机小鼠洞接单根的工艺移植到BY-40钻机上，提高了工作效率。他还首创了冲鼠洞的新工艺，这项技术在全国得到推广。打井需要经常搬家，为了提高搬家速度，他创出了用自己的柴油机的动力索引自己的钻机前进的"钻机自走"的新方法，缓解了油田拉运设备少的矛盾，在钻井队也得到了普遍推广。段兴枝的团队多次取得了优异的成绩，他也多次被评为石油部的五好标兵、模范标兵。

薛国邦曾任大庆油田采油队队长、油田党委副书记、中共大庆市委副书记、工会主席等职务。初到大庆，生活、生产条件极其恶劣，他鼓励大家："要想扎根井场、扎根油田，就得用我们的双手创造条件，战胜困难，没有房子我们自己盖。"[①] 在他的鼓舞下，工人们在夜里的寒风中盖起了房子。为了向祖国献礼，油田会战指挥部决定在6月1日之前把大庆生产的原油运出去。可是，输油管线还没来得及铺设好，他们就只能把几口井生产的原油集中到一口井的土油池子里储存好，再用管线连接起来，输送出去。然而，五月的东北依然很冷，储油池的加温盘管温度不够，原油化不开，无法打入输油管线。薛国邦决定用锅炉蒸汽加温，可是问题又来了，储油池有100多平方米，蒸汽只能将储油池边上的原油化开，却不能在很短的时间内化开中间部分。薛国邦二话不说，直

---

① 李国俊，宋玉玲. 大庆精神［M］. 北京：中共党史出版社，2018：32.

接跳进了储油池，拿着高温蒸汽管去化原油，他的手被烫坏了也不管不顾。在他的带领下，其他的工人也纷纷跳进储油池，保证了原油的及时输出。

朱洪昌，山东莱州人，1959年来到大庆，参加石油会战。朱洪昌带领的大队负责输水管线。有一次，朱洪昌工段在20公里输水管线上冒着大雨进行试压。泵机刚一开动，出口处的一个阀门就被冲坏了，水流极速冲出。如果不立即抢修，就可能会发生更大的事故。朱洪昌想也没想地跳进了冰冷的水沟，奋战了3个多小时，终于把阀门修好了。当大家从水沟上来的时候，都冻的直打哆嗦。朱洪昌让大家先回去，自己又回到了施工现场。朱洪昌被人们称为钢铁施工队长，多次获得了"钢铁突击队"等荣誉称号。

2. 案例点评

五面红旗是大庆精神人格化的具体表现。石油会战期间，条件极其艰苦，他们未曾言苦，像马德仁常常几天几夜不离井场，困了就席地而卧，才刷新了世界纪录；像段兴枝发扬了艰苦创业、讲究科学的精神，提高了钻井队的技术水平；像薛国邦不顾寒冷，只身跳入储油池，保证了原油的按时输出；像朱洪昌冒雨试压，保障了输水管线的畅通。他们是大庆精神的积极践行者，大庆精神也因为他们而更加彰显。

四、大庆精神融入教材专题教学设计

专题名称	人人做铁人：大庆精神	学时	1
融入章节	第八章　中华人民共和国的成立与中国社会主义建设道路的探索 第五节　社会主义道路的艰辛探索和曲折发展		
学情分析	1. 学生在上一专题中已经学习了全面建设社会主义的伟大成就，掌握了中国在经济、文化、教育、医疗、科技等方面的成就，这些知识的掌握为本节课的学习提供了一定的知识基础。 2. 伟大精神铸就了伟大成就。根据学生掌握的知识来看，他们能够清晰地掌握这些客观的知识点，但是学生对于新中国取得伟大成就背后的原因以及形成的伟大精神缺乏深入的了解。因此，本节课选取相关的案例，帮助学生更加深入理解与思考相关知识。 3. 前期的课程内容多为概要性，注重史实的梳理，讲授方法较为单一。本节课采用案例分析、图片展示、小组讨论等互动环节，能够不断激发学生学习的积极性，达到教学预期效果。		
一、教学目标			
（一）知识目标 1. 了解大庆精神的形成背景。			

续表

2. 掌握大庆精神的内涵。
3. 理解大庆精神的时代价值。
（二）能力目标
提高学生归纳与全面分析历史问题的素养，提高学生运用科学的历史观方法论分析问题和解决问题的能力。
（三）情感目标
充分认识大庆精神爱国、创业、求实、奉献的丰富内涵，激发学生的爱国情怀，在新的历史条件下承担起建设祖国的重任。

二、教学重点与难点

教学重点：大庆精神的内涵。
教学难点：大庆精神的时代价值。

三、教学过程

（一）任务导入
案例导入：
通过中外专家对中国是否为贫油国的看法，激发学生的问题意识。
案例内容：
早在20世纪初，美国等一些国家的地质学家在中国经过调查，认为中国是一个贫油国。如美国地质学家艾·斯达金曾公开声称："中国的石油储量极其贫乏。"日本内野敏夫在《东北矿产》一书中断定："在东北找油没有希望。"而中国的地质学家李四光、潘钟祥对此提出了质疑。潘钟祥指出："石油不仅来自海相，也能来自淡水沉积物。"
提出问题：
1. 大庆油田是怎样被发现的？
2. 石油工人为了使中国摘掉贫油国的帽子都做了哪些努力？
外国专家一致认为中国是一个"贫油国"，而中国的地质专家通过多次考察，肯定了中国有是有的存在。松辽盆地是一个非常大的沉积盆地，有大量的沉积物堆积。1959年，松基三井正式开钻，经过了三个月的努力，松基三井喷油，标志着大庆油田的发现。
大庆油田的发现，令人振奋，它打破了中国贫油的论断，但是要想拿下它，任务非常艰巨。1960年开始，石油部开展了石油大会战。各地的退伍军人、奔赴石油工人奔赴东北。王进喜等石油工人在没有生活用品、没有器材装备、没有支援队伍的条件下，舍身报国，开发建设大庆油田，成为新中国石油工业的奠基者。
（二）新课讲授
大庆精神的基本内涵（教学重点）
第一，为国争光、为民族争气的爱国主义精神。
爱国主义精神，是大庆精神中的首要核心精神。中华民族作为一个整体，在几千年的发展演变中，形成了拥有强烈的民族自尊心和自信心的民族。他们在很多艰难的时刻都坚信没有什么事情是做不成的。
材料分析：通过王进喜等人的言谈去理解爱国主义精神。
材料一：钻井工人王进喜在他的《入党志愿书》中这样写道："我没有学过马列书籍，但在报纸上看过党章、党纲……我为了给人民给祖国贡献出更大的力量，所以要求加入光荣的中国共产党。"

续表

材料二：1960年，大庆石油会战誓师大会在萨尔图草原上召开，王进喜登台，代表五万多名职工表明态度："宁可少活二十年，拼命也要拿下大油田。"

材料三：以王进喜为榜样的科技人员王启民为了使油田稳产高产，夜以继日地工作，被誉为新时代的"铁人"。他的誓言就是："宁可把心血熬干，也要让油田稳产再高产。"

第二，独立自主、自力更生的艰苦创业精神。

大庆石油工人在石油会战中形成了独立自主、自力更生的艰苦创业的精神。他们在艰苦的环境中不畏艰难，历经种种考验，迎难而上，培育出了艰苦创业的精神。

史料分析：通过人拉肩扛这一历史事实进行分析

在大庆石油会战初期，工作条件极其恶劣，最基本的生产所需工具都无法保证。当钻机到了之后，由于没有吊车、拖拉机等，如何搬运、安装钻机成了一个大难题。王进喜对石油工人说道："我们大会战也像打仗一样，只能上，不能退；只能干，不能等！没有吊车，我们37个人就是37部吊车，汽车不够，我们有手有脚有肩膀，蚂蚁搬山也要搬。我们就是要靠自己的力量卸车搬运安装，早开钻。"就这样，王进喜带领钻井工人拉肩扛，把几十吨重的钻井设备从火车上卸下来，又一趟趟的运到了井场。

第三，讲求科学、"三老四严"的求实精神。

大庆石油工人一科学的理论为指导，将其运用于实践，与愚昧的、迷信的、伪科学的旧习俗、坏风气做斗争，讲求科学。在不断的实践中，他们培育出了当老实人、说老实话、做老实事以及严格的要求、严密的组织、严肃的态度、严明的纪律这种"三老四严"的精神。他们敢于正视自己的缺点、大胆革新，练就了一身真本事，也为大庆油田的发展注入了精神动力。

史料分析："四个一样"工作作风

井长李天照在工作中总结出来"四个一样"工作作风：黑天和白天一个样，坏天气和好天气一个样，领导不在场和领导在场一个样，没有人检查和有人检查一个样。

思考：这样的工作作风体现了什么样的精神？

"四个一样"的工作作风充分体现了一个"严"字。大庆石油工人不断在实践中总结经验，认识到在工作中必须要讲求科学，要严格把握各项工作。从而形成了讲求科学、"三老四严"的求实精神。

第四，胸怀全局、为国分忧的奉献精神。

大庆石油会战是在条件极其恶劣的条件下开始的，来到大庆的人都胸怀大局，舍小家为大家。他们为了国家的建设不畏艰难，勇挑重担，以一颗赤诚之心书写祖国的壮丽画卷。这是大庆石油工人人生观、价值观的重要体现。

案例：播放电影《铁人王进喜》王进喜发表演讲片段。

王进喜发表演讲："我们石油工人下定决心，有条件要上，没有条件，创造条件也要上……人民的需要，就是我们的需要……为了国家永远不贫血，我们自己的血已经备下了。"

2. 大庆精神的历史地位与时代价值（教学难点）

大庆精神为我国民族工业的发展提供了精神动力。

在实现中华民族伟大复兴的中国梦的进程中，大庆精神的理想信念价值导向助力中国梦的实现。大庆精神中艰苦创业以及求实的精神也蕴含着创新、科学的意识。这种创新且讲究科学的意识为我们不断地开拓创新，走出一条中国式道路提供了精神动力。

案例分析：2019年，习近平总书记在致大庆油田发现60周年的贺信中说道："60年来，几代大庆人艰苦创业、接力奋斗，在亘古荒原上建成我国最大的石油生产基地。大庆油田的卓越贡献已经镌刻在伟大祖国的历史丰碑上，大庆精神、铁人精神已经成为中华民族伟大精神的重要组成部分。"

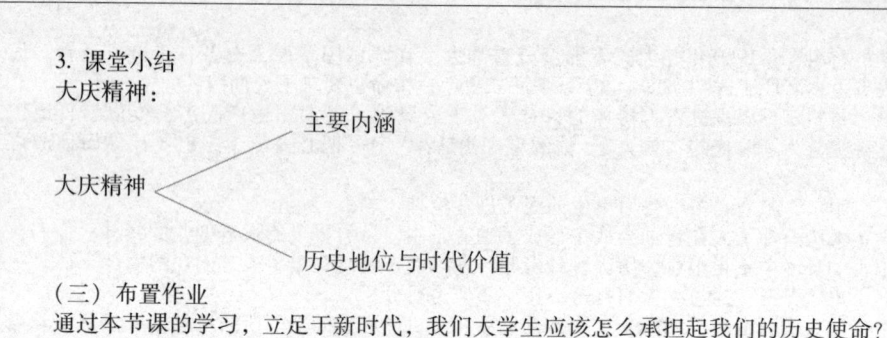

续表

3. 课堂小结 大庆精神： 大庆精神 —— 主要内涵 　　　　　—— 历史地位与时代价值 （三）布置作业 通过本节课的学习，立足于新时代，我们大学生应该怎么承担起我们的历史使命？
四、教学资源
（一）参考文献 1. 池斌. 代代读时代楷模：第1辑［M］. 北京：北京工业大学出版社，2012. 2. 李国俊，宋玉玲. 大庆精神［M］. 北京：中共党史出版社，2018. 3. 宋连生. 共和国重大历史事件回顾：工业学大庆始末［M］. 北京：九州出版社，2011. 4. 王春娥，王世波. 爱国、创业、求实、奉献　大庆精神与铁人精神［M］. 哈尔滨：黑龙江人民出版社，2009. 5. 中共大庆市委宣传部. 弘扬"三个超越"精神　推动大庆科学和谐跨越发展学习资料汇编［M］. 大庆：中共大庆市委宣传部，2011. （二）网络资源 中国大学MOOC《中国近现代史纲要》相应网络教学视频
五、教学方法
讲授法、案例教学法、互动式点评
六、实践环节
大家一起观看《铁人王进喜》，并写出一篇不少于500字的感想。

第三节　愚公奋起十春秋：红旗渠精神

20世纪60年代，河南省林县（今林州市）人民为改善恶劣的生产生活条件，摆脱水源匮乏的状况，在太行山的悬崖峭壁上修建了举世闻名的大型水利灌溉工程——红旗渠，培育形成了"自力更生、艰苦创业、团结协作、无私奉献"的红旗渠精神。

第三章 社会主义革命和建设时期中国共产党人的精神谱系融入"纲要"课解析

河南省林县位于太行山东麓，历史上属于严重干旱地区。新中国成立后，党和政府十分关心林县的缺水问题。1959年夏天，林县县委提出，从林县穿越太行山到山西，斩断浊漳河，将水引进林县，彻底改变林县的缺水状况，这个计划得到了河南省委和山西省委的支持。从1960年2月红旗渠修建正式开工，到1974年8月工程全部竣工，10万英雄儿女在党的领导下，靠着一锤、一铲、两只手，逢山凿洞、遇沟架桥、顶酷暑、战严寒，克服了难以想象的困难，削平1250个山头，凿通211个隧洞，架设152座渡槽，在万仞壁立、千峰如削的太行山上建成了全长1500公里的"人工天河"，被誉为"新中国建设史上的奇迹"。红旗渠的建成，形成了引、蓄、灌、提相结合的水利网，结束了林县"十年九旱、水贵如油"的苦难历史，从根本上改变了林县人民生产生活条件，创造出巨大的经济和社会效益，至今仍然发挥着不可替代的重要作用，被称为"生命渠""幸福渠"①。

红旗渠精神是伟大的中华民族精神在特定时空中的一种集中体现，是中国共产党人的精神谱系的重要组成部分，具有与时俱进的理论品质。习近平总书记曾指出，红旗渠精神是我们党的性质和宗旨的集中体现，历久弥新，永远不会过时。从修建红旗渠至今已有六十余年，几十来年林州人民在红旗渠精神的指引下谱写着"战太行""出太行""富太行""美太行"的绚丽篇章。

一、红旗渠精神的主要内涵

周恩来总理曾说："中国有两大奇迹，一个是南京长江大桥，一个是林县红旗渠。外国朋友来到中国，应该去参观一下红旗渠。"从1969年红旗渠竣工以来，国内前来参观学习的达162.4万人，外宾有来自五大洲140多个国家和地区的11700人之多，他们无不对红旗渠发出由衷的赞叹。1989年，林县县委在讨论全县发展大计时认为，要带领全县人民实现"富起来"的梦想，必须有一种精神的力量来支撑，红旗渠精神恰恰有着激励后人奋发图强的作用。他们根据凝聚力量的需要和红旗渠精神在实践中的发展，将红旗渠精神概括为16个字："自力更生、艰苦创业、团结协作、无私奉献。"这种对红旗渠精神的新概括，既生动地阐释了红旗渠精神诞生时的本义，又如实地反映了林县人民迫切希望创业致富的时代要求②。

---

① 本报评论员.红旗渠精神历久弥新，永远不会过时——论中国共产党人的精神谱系之三十六［N］.人民日报，2021-11-11（001）.
② 马福运.红旗渠精神［M］.北京：中共党史出版社，2019：2.

（一）自力更生

艰难困苦，玉汝于成。自力更生作为中华民族优秀传统文化的重要组成部分，体现的是即使在极其恶劣的条件下，也要依靠自己的力量顽强奋斗、努力发展、执着向上。红旗渠工程建设刚动工时就遭遇"三年自然灾害"，当时资金紧张、技术落后、农民的温饱问题也尚未解决，修建如此浩大的水利工程，其难度可想而知。然而，林县县委和人民本着"以自力更生为主，国家扶持为辅"的建渠方针，不向国家等、靠、要，而是凭借林县人民的力量和智慧，紧靠勤劳的双手、自己烧水泥、填砂砾、造炸药，不断战胜建设过程中的种种困难。

修渠之初，县委书记杨贵就强调："兴建'引漳入林'工程必须坚持自力更生、勤俭建渠的方针，一切都要本着自力更生、勤俭节约的精神办事。人力、物力、财力、技术都要靠自力更生来解决，不能浪费一分钱、一分民力，要靠群众的双手来完成这一艰巨而光荣的任务。"红旗渠总工程耗资6865.64万元，其中县社对投资5839.66万元，占85.06%，在县社队自筹投资中，自筹现金及物资折款2099.49万元，占总额的30.58%；建设投工23740.17万个，民工费用差额合款3740.17万元，占总额的54.88%，1025.98万元是国家财政给予的扶持，占总工程的14.9%。修渠需用到大量的抬杠、镐把、抬筐、车篓等，一部分由民工从家里带来，一部分是百姓们就地取材，靠自己制造。工地抬筐不够用，民工们就上山割荆条自己编，没有抬筐绳，就自己办起纺绳组，把一捆捆的麻丝变成麻绳。当时的一首诗歌真实地反映了林县人勤俭节约、艰苦奋斗的优良作风："五尺钢钎变短钎，短钎变成手把錾。手把寸铁不能丢，送到炉里重新炼，炼成大锤返前线。"他们还把旧炸药箱拆开做水桶、灰斗、文件柜、办公桌、小凳子等。修渠10年，投资近亿元，从没有发现请客送礼、贪污浪费、中饱私囊等不良现象。从领导干部到普通群众，大家心往一处使，劲往一处用，把每一分钱都用到了修渠上。可以说，正是林县人民的勤俭节约，才保证了红旗渠物有所用，人尽其才，钱都用到了该用的地方，没有浪费一分一厘，这也是红旗渠能够顺利修成的基础保障。

（二）艰苦创业

艰苦创业既是一种崇高的精神境界，又是事业成功的精神动力，它能引导人民把劳动创业活动和艰苦奋斗的传统美德结合起来，形成坚韧不拔的品质、积极进取的活力。兴建红旗渠的年代，我国正处于一个特殊的时期。是干还是不干？是早干还是晚干？当时的林县县委进行了充分的讨论。早干早受益，晚干多受苦，全县群众为解干旱之苦，迫切要求早干、大干、快干。县委分析了自身的实际困难，提出用精神凝聚力量，号召全县人民发扬一不怕苦、二不怕死、自力更生、艰苦奋斗的精神，保证了工程的胜利。

面对林县极度缺水这么恶劣的生存环境，林县人民发扬了中原传统的愚公移山精神，认为自然环境是可以通过大家的努力去改变的，只要坚持下去，就一定可以改变林县缺水的现状。因此，数万林县人民排除艰难险阻，发扬自力更生艰苦创业的精神，与悬崖峭壁做斗争，奋斗了整整十年，在太行山上修出了一条"人工天河"。改变大自然这么艰难的过程，林县人民就是靠着自力更生艰苦创业的精神支撑下来。在这场伟大的实践中，不仅给我们留下了物质财富红旗渠工程，还给我们留下了红旗渠精神这么宝贵的精神财富。

2016年2月，习近平总书记赴江西看望慰问广大干部群众时曾指出："每一名党员、干部特别是各级领导干部，都要把理想信念作为照亮前路的灯、把准航向的舵，转化为对奋斗目标的执着追求、对本职工作的不懈进取、对高尚情操的笃定坚持、对艰难险阻的勇于担当；都要一切从实际出发，解放思想、开拓进取，善于用改革的思路和办法解决前进中的各种问题。"红旗渠之所以能从理想变成现实、从蓝图化为实践，就是林县人民用尽十年辛苦，像蚂蚁啃骨头一样，一土一石、一锹一铲、一点一点攻坚下来，以苦干脱离苦熬、以积极进取摆脱被动挣扎。

（三）团结协作

团结是中华民族的优秀品格，团结是中华民族在几千年的历史征程中孕育的文化基因。从孟子的"天时不如地利，地利不如人和"到毛泽东的"一个篱笆打三个桩，一个好汉三个帮"；从荀子的"民齐者强，民不齐者弱"到习近平的"民族团结是发展进步的基石"。回顾历史，中华民族的发展史实际上就是各民族人民共同奋斗、团结统一的历史。中华民族之所以能够在困难中雄起，在压迫中永生，靠的就是团结起来共御外侮，不畏任何艰难险阻，不向任何势力妥协。正是靠着这样的信念，我们实现了民族独立和人民解放，彻底摆脱了帝国主义、封建主义、官僚资本主义的奴役，中国人民从此站起来了。习近平总书记指出："懂团结是真聪明，会团结是真本领。团结出凝聚力，出战斗力，出新的生产力，也出干部。"团结是做好一切工作的前提，党的各级领导班子作为地方工作的中坚力量、领导力量，班子的团结与否直接关系到党的事业能否顺利发展，甚至成败。因此，团结首先是领导班子的团结、县委班子的团结统一是红旗渠工程取得胜利的关键。信任是团结的基础，没有信任就没有合作。

1961年7月初，新乡地委在豫北宾馆召开会议，会议内容是纠正农村"左"的错误。有人乘机向地委领导反映林县的情况，说林县县委不顾群众死活，群众没饭吃还要大修红旗渠。地委领导听后误认为林县县情严重，对林县县委进行了严厉批评,批评林县县委"左"的阴魂不散,死抱着红旗渠不放,生活这样困难,还在大搞建设,要撤销县委书记杨贵的职务。参加会议的林县县委组织部部长路加林顶住压力,说领导的批评不符合实际,结果遭到地委领导批评,当即给予路加林撤职处分,并通知各县县委书记到地委开会。7月15日会议召开,让各县县委书记发言。杨贵做好了被撤职的准备,他在发言中说:"农村现在出现的问题,应该实事求是地分析一下原因,只责备下边,纠正不了错误。事实上这些问题和责任也不只是在下边。修建红旗渠是林县人民的迫切要求,如果说修建红旗渠有错误,撤我的职可以,撤组织部长路加林的职务,我不同意。"接着杨贵谈到林县干旱缺水,16万人翻山越岭取水吃,大部分民工已回队搞农业生产,只留少部分在凿青年洞,林县县、社、队三级还有一定数量储备粮,绝不像有些人说的那样。尽快修建红旗渠,正是为干渴的林县人民着想。后来经过调查,上级认为林县县委反映的情况是正确的,不久又恢复了路加林的组织部部长职务。但事情并没有结束,仍有人对修建红旗渠持不同看法,上级个别领导仍几次催促林县县委要红旗渠下马。关键时刻,中共河南省委给予了很大支持,把林县的情况向周恩来总理做了汇报,获得了中央支持,同时也获得了中南局的支持①。

(四) 无私奉献

习近平总书记指出,奋斗是曲折的,"为有牺牲多壮志,敢教日月换新天",要奋斗就会有牺牲,我们要始终发扬大无畏精神和无私奉献精神。红旗渠成功修建的价值导向,体现的是人性中最美好的东西———仁、义、善,是一种不计个人得失的大局观,即为了修渠这个大局,可以而且应当牺牲局部利益、小家利益、个人利益甚至生命的高尚品格。

在红旗渠修建过程中,党员干部始终坚守"工作标准比群众大,口粮标准比群众低"的自觉,不搞任何特权,没有任何私利。修建拦河大坝的时候,党员干部冲在截流的最前线,以共产党员、共青团员为主体组成的500名青壮劳力突击队,在激流中筑起了坚实的人墙。为了排除险情,外乡来的大学生技术员吴祖倒在了塌方的王家庄隧洞中,年仅27岁。10年间,共有81位优秀儿女为红旗渠建设献出了宝贵生命,其中25岁以下的28人,年龄最年龄最小的仅17岁;涌现出杨贵、任羊成、李贵、李改云、吴祖太等一大批英雄人物,他们虽然来自不同的行业、不同的公社和村队,但都是为了一个共同的目标,有着共同的使命。正是有了这样一批"关键时刻能站出来,危险时刻能冲出来""舍

---

① 马福运. 红旗渠精神 [M]. 北京:中共党史出版社,2019:117,118.

小家,为大家,把大家当自家"的领导干部,冲锋在前、不讲得失,才深深打动林县人民,迸发出"党员能够搬石头、群众就能搬山头"的冲天干劲①,阐释了无私奉献的深刻内涵。

二、红旗渠精神的历史意义和时代价值

(一)历史意义

1. 红旗渠的修建,促进了林县人民的思想解放。林县地理位置偏僻,加之几千年封建思想的束缚,保守落后是当地百姓真实的思想状况。而通过红旗渠工程建设,林县人的思想不断得到解放。境内无水可引,现实迫使当地政府和百姓跨越地域局限,去境外的山西引水。最初,林县县委并没有考虑从山西的漳河引水。因为林县境内有四条河流,县委当时认为只要充分利用河里的水、挖掘地下的水、蓄住天上的水,就能彻底结束林县缺水的历史。所以一开始打了很多旱井,从1955年起还相继修建了抗日渠、天桥渠、英雄渠和3个中型水库。但1959年一场大旱让这些水利设施形同虚设,流经林县的几条河流全部断流,这才逼着大家去找水。1959年6月,林县派出3个调查组顺着漳河、淇河和淅河逆流而上,寻找新的水源。调查发现,淇河和淅河均为季节性河流,而漳河最大流量达7000立方米每秒,常年流量30立方米每秒,即使枯水季节也不少于10立方米每秒。正是这次调研发现了漳河是可靠水源,为红旗渠成功修建奠定了坚实基础。建设过程中,资料的匮乏,工程进度的受挫,迫使群众去创造去发明新工具,新设备。以往的单打独斗、小富即安的落后意识逐步转变为团结起来走出去闯事业的改革开放意识。为"出太行""富太行""美太行"的发展目标奠定了思想基础。

2. 红旗渠的修建,推动了林县的经济发展和社会进步。长久以来,林县水源奇缺、十年九旱。翻开《林县志》,就能看到林县人民盼水、惜水、找水的历史。"林境山多水少,居民苦极,土薄石厚,凿井无泉……""或凿地为窖,以储雨水,名曰旱井。然大旱则旱井亦涸……"据记载,从明朝起至新中国成立前的500多个春秋里,林县干旱300多年,大旱100多年,绝收38次。历朝历代投入大量人力物力在当地兴修水利,都无法彻底解决林县水源奇缺的难题。据新中国成立之初统计,林县550个行政村有307个村人畜吃水困难,群众外出

---

① 马福运,张迪. 红旗渠精神的形成过程、科学内涵和当代价值[EB/OL]. 党建网,2021-06-04. http://www.dangjian.com/shouye/zhuanti/zhuantiku/zhongguojingshen/202106/t20210604_6073859.shtml.

取水往往要走上 10 里路，用掉半天时间。而这样挑来的水也仅仅够做饭，根本谈不上浇地。可以说，林县人每年要把近 4 个月的时间消耗在蜿蜒的取水路上，人兽争水的事更是时有发生。

1954 年 4 月，26 岁的杨贵被任命为林县县委书记。一次他到百姓家里，长途跋涉满头大汗，这家人还特地端了盆水让他洗脸，准确地说是一个碗。初来林县的杨贵洗完脸，顺手就把水给倒了，这让这家人心疼了好半天。事后，杨贵也自责了好一阵子。因为水贵如油，林县人民惜之如命，许多山村的农民，平时很少洗脸洗衣服，多在过年过节、赶庙会、走亲戚等特殊情况时才洗手洗脸。即使洗脸也往往是全家合用一个盆，舀一点点水，大人洗了小孩洗，洗完了还要把脏水留下来澄清下次再用①。

20 世纪 60 年代，在中国共产党的领导下，林县人民在万仞壁立的太行山上修建了红旗渠，彻底改变了世世代代贫穷缺水的命运，为经济发展和社会稳定作出重要贡献。改革开放后，林县人民继续发扬肯吃苦、肯奉献的红旗渠精神，走出去，"闯天下"，将发展思路从农业转到工业上来。如充分发挥自身的修渠建筑技术，开辟出了建筑安装、房地产开发等新的发展道路：1989 年，各类建筑企业 431 个，专业的建筑工队已有 2200 多个。建筑劳务收入、乡镇企业的税收成了林县政府财政收入的主要来源。随着经济的不断发展，林县政府将工作重心逐步从打造物质文明过渡到实现物质、文化、社会等共同发展。在发展建筑业、旅游业，实现工农业总产值和财政收入的不断增长的同时，大力投资社会事业，不断改善当地通讯、交通状况，提高教育水平等。如为了扩大与外界的联系与沟通，从 20 世纪 80 年开始，购买西门子公司 5000 门数字程控电话，密切了林县与安阳、新乡、郑州等地的联系；为了改变教育落后现状，从 1985 年起，在县政府的积极倡导下，在干部群众的集资、捐资等大力支持下，截至 1996 年，在教育基础建设上累计投资 4.5 亿元，林县成了全省教育先进县，全国"双基"工作先进县、全国文化模范市等。

3. 红旗渠的修建，为其他贫困、落后地区的发展提供了经验示范。红旗渠精神是对地处偏远山区的林县人民与大自然相抗争，彻底扭转恶劣的生存环境的实践经验的高度总结与概括。因此，它带有普遍性和教育性，对贫困山区、落后地区的社会发展有一定的参考性和指导性。

首先，落后地区的发展主要还得依靠自身力量。自力更生、艰苦创业的红

---

① 夏先清，杨子佩. 红旗渠精神历久弥新永不过时 [N]. 经济日报，2021-11-16 (012).

旗渠精神已经充分验证了：不论是大到一个国家、民族，还是小到一个地区，要想实现自身持续不断的发展归根结底是要充分依靠当地包括自然资源、文化与人民等在内自身的优势的"造血式"发展。如果只是依靠外部力量的"输血式"发展，只能维持一时，不能实现自身的根本转变。其次，落后地区必须跟上时代的步伐，敢于解放思想，抓住发展机遇，加快自己的发展。落后地区要想彻底走出发展困境，必须在坚持自力更生的基础上充分重视包括外资、技术等外部因素。林县发展以自力更生为根本，但绝不放弃任何机遇来发展自己。林县从过去有名的落后县、贫困县，发展到如今著名的"建筑之乡""红色旅游之乡"，正是紧跟时代步伐，从自力更生转变到全方位开放吸引外资，从艰苦创业转变到要充分注重科技在经济发展中的作用，通过不断摒除落后思想，实现了自身的发展。贫困地区既要有自力更生艰苦创业意识，又要不失时机地抢抓机遇，发展自己。唯有这样才能真正摘掉贫困落后的帽子，实现脱贫致富的发展目标①。

（二）时代价值

红旗渠精神是中华民族精神在特定历史时期的体现和深化，是民族精神的一种具象化彰显；而它的生成，又使民族精神得到新的提升，成为民族精神的一座丰碑。红旗渠精神不仅是林州的、河南的精神财富，而且是我们国家和民族的精神财富，是中国共产党人的精神谱系的重要组成。

1. 红旗渠精神是以人民为中心发展思想的生动范例。党的十九大报告强调，"必须坚持人民主体地位，坚持立党为公、执政为民，践行全心全意为人民服务的根本宗旨，把党的群众路线贯彻到治国理政全部活动之中，把人民对美好生活的向往作为奋斗目标，依靠人民创造历史伟业"，同时强调，"党的领导是人民当家作主和依法治国的根本保证，人民当家作主是社会主义民主政治的本质特征，依法治国是党领导人民治理国家的基本方式，三者统一于我国社会主义民主政治伟大实践"。

林县地区，制约人民群众生活、生产的关键问题之一就是缺水。新中国的成立使我国人民群众在政治上翻了身，但林县依旧经济贫困，遭受着靠天吃饭的苦难和干旱缺水的折磨，国家的援助补贴只能支持一时，不是长久之计；在这种背景下，林县县委领导班子多次开会，商讨采取什么措施才能彻底走出缺水的困境，从根本上解决制约林县发展的问题，引领全体人民过上好日子。正是林县县委心系人民群众的困难和疾苦，坚持实事求是的探索，总结经验教训，

---

① 郭洪亮. 论红旗渠精神及其当代价值 [D]. 重庆：西南政法大学，2015.

立志寻求渠道彻底解决林县缺水的凄惨现状，这才促进了红旗渠工程的实施。林县县委始终坚持为人民办实事，深知人民群众对历史的创造作用，在修渠的过程中，坚定地发挥广大人民的智慧和团结一致的集体力量，并以身作则，与修渠民工同吃同住同劳动，不搞干部特殊，不搞领导作风，通过实际行动调动人民群众的积极性，使之主动参与到区域发展的建设中去，从而创造了改变林县面貌的奇迹。

2. 红旗渠精神是推进党的建设新的伟大工程的鲜活教材。一方面，弘扬红旗渠精神有助于营造风清气正的政治生态。在红旗渠工程建设的过程中，以杨贵为代表的林县县委经常通过开展党内政治生活，来加强对于马克思主义的理论学习，通过批评和自我批评来发现修渠过程中存在的不足，吸取经验教训。同时，以杨贵为代表的林县县委始终站在修渠的第一线，与广大林县人民同吃、同住、同劳动、同学习、同商量解决问题。在这一过程中孕育出来的红旗渠精神，展示出了中国共产党的良好政治生态，有利于引导新时代的广大党员干部进一步坚定理想信念，夯实思想基础，坚决抵制腐败，保持艰苦奋斗的优良作风，进而营造风清气正的政治生态。

另一方面，弘扬红旗渠精神有助于坚持求真务实的工作作风。在建设红旗渠工程这一决定提出的时候，全国各地正在搞"大跃进"运动，各地的"浮夸风"尤为严重。但以杨贵为代表的林县县委坚持从林县的实际情况出发，引导广大林县人民兢兢业业、踏实负责，仅仅靠着勤劳的双手，破解阻碍修渠的各种因素，实现红旗渠工程的全面推进。从中孕育出来的红旗渠精神正是对求真务实这一工作作风的有力彰显，从中我们可以看到那个年代共产党人积极向上的精神风貌。弘扬红旗渠精神对于在新的历史时期进一步坚持求真务实的工作作风具有积极作用①。

3. 红旗渠精神是建设新时代中国特色社会主义文化的伟大旗帜。红旗渠精神中蕴含的"自力更生、艰苦创业、团结协作、无私奉献"的基本内涵，与新时代所倡导的社会主义核心价值观的基本内容在根本上是一致的。在红旗渠的修建过程中，林县县委和广大林县人民坚持以马克思主义为指导，吸收了中华优秀传统文化中的思想精华，形成了正确的价值取向和宝贵的精神品质，这些都是红旗渠精神的重要组成部分，对于新时代培育社会主义核心价值观具有积极的借鉴意义，是新时代培育社会主义核心价值观的生动载体。

---

① 毕明阳. 论红旗渠精神的深刻内涵和时代价值［J］. 思想教育研究，2019（11）.

红旗渠精神是加强思想道德建设的推动力量。对于红旗渠精神的大力弘扬，有助于引导人们坚定理想信念，树立正确的国家观、民族观和历史观，树立正确的世界观、人生观和价值观，同时也有助于引导人们提高思想道德素质，正确认识和处理国家、集体和个人三者之间的关系。只有在新时代继续大力弘扬红旗渠精神，才能有效防止市场经济给人们带来的负面影响，引导人们形成正确的价值取向，进而为实现中华民族伟大复兴中国梦贡献力量。

红旗渠精神是讲好中国故事、传播好中国声音的鲜活范例。红旗渠工程从建成后，就一直在展示中华人民共和国建设成就和人民风貌方面发挥着重要作用。尤其是其中孕育形成的红旗渠精神，是宣传新中国形象的重要窗口。红旗渠精神中蕴含的基本内涵，不仅仅对那个年代的人们有启示和激励作用，对于当前中国和世界各国人民依然具有价值指引作用①。

三、红旗渠精神教学案例分析

（一）"飞虎神鹰"：任羊成

1. 案例呈现

走进河南林县（现为林州市）太行深处的红旗渠纪念馆，一个高悬于半空中，手持除险钩排险的人的照片经常被放大作为主题宣传画，这个人被誉为太行山上的"飞虎神鹰"，他就是红旗渠工地除险队队长、红旗渠建设特等模范任羊成。

现年88岁的任羊成，说起当年建设红旗渠的事，他记忆犹新："我开始是爆破队队长，后来由于红旗渠工地需要组建除险队，我就接下了这个任务，领导说：'除险是很危险的，你不怕死啊？'我回答：'怕死不当共产党员！'我知道那是在拿着生命干的事儿，可是我想总得有人干吧，共产党员就要在关键时刻站出来。"任羊成自从担任了除险队队长后，就把生死置之度外了。他曾对来访的记者讲："最危险的一次除险是在山西的鹦鹉崖，那里大概有60多米高。因为山石疏松，所以点完炮后，必须有人上去把松动的山石排除掉，不然在下面的工友随时都会有生命危险。我第一天带领队员前去查看时，当地村民告诉我们不要上这个山，说上去就是见阎王。当地还流传着一首民谣说，'鹦鹉崖是鬼门关，风卷白云上了天，猴子爬不上，禽鸟不敢攀'。第二天我们一组3人又去看了一次，最终下定决心要啃下这块'硬骨头'。"

---

① 毕明阳．论红旗渠精神的深刻内涵和时代价值［J］．思想教育研究，2019（11）．

在一次鹰嘴崖的空中作业中，一块石头砸到任羊成的嘴上，当时4颗牙齿被砸坏，嘴里血流不止。无奈，他只好从随身带的工具包里拿出钳子，拔掉了其中3颗牙齿继续工作，不然就没办法喊上面的工友向下放绳了，当时疼得直掉泪，但是无论怎样，也没有停下手里的工作。由于工作需要，任羊成要长时间用粗绳绑在腰上悬空作业，所以他的腰部经常被绳子磨出鸡蛋那么大的血泡。时任林县县委书记杨贵每次在工地上看到任羊成腰间的血泡都会心疼得流泪。

任羊成曾对采访他的记者说："能活到现在，我很知足；能看着红旗渠的水造福百姓，当年的苦没白吃，值了！无论什么时候，一个共产党员的本色不能丢，艰苦创业的精神不能丢！"

2. 案例点评

红旗渠的建成不仅成就了一条"中国的水长城"，解决了当地人民的生产生活用水问题，促进了当地的经济社会发展，更造就了"自力更生、艰苦创业、团结协作、无私奉献"的红旗渠精神，并逐渐凝聚成一座精神丰碑。在这座丰碑中，自力更生是根本，艰苦创业是灵魂，团结协作是优势，无私奉献是动力。其所蕴含的不畏艰难、奋力拼搏、锐意进取、开拓创新、坚定信念、矢志不渝等丰富内涵，不但展现了河南人民不怕困难、战天斗地、改造世界的精神风貌，同时也是中华民族伟大精神的生动体现，更是中国共产党人立党为公、执政为民精神的真实写照。

作为共产党员的任羊成，坚持吃苦在前，危险在前、艰巨任务在前，无私奉献、舍己为人，甚至不惜牺牲自己的生命。危险中，更是把生的希望留给别人，把死的威胁留给自己，深刻体现出一名共产党员的模范带头作用。新时代，我们要向曾经为红旗渠奋斗过的人学习，不畏艰险，迎难而上，凝心聚力谋发展，撸起袖子加油干，为实现中华民族伟大复兴的中国梦而不懈奋斗。

（二）革命青年当闯将——青年洞的来历

1. 案例呈现

青年洞位于任村镇卢家拐村西，长616米，是红旗渠上的咽喉工程。当总干渠修到狼牙山"小鬼脸"上时，正遇一边高山挡道，一边悬崖峭壁，崖下深处是漳河，除了开山凿洞，别无办法。

1960年2月由横水公社320名青年先行施工。在开凿青年洞的过程中，面对艰巨的施工任务，工地团委利用晚上召开团员青年会，一遍又一遍地学习毛泽东《愚公移山》著作，学习刘胡兰、董存瑞等革命先烈的英雄事迹，提高青年们的凿洞勇气。有个青年叫郭福贵，横水公社郭家窑大队人，共产党员，退伍军人,任第二突击队队长,主攻开辟二号旁洞。施工处是青年洞最险要的地方,在阳凤山半腰中,往下看是几十丈深的悬崖峭壁,往上看巨石压顶,向外倾斜,好像快要倒下来。他带着两个青年炮手,腰系绳索,像壁虎一样在悬崖上抡锤打钎放炮,他鼓励大家说:"为了修成红旗渠,即便在这里牺牲了,比泰山还重。等大渠建成了。咱们在这里立上一块石碑,让后代知道他的前辈都是英雄好汉。"他们以移山填海的决心,一锤锤,一天天的苦干,一寸寸地向大山腹部凿进。他有六次受伤,都不让领导知道,暗暗忍受疼痛,坚持不下"火线"。一天深夜,刚放了炮,洞内烟雾弥漫,郭福贵就第一个钻进洞内除险,用铁锤打掉活石。就在这时,一块石头滚下来,砸伤他的脚,这是他第七次负伤。大家把他抬进战地医院,可是,他争强好胜,离开工地总是放心不下,一怕工地出事故,二怕进度慢,三怕流动红旗被别单位夺走,第二天又一瘸一拐地来到洞内。他的威名在工地传颂,后来被评为红旗渠建设特等劳动模范。

同年11月,总干渠暂时停工时,为早日将浊漳河水引入林县,建渠干部群众坚持"宁愿苦战,不愿苦熬",改由各公社挑选300名青年组成突击队,继续施工。当时干部民工口粮很低,为了填饱肚子,上山挖野菜,下漳河捞河草充饥,很多人得了浮肿病,仍坚持战斗在工地,以愚公移山精神,终日挖山不止。坚硬的石英岩一锤打下去一个白点,十数根钢钎打不成一个炮眼,青年们面对这样艰难困境,创造了连环炮、瓦缸窑炮、三角炮、抬炮、立炮等新的爆破技术,使日进度由起初的0.3米提高到2米多。经过一年零五个月的奋战,1961年7月15日凿通隧洞,为表彰青年们艰苦奋斗的业绩,将此洞命名为"青年洞"。

2. 案例分析

青年洞是红旗渠总干渠上最大的一个隧洞,洞口的山崖刻着两个鲜明大字——"山碑",它在告诉后代人,红旗渠是一座山,一座见证林县地区修渠饮水、改变命运的雄伟高山;红旗渠又是一块碑,一块蕴含着中华民族优秀传统的精神丰碑。在修渠过程中,林县县委紧紧依靠群众、信任群众,为了实现共同的理想,为了促进林县地区未来的发展,为了林县人民幸福美好的生活,他们上下一条心,开山修渠,历经十年的艰苦奋斗,终于在断崖绝壁上凿出了被周恩来总理称为中国第二大奇迹的红旗渠。

四、红旗渠精神教学设计

专题名称	愚公奋起十春秋：红旗渠精神	学时	1学时
融入章节	第八章　中华人民共和国的成立与中国社会主义建设道路的探索 第五节　社会主义道路的艰辛探索和曲折发展		
学情分析	1. 学生已有的认知水平和能力现状分析：学生通过对第八章第五节"社会主义道路的艰辛探索和曲折发展"前三个部分内容的学习，了解了在全面建设社会主义进程中发生的严重曲折，但这只是这一时期的支流。在社会主义改造完成后，社会主义建设取得巨大成就才是这一时期的主流，如建立独立的比较完整的工业体系和国民经济体系、人民生活水平提高、文化教育医疗科技事业发展等。前期知识为本节课的学习提供了一定的理论基础。 2. 学生的学习问题和学习需求分析：在面对重重困难，艰辛探索适合中国国情的社会主义建设道路中，不仅涌现出大量先进典型和英雄模范任务，而且还形成了跨越时空、历久弥新的时代精神。红旗渠精神就是其中之一。学生从一些影视作品中对红旗渠有初步认识，但对红旗渠精神的内涵及其价值还需要系统把握和学习。		
一、教学目标			
（一）知识目标 了解修建红旗渠的背景、主要过程，掌握红旗渠精神的主要内涵及其历史意义。 （二）能力目标 通过学习，提高学生归纳、概括和全面分析历史问题的素养，通过对红旗渠精神的深刻理解，感悟红旗渠精神的时代价值。 （三）情感目标 激发学生的爱国主义热情，培养学生对实现中华民族伟大复兴的历史使命感和民族责任感。			
二、教学重点与难点			
1. 教学重点：通过案例导入及问题的启发，深入理解红旗渠精神的内涵。 2. 教学难点：红旗渠精神的时代价值，如何传承发扬红旗渠精神？			
三、教学过程			
（一）故事导入 导入寓言故事《愚公移山》：90岁的愚公要把门前两座大山移走，何其难也，但是在他的动员下，全家男女老幼开始凿石挖山，还惊动了邻居去帮忙，顶住了别人的冷嘲热讽，最终感动了上帝，帮助愚公移走了两座大山。 通过这则寓言故事虽然很简单，但是其中蕴含着深刻的道理，通过提出问题，引发学生进一步的思考： 1. 愚公为什么要下决心移走门前的两座大山？ 2. 愚公为什么能够感动上帝，实现自己的愿望？			

续表

两座大山挡住愚公通向外界的道路，象征着他所处的外界自然条件是恶劣的，至少是与他心中的美好景观是不一致的，所以才下决心改变眼前的处境。然而，若只是空想于美好的蓝图，而不去下决心行动，则无法摆脱现状的束缚。同时，走出现实困境需要一股锲而不舍、坚韧不拔、顶住压力的"愚公"精神。愚公移山靠的是精神的力量、感召的力量、行动的力量，即是把内在的"精神"化作了改造现实的力量，而不是仅仅停留于设想、空想、向往等空洞"精神"之中。光有精神、毅力、向往等是远远不够的，还需要相应的措施、办法、方法等。

愚公首先提出想法，然后动员家庭成员，率先垂范，以至于感化带动邻里参与，并把目标的实现规划到以后几代人身上。精神本身就是一股无法估量的力量，但精神的力量要作用于外在的环境，需要借助于一些中间环节，愚公带领全家行动，就是把自己的精神力量作用于外部环境的过程，同时也是移山的具体措施，那就是带领大家一起行动、协同作业。故事最终感动了上帝，帮其移走大山，从而实现了美好的结局，这样的结尾象征着感动天地的精神行为总能够克服艰难险阻，最终获得成功。

如果说愚公移山的故事只是一个虚构的寓言，那么，红旗渠的故事则是一段实际的历史。同时，两则故事有着相同的背景和目的—为了战胜不利于人的自然环境，为了改善自身的生存环境所进行的一场惊天动地的改造自然的活动。

（二）新课讲授

1. 修建红旗渠的历史背景

案例导入：20世纪60年代，河南省安阳市林县，公公拎着担子清早出发，走了几十公里，天黑才将水担回来，懂事的新媳妇便出门去迎，并将公公肩上的担子给接了过来，谁知一个不小心却把两桶水给洒了。结果全家只能借水做饭，刚刚进门三天的新媳妇由于过于自责，一时想不开竟然上吊自尽了。究竟是什么情况下，一个女人会因为洒了两桶水就自尽呢？

通过这个案例，能够反映出在当时的林县地区严重缺水，两桶水的价值对一户人家而言，极其宝贵。

林县地处河南、山西、河北三省交界，严重缺水的特点并非近代才有，而是可以追溯到500多年前的明初。据史料记载，在这514年里，林县共发生自然灾害100多次，大旱绝收30多次，百姓无法生存，甚至到了"人相食"的地步，而且达到了5次之多。林县被太行山四面围绕，没有天然生成的大江大河，而且地势极不平坦，倾角过大，无法存留雨水，所以即便雨季注水量并不少，但很快便会形成暴洪一泻而下，尔后只会留下干裂无水的河床。另一方面，林县的地质构造主要是石灰岩，也不利于储水，因此地下水资源也是相当匮乏。

通过案例和对林县自然环境、历史状况的分析，让学生深切感受到当时林县水资源的匮乏，正是"一部林县志，满卷荒旱史"。在此背景下，林县人民在当时的县委书记杨贵的带领下，踏上了寻求水源、挖渠通水的道路。

2. 红旗渠精神的丰富内涵

红旗渠，被称为"人工天河"，从1960年开始，勤劳勇敢的30万林州人民，苦战10个春秋，仅仅靠着一锤一铲两只手，在极其艰难的条件下，从太行山腰修建的全长1500公里引漳入林工程。在修建红旗渠过程中孕育形成了"自力更生、艰苦创业、团结协作、无私奉献"的红旗渠精神，经反复锤炼、丰富发展，发出历久弥新的光芒，成为中华民族精神的象征，也是中国共产党人的精神谱系的重要构成。

互动环节：通过课前查找红旗渠修建历程的相关资料，请学生先来讲述在红旗渠修建过程中，感人的事迹有哪些？从而引导学生深入思考，这些感人事迹背后的精神力量是什么？

续表

（1）依赖国家还是依靠自力更生？只有自力更生才能克服修建红旗渠中的各种困难。

"渠道网山头，清水到处流；吃的自来水，鱼在库中游；遍地苹果笑，森林盖坡沟……"这是红旗渠建前，林县人民对美好生活的向往。人民群众对美好生活的向往，就是共产党人的奋斗目标。为了实现"清水到处流"的梦想，1960年2月，3.7万名林县干部群众奔赴修渠工地，劈山填谷，开山凿渠。1960年3月6日到7日，林县引漳入林委员会召开全体会议，会上正式命名该渠为"红旗渠"，即高举红旗前进。

"自力更生是法宝，众人拾柴火焰高。建渠不能靠国家，全靠双手来创造。"1960年，红旗渠动工时，林县县委响亮地提出了这样的口号。红旗渠工程动工时，正是我国遭受严重自然灾害的时期，物资匮乏。但林县人民不等不靠，更没有伸手向国家要投资、要材料，而是发扬自力更生精神，依靠集体力量自己筹划。自己烧石灰、制水泥、造炸药，主动出工出力、自备生产工具，自带口粮、自建营房、自搭炉灶。各级施工组织挖掘潜力，自己制造修理工具，坚持定额消耗，超用不补。

导入案例：修建红旗渠这么大的工程，开山放炮需要大量炸药，国家供给的炸药数量有限，自己又没有钱买，于是县里把战争年代的一些老游击队员、在八路军军工厂工作过的老军工和做过鞭炮火药的找来，各村把分配给自己的硝酸铵化肥送到工地，掺上锯末、木炭等，在碾子上碾制土炸药。就是这种炸药，也要省着用，在放大炮时，装一大半炸药，剩下的一小半用盐或粉煤灰填满。没钱买水泥，就自己烧，但自己制的量少，不够用，就用石灰来代替。传统的石灰烧制方法一窑只能烧3万—4万公斤，1公斤煤也只能烧3公斤石灰，产量小，浪费燃料。在这种情况下，民工们发明了明窑堆石烧灰法，就是平起地灶，一层原料一层燃料堆起来。用这种方法，一次就能烧200万公斤，用煤量也比过去节省了。民工范金库在修渠工地上烧了10年石灰，从50岁到60岁，经他手烧的石灰有千万公斤。有一次，范金库正在装窑，窑底突然塌陷，把他埋进火里，眉毛胡须都烧焦了，衣服也着火了，大家把他救出来后，他仍忍着疼继续劳动。

通过案例让学生深刻感受，修建红旗渠是在一穷二白的基础上完成的，但是林县人民诠释了什么叫困难面前不弯腰，展现出依靠自身力量攻坚克难的决心和勇气。

红旗渠工程总投资6800多万元，其中85%为林县自筹。历时10年，先后有30万修渠大军鏖战太行，用简陋的工具绝壁穿石，削平1250座山头，架设151座渡槽、开凿211个隧道。1965年4月5日，红旗渠总干渠竣工通水；1966年，三条干渠竣工通水；1969年，红旗渠全线竣工。饱受缺水之苦的太行山人，终于圆了吃水梦！修渠前，林县的水浇地只有不到2万亩。红旗渠建成后，灌区有效灌溉面积达到54万亩，截至2020年年底，红旗渠累计引水130亿立方米，灌溉农田超4700万亩，实现粮食增产18亿公斤。

（2）苦熬还是苦干？只有艰苦奋斗才能尽快摆脱贫困走上富裕

缺水，让林县人的生活苦不堪言，为了水，不知道有多少林县人付出了生命的代价；林县的历史是记录水旱灾害频发的历史，也是一部老百姓逃荒的历史。山河依旧，人世转换，林县人民始终没有停止与大自然抗争，为了将"龙王大权掌握在人们手里"，为了"彻底改变林县面貌"，在那个困难时期，林县人民下定决心，另谋他路。

红旗渠开始动工的时候，冬天还没过去，太行山上到处是积雪，风一刮，寒风夹杂着雪粒扑打着人脸，刺骨般地疼。第一批3.7万民工背着铁钎、大锤，带着衣服、被褥，经过长途跋涉来到工地，有的工地临近村庄，就有比较幸运的民工住进了当地村民特意为修渠大军腾出来的石板房，也足以遮风挡雨、温暖人心。更多数的民工是没有这么幸运的，大多都住在工地附近的崖洞里，崖洞不通风，冬天寒冷潮湿、夏天又闷又热，遇到下雨，更是洞外下大雨，洞里下小雨；还有的工地附近连崖洞都没有，只能支起来几个棚子，把地上的泥巴、石头稍微一拾掇，铺上草和被褥就躺下来了，有的睡到了三更半夜，刮了大风，把顶棚都吹跑了。修渠人民的住宿简陋、条件艰苦，但他们不怕，日积月累也适应了这艰苦的环境还可以强撑下去。

续表

案例导入：革命青年当闯将——青年洞的来历

青年洞开凿时，缺粮少菜，大家忍着饥饿苦干，青年们把豪言壮语写在太行石壁上，"苦不苦，想想长征两万五；累不累，想想革命老前辈""为了后辈不受苦，我们就得先受苦"。大家研究创造了"三角炮"等爆破新技术，改进了放炮时间和排烟办法，用蚂蚁啃骨头的精神，干了一年零五个月，于国民经济暂时困难时期的1961年7月底把青年洞凿通。

就是在这样艰苦的条件下，林县人民凭借着一锤一钎一双手，迎难而上，向大自然开战了，这一战，就是十年之久！艰苦奋斗是我们党在长期的革命、建设过程中形成的优良传统和作风，胸怀梦想的人，总是充满了激情和力量！林县人民始终坚持艰苦奋斗的优良传统，他们不畏艰辛、自力更生拼搏十余年，立志改变世代缺水的惨状，终于在壁立千仞的太行山腰上凿出了一条水通道，打赢了与旱魔的斗，逐步改善了当地百姓的生活。

（3）力生于团结，只有团结协作才能实现共同的梦想

在长期处于恶劣的生存环境中，林县人民认识到了团结协作的重要性，靠自己去找水源太难了，只有大家一起努力，才能生存下去。在红旗渠修建过程中，相邻的县市、河南省委以及山西省都给予了林县很多帮助。山西省的领导积极给红旗渠修建予以方便政策，山西人民为了红旗渠腾出了自己的房子、耕地甚至祖坟，只为了林县人民能够早点喝到水。真正体现了一方有难、八方支援的精神。

共同的理想、一致的追求才能汇聚起各地团结的力量，才能引导大家朝着确定的目标前进，众人心往一处想，劲往一处使，才能达到既定目的。因为缺水所以世代盼水的林县人民有着统一的水的梦想，为了圆梦，林县人民一直向前地追寻着、奋斗着，就是要在干涸的大山中凿出希望的长渠。

数万修渠民工初到前线工地，一没道路，二没住房，山西省平顺县人民，发扬互助友爱风格，积极热情地为林县修渠大军腾房屋，送木料；某驻豫部队拉练途径林县地区，听说修渠前线急需物资，车辆不够影响运送效率，还派出车辆为工地运送水泥、煤炭、粮食等物资。在修渠的关键时刻，中国人民解放军某部来到工地，投入了紧张的战斗，给修渠的社员增添了巨大的信心和力量；各个地区、厂矿、银行及其他行业也在精神上和物质上给予了大力支援，特别是中共山西省委领导，多次给晋东南地委和平顺县委指示说，林县修渠有什么困难一定要支持。为了尽快修成红旗渠，林县人民上下配合，无论男人女人、老人小孩，只要能帮上忙的都奋力投身于建渠大业之中。

这场战争中，战场前线为红旗渠的修建工地，战场保障后方为机关、工厂、农村，前线负责修渠，其他各行各业等后方全力协助支援。后勤部门为前线运送修渠物资和民工所需日用品，卫生部门成立工地医院，方便给伤员治疗，文化部门会不定期组织演唱戏剧和放映电影等，以此丰富修渠民工的文化生活，营造活跃放松的氛围。虽然当时物质条件不足，但是后方保障部门总是竭尽全力地想办法满足前线民工的需求，正是因为这么一种亲密无间的团结协作，才能促进红旗渠工程又好又快地修建完成。

（4）不计得失、不怕牺牲，只有无私奉献才能在悬崖峭壁上"抠"来千里长渠

通过导入"飞虎神鹰"任羊成的案例，使学生深切感受红旗渠的修建是改造太行山的战场，要奋斗，就会有牺牲；要让后代子孙不再受穷，受缺水的艰苦，就要当代人奉献当下。

艰难困苦，玉汝于成，这条在悬崖峭壁上"抠"来的千里长渠，是他们一锤一钎凿出了的，逶迤渠岸是他们一块石头一块石头垒起来的；天盖着地，地托着天，山就是碑，碑就是山；不惧恶劣的环境、无畏艰苦的条件，林县人民坚持不懈地进行着各自的修渠工作，以自己的实际行动谱写着人生旅途中最辉煌的一页，谱写了一首首感人诗歌，向世人阐释了无私奉献的深刻内涵。

续表

3. 红旗渠精神的历史意义和时代价值

1970年代，周恩来总理曾自豪地告诉国际友人："新中国有两大奇迹，一个是南京长江大桥，一个是林县红旗渠。"习近平总书记曾经指出："红旗渠精神是我们党的性质和宗旨的集中体现，历久弥新，永远不会过时。"

红旗渠精神的历史意义体现在：红旗渠的修建，促进了林县人民的思想解放、推动了林县的经济发展和社会进步、为其他贫困、落后地区的发展提供了经验示范。其时代价值体现在：第一，红旗渠精神是以人民为中心发展思想的生动范例；第二，红旗渠精神是推进党的建设新的伟大工程的鲜活教材地。第三，红旗渠精神是建设新时代中国特色社会主义文化的伟大旗帜。

（三）课堂小结

红旗渠工程动工于1960年，总计历时十年，30万余名林县人民历经千辛万苦，在太行山悬崖峭壁上修建了长达1500公里的红旗渠。红旗渠的成功修建，不仅解决了林县数百年严重的缺水问题，改变了林县人民的生活，并成为世界水利第八大奇迹。红旗渠工程的修建，不仅仅给林县留下了宝贵的物质财富——伟大的水利工程，更给林县、中华民族甚至全世界留下了宝贵的精神财富——红旗渠精神。红旗渠精神是为了人民、依靠人民的精神，是自力更生、艰苦创业的精神，是团结协作、无私奉献的精神。习近平总书记曾指出："红旗渠精神是我们党的性质和宗旨的集中体现，历久弥新，永远不会过时。"因此，新时代，我们依然要了解红旗渠精神的内涵，不断弘扬红旗渠精神的当代价值。

四、教学资源

参考文献

1. 赵志浩. 从愚公移山精神、红旗渠精神到南水北调精神［J］. 湖北职业技术学院学报，2015（01）.

2. 精神长河　映照初心——红旗渠精神述评［EB/OL］. 共产党员网，2021-11-12. https://www.12371.cn/2021/11/12/ARTI1636673479878431.shtml.

3. 毕明阳. 论红旗渠精神的深刻内涵和时代价值［J］. 思想教育研究，2019（11）.

4. 本报评论员. 红旗渠精神历久弥新，永远不会过时——论中国共产党人的精神谱系之三十六［N］. 人民日报，2021-11-11（001）.

5. 袁国柱. 中国共产党人的精神谱系［M］. 北京：中共中央党校出版社，2021.

五、教学方法

讲述教学法、演示教学法、讨论教学法、问题教学法、案例教学法

第四节　东方起舞："两弹一星"精神

所谓"两弹一星"，最初指原子弹、氢弹、人造卫星，后来原子弹、氢弹合

称为"核弹"。这样,"两弹一星"指核弹、导弹以及人造卫星。它们是我国20世纪50年代至70年代在科技方面的伟大成就,而我国广大的科技工作者们为了"两弹一星"事业,付出了艰辛的努力,培育和弘扬了热爱祖国、无私奉献、自力更生、艰苦奋斗、大力协同、勇于登攀的"两弹一星"精神。

一、"两弹一星"精神的主要内涵

（一）热爱祖国的赤子精神

新中国成立后,百废待兴,一些身居海外的科学家胸怀祖国,毅然放弃了国外优厚的条件,历经艰难,回到祖国,为科技事业贡献自己的一份力量。

在纷乱的旧中国,一些中国学子去西方求学,师从国际顶尖的科学家,在科技领域取得了不菲的成绩。当他们得知新中国需要他们时,毅然选择回国。但是回国之路却充满坎坷。美国为了阻止这些科技人员回国,连续制造迫害中国留学生的事件。著名的物理学家彭桓武曾先后师从理论物理学家、诺贝尔奖得主波恩和薛定谔,发表过一系列颇有影响力的文章,在科学界大受欢迎。早在1941年,他就想要借道美国返回故土,但是因为美国的无理要求而未能成功。1947年底才得以成功回国。当记者问他为什么回国时,他说:"我没有理由回答你的问题。你的问题应该换一种问法。那就是作为一个中国人,有什么理由不回到自己的祖国,并为她的富强贡献自己的一份力量呢?我有责任利用自己的所学之长,来关心她、建设她,使她强盛起来,不再受人欺负。所以,回国不需要理由,不回国才需要理由。"[1]

出生于山东荣成的郭永怀也是一位怀有赤子之心的科学家。在国外完成学业后,他留在了康奈尔大学任教。当朝鲜战争结束后,中美达成了侨民可以自由回国的协议,按捺不住激动之心的郭永怀表示立马要回国。但是美国移民局经常传讯郭永怀,不断的滋事。为了避免美国以掌握重要资料为由阻挠他回国,他毅然将多年来的科研成果付之一炬。有人劝他说康奈尔大学的待遇已经很不错了,为什么还要回到那个贫穷的地方呢。郭永怀回答道:"家穷国贫,只能说明当儿子的无能。"

据统计,从1949年至1956年底,共有1805名身居海外的科学家陆续回国[2],其中包括钱学森、王淦昌、彭桓武、邓稼先、朱光亚、程开甲、赵九章等

---

① 林诚.东方巨星:"两弹一星"元勋的神秘探程[M].北京:当代世界出版社,2001:359.

② 武衡,杨浚.当代中国的科学技术事业[M].北京:当代中国出版社,1991:8.

等，他们都是科技方面的领路人。在获得"两弹一星功勋奖章"的 23 位科学家中，有 20 位是归国科学家，占据了获奖人数的 87%①，可见这些人对中国科技事业的贡献之大。

（二）无私奉献的献身精神

无私奉献是一种极高的道德品质，我国的科技工作者们为了祖国能够拥有核武器，为了保守秘密，选择了隐姓埋名，奔走于茫茫戈壁，远离繁华的城市，远离挚爱的家人，有的人甚至献上了自己宝贵的生命。

为了中国的科技事业，科技工作者们不畏艰险，勇于牺牲。1970 年，核武器研制基地从青海迁至四川，生活条件极其恶劣。50 多岁的技术骨干陆祥根由于路途颠簸，一到四川就病倒了，但还是对试验念念不忘。在病床上，他向领导乞求道："我希望在这最后的关头站在自己的岗位上。搞了这么多年，我不能亲自参加这项任务，会感到终生悔恨。请理解一个老兵的心愿。"② 51 岁的高级工程师宋大本患上了癌症，但是仍然在坚持工作。当他拖着病躯回到北京时，他的妻子恳求他为了家多活几天，可是他仍然和同事们交代千里之外的工作。弥留之际，他留下了最后一封信："儿这一辈子是进取的一生、奋斗的一生，没有给老人家丢脸。对不起，我对这个家照顾的太少了，但也念着父母。我担子很重，在为党和国家的科学事业做贡献。我这样做了，我想你们会高兴的。"③

像这样的例子还有很多，正是这些科技工作者们默默无闻的奉献，才有了中国科技事业的突破。

（三）自力更生的拼搏精神

当美国和苏联研制核武器的时候，他们国家的科技和经济基础已经十分雄厚，还有很多国外优秀的科学家助力，研制之路相对容易。而新成立的中国经济基础薄弱，科学技术远远落后于欧美国家，专业人才更是匮乏，"两弹一星"的研制可以说是零起步、摸着石头过河。

1956 年，毛主席在审批中国共产党第八次代表大会政治报告稿时强调："中国的革命和中国的建设，都是依靠发挥中国人民自己的力量为主，以争取外国

---

① 孙丽. 中国研发"两弹一星"的文化透视 [M]. 济南：经济科学出版社，2001：37.
② 司德鹏. 弘扬"两弹一星"精神 自主创新勇攀高峰 [M]. 北京：党建读物出版社，2006：90.
③ 司德鹏. 弘扬"两弹一星"精神 自主创新勇攀高峰 [M]. 北京：党建读物出版社，2006：91.

援助为辅,这一点也要弄清楚。"① 当苏联中止援助时,周恩来说:"不理他们那一套,我们要自己动手,从头摸起,准备用 8 年时间,搞出原子弹。"② 科研部二机部以苏联毁约来函日期"596"为第一颗原子弹的代号,激励科技工作者们发愤图强,猛攻技术关,搞出争气弹。当时大家都没见过原子弹的构造、爆炸过程。就这样,他们自力更生,依靠简陋的计算仪器,满满的完成了原子弹的理论设计、加工制造、核装料等,仅仅用了 4 年的时间成功地爆炸了第一颗原子弹。科技工作者们正是凭借着不畏艰难、勇于担责、自力更生、奋力拼搏的精神,使我国拥有了"两弹一星",并且逐步建立了完整的科技工业体系,保证了科技事业的长足稳定发展。

(四)艰苦奋斗的创业精神

在"两弹一星"事业的起步阶段,我们一无所有,靠的是一颗爱国之心,还有艰苦奋斗的创业精神。中国核工业集团总经理康日新在庆祝我国核工业创建 50 周年大会上曾这样说:"为了完成这样的使命,实现这样的责任,成千上万的职工在茫茫无际的戈壁草原,在人烟稀少的深山峡谷,隐姓埋名,以身许国,风餐露宿,不辞辛劳经受了各种艰难险阻的考验。"③ 自己动手,丰衣足食,没有仪器设备就自己去淘、去做。邓稼先就曾用一颗糖换取了一个孩童的一段铜丝。钱三强在给中共中央政治局汇报时指出:"中国的原子能科研工作,基本上是新中国成立后白手起家开始做,几年的努力,应该说是打下了一点基础,最可贵的是集中了一批人,水平并不弱于别的国家,还有些人正在争取回来。他们对发展中国的原子能事业有极大的积极性,大家充满信心。"④

就是依靠这些人才,我国建成了中国第一台加速器,成功研制了云雾室、中子正比管等一批核探测器,建立了中国第一座高山宇宙线实验站。他们凭借着一张书桌、一把尺子、一块黑板,艰苦探索,完成了"两弹一星"伟大事业。

(五)大力协同的合作精神

"两弹一星"伟大成就的获得是众多人才、众多部门通力合作的结果,所以,在"两弹一星"的研制过程中,也孕育了伟大的大力协同的合作精神。

---

① 司德鹏. 弘扬"两弹一星"精神 自主创新勇攀高峰 [M]. 北京:党建读物出版社,2006:113.
② 司德鹏. 弘扬"两弹一星"精神 自主创新勇攀高峰 [M]. 北京:党建读物出版社,2006:115.
③ 司德鹏. 弘扬"两弹一星"精神 自主创新勇攀高峰 [M]. 北京:党建读物出版社,2006:145.
④ 葛能全. 钱三强年谱 [M]. 济南:山东友谊出版社,2002:115.

"两弹一星"事业是一项集体事业。钱学森提到"两弹一星"是"一件千头万绪的工作，需要组织成千上万人参加。那时参加这项工作的人，都是在极其困难的条件下，艰苦奋斗，夜以继日，甚至不惜牺牲地干。这样一支庞大的队伍，完成这么艰苦的任务，首先是因为有一个非常有力而且很有效的领导，这就是中国共产党的领导"①。有了带头人，接下来就是各部门的配合。党中央成立了国防科委和国防工委，统一管理国防科技发展工作。二机部核武器研究所负责原子弹的理论探索工作，其他各工业部门、科研单位密切配合，最终实现了原子弹的爆炸成功。为了按预定计划发射卫星，国家科委将其列为重点任务，原国家计委、总参谋部、邮电部、工业部大力协同，有关军区昼夜守护通信线路，保证通信畅通。1970年，我国第一颗人造卫星成功发射。

　　不仅是各部门的合作，人员也自然的流通了起来。钱三强曾说："要顾全大局，打破本位主义思想……舍得把最好的、最顶用的人用到最需要、最关键的地方去，不分是你的还是我的。"② 我国能在短时间内研制出核武器，很重要的原因就是在党中央的领导下，全国大力协同，同舟共济！

　　（六）勇于登攀的创新精神

　　科研之路本就艰难，尤其是在没有任何经验的条件下更加彰显。但是我国的科技工作者们没有退缩，勇于登攀，不断探索，才造就了伟大事业。

　　在原子弹的理论设计方面，科技工作者们要不停地计算各种数据，但是当时我国只有一台计算机。为此，科研人员一方面用心算对公式进行简化，另一方面组织大批专业人员将复杂步骤进行拆分，分到每个人，然后再整合。就这样，他们取得了大量有价值的数据。铀是发展核武器的关键原料，铀-235可以用来做原子弹的燃料。为了提取铀-235，需要研制扩散分离膜，上海研究所副所长吴自良承担了该项任务。从1960至1963三年多的时间里，吴自良带着团队夜以继日进行工作，没有节假日，还有高度保密，很多人都因此累垮了、病倒了，但是也没有任何人退缩过。凭借这份执着的探索精神，1963年底，提炼铀-235的扩散分离膜终于研制出来。科研之路永远没有尽头，但是有高低，科研工作者们心怀敬畏，同时不断探索、不断创新，攀登一座座高峰，创下了伟大事业。

---

① 罗荣兴，科学时报社. 珍惜"两弹一星"成功的经验——请历史记住他们 [M]. 广州：暨南大学出版社，1999：66.

② 彭继超，伍献军. 中国两弹一星实录 [M]. 北京：解放军文艺出版社，2000：59.

二、"两弹一星"精神的历史意义与时代价值

"两弹一星"精神是 20 世纪 50—60 年代中国的科技工作者们为了建设祖国、维护国家安全而孕育的伟大精神。两弹一星功勋朱光亚等这样阐述"两弹一星"精神:"热爱祖国、无私奉献,是我们力量的源泉,是一种高尚的情操和品德;自力更生、艰苦奋斗,是我们事业的根本基点,是一种自强不息的精神和意志;大力协同、勇攀高峰,是我们事业的时代特征,是一种优良的作风和传统。"①

"两弹一星"精神促进了中国科技事业的进步。在祖国需要他们时,他们怀揣一颗爱国的赤子之心历经艰难万险回应祖国的召唤,他们放弃了国外优越的条件,回到祖国,白手起家,在短时间内研制出了"两弹一星",促进了中国科学技术的进步。

"两弹一星"精神孕育于"两弹一星"事业,"两弹一星"事业的发展,促进了我国的国防安全。如前所述,我国"两弹一星"基于国家安全受到威胁的情况之下研制的,科技工作者们为了国家的安全与稳定,自力更生,艰苦奋斗,大力协同,勇攀高峰,突破了一个又一个的难题,也创造了一个又一个的人间奇迹。伟大事业产生伟大精神,这种精神是爱国主义、集体主义的体现,促进了科技工作者们建设更强大的祖国。

在今天实现中华民族伟大复兴中国梦的道路上,我们更需要发扬"两弹一星"精神。半个多世纪以来,以 23 位元勋科学家为代表的广大科研工作者们身系国家,无私奉献,书写了一段光辉的历史。在今天,我们需要继续弘扬热爱祖国、无私奉献的精神,忠于祖国和人民,将国家的命运与自己的命运紧紧地联系在一起,为国家贡献出自己的力量。

习近平总书记曾指出:"我国科技事业取得的历史性成就,是一代又一代矢志报国的科学家前赴后继、接力奋斗的结果。"② 我国的科技工作者们白手起家,隐姓埋名,不怕牺牲,创造出了伟大的科技事业。在今天,我们要发扬自力更生、艰苦奋斗的精神,勇往直前,拥有前辈人的坚定信念,不断地取得新发展。

中国共产党坚持群众路线,集中力量办大事,汲取群众的智慧,上下一心,

---

① 江泽民.再表彰为研制"两弹一星"作出突出贡献的科技专家大会上的讲话[N].人民日报,1999-09-19.
② 习近平.在科学家座谈会上的讲话[M].北京:人民出版社,2020:12.

协同作战,"两弹一星"事业就是如此。当下,我们继续弘扬大力协同、勇于登攀的精神,为祖国的发展与壮大提供源源不断的精神动力。

"两弹一星"的研制成功,让世界为之震撼,习近平总书记指出:"'两弹一星'、载人航天、探月工程等一批重大工程科技成就,大幅提升了中国的综合国力和国际地位。"① 在今天,我们逐渐走向了时代的中央,不断地在世界上发出中国声音,讲述中国故事。与此同时,我们也在面临着来自国际上的巨大挑战。我们要结合新时代的特点,继续弘扬"两弹一星"精神,建设更强大的祖国。

三、"两弹一星"精神教学案例分析

(一) 两弹元勋邓稼先

1. 案例呈现

邓稼先,1924年出生于安徽怀宁,其祖上,是被誉为清代篆刻、书法第一大家的邓石如。邓石如先生所在的大院称为"铁砚山房",邓稼先就出生在这所山水环绕的大院里。

1948年,邓稼先赴美读研,在美国印第安纳州普渡大学研究生院物理系进行学习。在这里,他接触到了最先进的知识以及著名的物理学家,这让他的知识体系越来越丰富。而他也足够努力,仅用了不到两年的时间,便修满了学分并且顺利通过了博士论文的答辩,拿到了博士学位,此时的邓稼先,只有26岁。因此,他也被称为"娃娃博士"。1950年,他放弃了国外优越的条件,选择回国,投身于祖国的科技事业。

1979年的一天,科技工作者们在大西北的茫茫戈壁上做着原子弹航投实验。但是飞机投弹后却不见爆炸,核弹也不知摔在了何处。众所周知,研制核武器会有受到核辐射的危险,尤其是铀-235和钚-239的放射性是致命的,研究人员经常会接触到这些物质,内行人称之为"吃剂量"。邓稼先不顾众人阻拦,坚持自己去寻找。他在一片戈壁深处找到了核弹的碎片,但是也正是这次之后,他的身体受到了核辐射的影响,身体越来越差。1985年,他被检查出直肠癌。1986年,邓稼先与世长辞,年仅62岁。

---

① 习近平. 让工程科技造福人类、创造未来——在2014年国际工程科技大会上的主旨演讲[N]. 人民日报, 2014-06-04.

2. 案例点评

邓稼先是中国核武器研制工作的开拓者和奠基者，他饱含一颗赤子之心，在国家最需要的时候回到自己的祖国，放下家庭，只身投入了茫茫戈壁，将自己的一生都无私地奉献给了中国的科技事业。邓稼先的一生践行着"两弹一星"精神，热爱祖国、无私奉献。本案例作为"两弹一星"精神的典型，可与教材第八章第五节中"历久弥新的时代精神"相结合起来。

(二) 难民物理学家赵忠尧

1. 案例呈现

赵忠尧是我国著名的核物理学家，中国核物理研究和加速器建造事业的开拓者。他曾师从诺贝尔奖获得者密立根教授，是最早观察到正负电子对产生与湮没的人。

1937年，赵忠尧从英国剑桥大学卡文迪许实验室学成归国时，卢瑟福博士将50毫克放射镭给了他，这是一份极其珍贵的高能物理材料。回国后，他把放射镭放在了清华实验室里。七七事变爆发后，清华大学、北京大学等师生迁往西南地区，放射镭没能来得及取走。为了取走放射镭，赵忠尧化装成难民，将装镭的签筒放在了一个咸菜坛子里，随着难民一同南下。辗转一个多月后，赵忠尧终于来到长沙。风餐露宿，昼伏夜出，原本风度翩翩的大学教授变成了一个衣服破烂、蓬头垢面、拄着一根棍子的乞丐。看到长沙临时大学的办事处后，赵忠尧对门卫说要找梅校长。门卫以为是一个精神不正常的人，便要轰他走。恰好梅贻琦校长出来送客，赵忠尧用沙哑的声音大喊了一声"梅校长"，便放声痛哭起来。梅贻琦起初没有认出这个"乞丐"，上前仔细一看，才发现是赵忠尧教授。正是他带回的这50毫克放射镭，才促进了中国现代物理学的发展。

2. 案例点评

试想一下，如果你是在抗日战争时期，在某条路上，你遇到了一位蓬头垢面的乞丐，你能想象他是一位著名的学者吗？估计谁都无法把这两者结合在一起，而赵忠尧做到了。为了祖国核武器事业的发展，他放下文人风骨，历尽千难万险，将50毫克放射镭看的比性命还重要，只为可以为祖国的科技事业贡献一份自己的力量。在社会主义建设道路的进程中，有太多像赵忠尧这样的人物，为了祖国，不怕牺牲、艰苦奋斗，从中也形成了历久弥新的时代精神。

四、"两弹一星"精神融入教材专题教学设计

专题名称	东方起舞:"两弹一星"精神	学时	1学时
融入章节	第八章 中华人民共和国的成立与中国社会主义建设道路的探索		
学情分析	1. 学生在上一专题中已经学习了中国共产党团结带领中国人民在全面建设社会主义中取得的伟大成就,这些知识的掌握为本节课的学习提供了一定的知识基础。 2. 根据学生掌握的知识来看,同学们可以清晰掌握我国在工业、科技、文化、教育方面取得的客观成就。但是伟大事业孕育伟大精神,学生对于伟大精神方面缺乏深入的了解。因此,本节课选取相关的案例,帮助学生更加深入理解与思考相关知识。 3. 前期的课程内容多注重史实的梳理,讲授方法较为单一。本节课采用案例分析、图片展示、小组讨论等互动环节,能够不断激发学生学习的积极性,达到教学预期效果。		
一、教学目标			
(二)知识目标 1. 掌握"两弹一星"精神的内涵。 2. 理解"两弹一星"精神的时代价值。 (二)能力目标 提高学生归纳与全面分析历史问题的素养,提高学生运用科学的历史观方法论分析问题和解决问题的能力。 (三)情感目标 充分认识"两弹一星"精神热爱祖国、无私奉献、自力更生、艰苦奋斗、大力协同、勇于登攀的丰富内涵,激发学生的爱国情怀,在新的历史条件下承担起建设祖国的重任。			
二、教学重点与难点			
教学重点:"两弹一星"精神的内涵。 教学难点:"两弹一星"精神的时代价值。			
三、教学过程			
(一)任务导入 案例导入: 通过科学家朱光亚等人的一封公开信,激发学生的问题意识。 案例内容: 1950年3月18日,朱光亚等52位留美学生发表了《致全美中国留学生的一封公开信》。信中这样写道: 从现在起,四万万五千万的农民、工人、知识分子、企业家将在反封建、反官僚资本、反帝国主义的伟大旗帜下,团结一心,合理建设一个新兴的中国,一个自由民主的中国,一个以工人农民也就是人民大众的幸福为前提的新中国;要完成这个工作,前面是有不少的艰辛,但是我们有充分的信念,我们是在朝着充满光明前途的大道上迈进,这个建设新中国的责任是要我们分担的。同学们,祖国在召唤我们了,我们还犹豫什么?彷徨什么?我们该回去了……			

续表

提出问题:
留学生集体回国,去建设美丽新中国,同学们怎么看待这种精神?

在几千年的中华文明中,爱国精神一直是不变的民族精神。在新时代,这种爱国精神历久弥新。新中国成立后,百废待兴。为了推动新中国的建设,党中央积极发展中国的科技事业。居住在海外的科学家们,有很多都已经功成名就,但还是饱含一颗爱国之心。在祖国的召唤下,他们放下了海外优越的条件,集体选择回国。这样一种爱国的精神值得我们每个人去发扬。

(二)新课讲授

1. "两弹一星"精神的主要内涵(教学重点)

第一,热爱祖国的赤子精神

热爱祖国的赤子精神是"两弹一星"精神中最具感召力的精神,尽管新中国不能给科学家们优越的条件,但是这些科技工作者们依然选择为中国的科技事业贡献自己的力量,依靠的就是强烈的爱国精神。

材料分析:通过程开甲等人的话语去理解热爱祖国的赤子精神。

材料一:我不回国,可能会在学术上有更大的成就,但绝不会有现在这样幸福,因为我现在做的一切,都和祖国紧紧地联系在一起。

——程开甲

材料二:我回国不是为了地位和金钱,而是为了把学到的知识贡献给国家建设。因此,我愿意在基层做一些具体事情。我愿意同大家一起,为我国火箭上天贡献力量。

——姚桐斌

第二,无私奉献的献身精神

无私奉献是一种极高的道德品质,我国的科技工作者们以国家和民族的利益为重,做出了巨大的牺牲。为了祖国能够拥有核武器,为了保守秘密,选择了隐姓埋名,奔走于茫茫戈壁,远离繁华的城市,远离挚爱的家人,有的人甚至献上了自己宝贵的生命。

史料分析:通过两段历史事实进行分析

所有参加原子弹研制工作的科学家都要隐姓埋名,王淦昌为了保密,将自己的名字改为了"王京",当妻子问他去哪里时,他只回答"去执行任务"。

在我国两弹研制的关键时刻,郭永怀兼任核武器研究所副所长,为了保密,他的生活进入"神隐"状态,上午他秘密进行核武器的研制,下午则以力学所副所长的身份研究力学。他的妻子一直不知道他在做什么工作。

第三,自力更生的拼搏精神

中国研制"两弹一星"的过程十分艰难,美国的虎视眈眈,苏联的背信弃义,我们必须自力更生,奋勇拼搏。周恩来就多次强调:"搞尖端武器要从我国实际出发,必须自力更生,艰苦奋斗,因陋就简。"我们的科技工作者们在国内外的巨大压力之下,走出了一条自力更生的道路。

史料分析:拼出"争气弹"

当中苏关系恶化,苏联撤走全部专家后,中国开始了自力更生之路。任新民鼓励大家说:"自己动手,自己设计、制造试车台!没有现成的图纸,咱们的制造可能慢一些,但是一定要自己干,也一定能成功。"至1960年,任新民等人终于建起了我国自己设计、自己建造的试车台。1960年11月,我国仿制的"东方一号"导弹腾空而起,这是我国自己独立拼出的第一颗"争气弹"。

第四,艰苦奋斗的创业精神

在"两弹一星"事业的起步阶段,我们一无所有。经济落后,工业基础薄弱,物资匮乏。然而,也正是这样艰苦的条件,培养出了一支能吃苦的科技队伍。艰苦奋斗的创业精神是"两弹一星"精神的重要内容,是我国科技事业能够取得傲人成绩的重要法宝。

续表

案例:"2611"的由来

位于青海湖北岸的金银滩是一个非常美丽的地方,当年,这里汇集了数百名中国顶尖的科学家、大学生、技术人员。这里条件非常恶劣。人们不仅要经受高寒缺氧的考验,还要忍冻挨饿。1959年,我国正值三年自然灾害时期,人们的生活难以保障。当时的伙食标准时每人每月26斤粮食,每天1钱油,1角钱的干菜汤,被戏称为"2611",许多人由于营养不良二出现浮肿、夜盲症。但是即使是这样,他们仍然坚守在这里。

第五,大力协同的合作精神

"两弹一星"伟大成就的获得是众多人才、众多部门通力合作的结果,所以,在"两弹一星"的研制过程中,也孕育了伟大的大力协同的合作精神。正如钱学森所说:"两弹一星"是"一件千头万绪的工作,需要组织成千上万人参加。那时参加这项工作的人,都是在极其困难的条件下,艰苦奋斗,夜以继日,甚至不惜牺牲地干。这样一支庞大的队伍,完成这么艰巨的任务,首先是因为有一个非常有力而且很有效的领导,这就是中国共产党的领导"。

案例:聂荣臻的回忆录

1956年6月,为了组建导弹研究院,我们召开了一次会议,请教育部、机械工业部、冶金部、化工部、铁道部等单位的负责同志参加,共同商讨抽调技术或教学骨干到导弹研究院工作的问题,大家都非常支持,表示要谁给谁,很令人鼓舞……这种同心协力组建我国科研队伍的精神,实在令人感动。

第六,勇于登攀的创新精神

"两弹一星"事业是一项高精尖技术事业,它不仅仅需要爱国、自力更生、艰苦奋斗,更需要的是勇于攀登的创新精神。

在研制人造卫星时,我们没有什么经验可以借鉴,一切都是白手起家。为了选好观测站点,年过半百的陈芳允带领团队走遍大半个中国。为了解决人造卫星上得去还得抓得住的问题,陈芳允不断创新、改进、实验,用了多普勒测速仪、光学、雷达等保证卫星入轨点的准确测量。最终,我国第一颗人造卫星研制成功。

2. "两弹一星"精神的历史地位与时代价值(教学难点)

"两弹一星"精神孕育于"两弹一星"事业,"两弹一星"事业的发展,"两弹一星"精神促进了中国科技事业的进步,促进了我国的国防安全。

在今天实现中华民族伟大复兴中国梦的道路上,我们更需要发扬"两弹一星"精神。在今天,我们需要继续弘扬热爱祖国、无私奉献的精神,忠于祖国和人民,将国家的命运与自己的命运紧紧地联系在一起,为国家贡献出自己的力量。我们要发扬自力更生、艰苦奋斗的精神,勇往直前,拥有前辈人的坚定信念,不断地取得新发展。我们要继续弘扬大力协同、勇于登攀的精神,为祖国的发展与壮大提供源源不断的精神动力。

案例分析:2011年,习近平总书记在看望科学家时指出:

"两弹一星"精神时宝贵的精神财富,一定要一代一代地传下去,使之化为不可限量的物质创造力。

(三)课堂小结

"两弹一星"精神 ─── 基本内涵
               ─── 历史地位与时代价值

(四)布置作业

通过本节课的学习,深入理解"两弹一星"精神,这种精神对于我们当代大学生有什么启示?

续表

四、教学资源
（一）参考文献 1. 参考文献： 1. 林诚．东方巨星："两弹一星"元勋的神秘探程［M］．北京：当代世界出版社，2001. 2. 刘学礼．两弹一星精神［M］．北京：中共党史出版社，2020. 3. 彭继超，伍献军．中国两弹一星实录［M］．北京：解放军文艺出版社，2000. 4. 彭子强．中国两弹一星揭秘［M］．北京：军事谊文出版社，1993. 5. 司德鹏．弘扬"两弹一星"精神　自主创新勇攀高峰［M］．北京：党建读物出版社，2006：90. 6. 武衡，杨浚．当代中国的科学技术事业［M］．北京：当代中国出版社，1992. 7. 中共中央文献研究室．毛泽东文集［M］．北京：人民出版社，1999. 8. 莱斯利·R. 格罗夫斯．现在可以说了——美国首批原子弹制造简史［M］．北京：中国工业出版社，1965. 9. 劳伦斯·弗里德曼．核战略的演变［M］．北京：中国社会科学出版社，1990. （二）网络资源 中国大学 MOOC《中国近现代史纲要》相应网络教学视频
五、教学方法
讲授法、案例教学法、互动式点评
六、实践环节
大家一起观看《东方巨响》，并写出一篇不少于 500 字的感想。

第四章

改革开放和社会主义现代化建设新时期中国共产党人的精神谱系融入"纲要"课解析

第一节 开拓创新：改革开放精神

一、改革开放精神的基本内涵

1978年12月18日，党的十一届三中全会在北京召开，这次会议实现了历史性的伟大转折，果断停止使用"以阶级斗争为纲"的口号，彻底否定了"两个凡是"的错误方针，把全党的工作重心转移到社会主义现代化建设上来。这次会议开启了改革开放的伟大征程，也标志着我国社会主义现代化建设进入新时期。

"文化大革命"结束之后，由于受到"两个凡是"的影响，党和国家工作并没有立即走上正轨，而是在徘徊中前进。1978年5月10日、11日，《理论动态》《光明日报》先后刊登、发表《实践是检验真理的唯一标准》一文，该文发表后产生强烈反响，在邓小平等老一辈革命家支持之下，全党全社会迅速展开关于真理标准问题的大讨论。邓小平批评一些人关于"两个凡是"的错误态度，号召"拨乱反正，打破精神枷锁，使我们的思想来个大解放"①。这次大讨论进一步解放了人们的思想，所以有人认为"这场深刻而广泛的马克思主义思想运动，成为正本清源、拨乱反正和改革开放的思想先导"②。

在改革开放伟大决策中，邓小平同志起了决定性作用，所以有人说："邓小平等老一辈革命家不负众望，在历史的转折关头，担当起时代赋予的重任，作出了改革开放的伟大决策，显示出了卓越的才能和非凡的胆略，为党和国家一

---

① 邓小平. 邓小平文选：第二卷［M］. 北京：人民出版社，1994：119.
② 本书编写组. 中国近现代史纲要［M］. 北京：高等教育出版社，2021：239.

步步拨正了航向。"① 邓小平说："任何一个民族、一个国家，都需要学习别的民族、别的国家的长处，学习人家的先进科学技术。"②

在改革开放实践中产生了改革开放精神，所以改革开放是改革开放精神产生的时代背景。所以，习近平总书记指出："改革开放铸就的伟大改革开放精神，极大丰富了民族精神内涵，成为当代中国人民最鲜明的精神标识！"③

改革开放精神是中国共产党人精神谱系的伟大精神之一，是中国共产党在伟大的改革开放实践中形成的精神品格，是中国共产党领导中国人民开创中国特色社会主义伟大事业的精神动力。改革开放精神内涵丰富，中央党校韩庆祥教授将其概括为七个方面：革故鼎新的超越精神、披荆斩棘的革命精神、敢为人先的创新精神、只争朝夕的追赶精神、敢闯敢试的攻坚精神、脚踏实地的务实精神、直面难题的担当精神④。具体如下：

（一）革故鼎新的超越精神

超越精神的核心是革故鼎新。革故鼎新就是革除陈旧落后的东西，建构有利于我国发展进步的新的东西，就是在改造旧世界中建立新世界，永不僵化、永不停止，进而实现历史转折和历史跨越。改革开放，首要就是打破束缚我国生产力发展的体制机制弊端，冲破束缚人的发展的陈旧僵化的思想观念。改革开放的进程，就是革故鼎新、破旧立新、不断超越的过程。

（二）披荆斩棘的革命精神

革命精神的核心是"披荆斩棘"。披荆斩棘就是扫除障碍、杀出血路，亦即消除束缚生产力发展和人的发展障碍、弊端，为发展开辟新路。这表明在我国发展的路上阻力很大，每推进、深化一步改革开放都相当艰难。这就需要具有一种披荆斩棘即扫除障碍、杀出血路的革命精神。从1978年我们党开启的改革开放，到党的十八大以来积极推进的全面深化改革，一路走来，改革开放始终都是在"破坚冰""蹚血路"中披荆斩棘、艰难前行。

（三）敢为人先的创新精神

创新精神的核心是敢为人先。敢为人先就是解放思想、实事求是、与时俱进，是使中国走上现代化之路。中华民族自古就有"苟日新，日日新，又日新"的创新精神。这种精神在改革开放进程中得到了进一步丰富发展。改革开放在

---

① 蒋积伟.改革开放精神[M].北京：中共党史出版社，2020：2.
② 邓小平.邓小平文选：第二卷[M].北京：人民出版社，1994：91.
③ 习近平.论坚持全面深化改革[M].北京：中央文献出版社，2018：508.
④ 韩庆祥.论伟大改革开放精神[N].学习时报，2019-01-07（001）.

本质上就是要解决我国发展进程中所出现的问题，一些问题解决了，就推进了我国发展；在进一步发展进程中，新的问题又出现了，这还要通过改革开放来解决。在解决艰难问题过程中，必须具有敢为人先的创新精神，否则，一个问题也解决不了。

（四）只争朝夕的追赶精神

追赶精神的核心是只争朝夕。只争朝夕就是强调时不我待的紧迫感、抓住时机发展自己的责任感，其实质是追赶，既要解决好我国自身的发展问题，又要赶上世界现代化潮流，最终使中国人民过上美好幸福生活。为加快实现社会主义现代化的步伐，我们强调对外开放，吸收人类社会创造的一切文明成果，尤其是要正确对待资本主义社会创造的现代文明成果。实际上，我国所开启并不断推进的改革开放，就是要追赶世界潮流，追赶世界现代化发展步伐。

（五）攻坚精神的核心是敢闯敢试

敢闯敢试就是勇往直前、不懈奋斗、自强不息。拥有敢闯敢试、勇往直前、不懈奋斗、自强不息的精神状态，就是为了攻坚克难。在改革开放进程中，既要涉险滩，又要闯难关。当今我国改革开放面临的难题，其难度绝不亚于革命战争年代遭遇的难题。正是有这种精神，中国共产党带领中国人民冲破了一个又一个艰难险阻，取得一个又一个伟大胜利。在我国改革开放进程中涌现出的无数改革先锋人物，都是敢闯敢试的改革先锋。

（六）脚踏实地的务实精神

务实精神的核心是脚踏实地。脚踏实地就是踏石留印、知行合一。我国的改革开放，既没有既成的公式可以遵循，也没有现成的模式可以照搬，必须在实践中一步一步摸索。"摸着石头过河"，实际上就是一种脚踏实地的务实精神。

（七）直面难题的担当精神

担当精神的核心是直面难题。直面难题就是问题倒逼改革，发展出题目、改革做文章。要真正解决好我国发展进程中出现的各种问题和难题，就需要一种责任担当精神。邓小平同志带领我们党开启改革开放，就是为了解决影响和阻碍生产力发展和人的发展的问题。

韩庆祥认为这七个方面是逻辑统一的，韩庆祥认为这七个方面是逻辑统一的，所以他说："超越精神侧重于破旧立新的历史转折和历史跨越进程，革命精神侧重于'破旧'，创新精神侧重于'立新'，追赶精神侧重于以开放姿态抓住时机加快发展并与时代同行，攻坚精神侧重于破旧立新、加快发展所应具备的精神状态，务实精神侧重于以实干抓改革开放路线方针政策举措落实的执行力，担当精神是以上六种精神的前提，没有担当精神，上述六种精神都无从谈起。

这七种精神构成一个逻辑严密的整体，是改革开放贡献给世界的中国精神成果。"①

二、改革开放精神的历史意义与时代价值

（一）历史意义

改革开放精神是在改革开放的伟大实践中形成的，是中国特色社会主义文化和民族精神的重要组成部分，接续了中国共产党人的精神谱系，丰富了中华民族精神内涵，成为当代中国人民最鲜明的精神标识。习近平总书记在庆祝改革开放40周年大会上的重要讲话中强调："改革开放是我们党的一次伟大觉醒，正是这个伟大觉醒孕育了我们党从理论到实践的伟大创造。改革开放是中国人民和中华民族发展史上一次伟大革命，正是这个伟大革命推动了中国特色社会主义事业的伟大飞跃！"②

（二）时代价值

改革开放精神是在改革开放实践中形成的，在改革开放新的实践中要赋予其新的时代内涵，以便更好地指引新时代改革开放实践，激励新时代改革开放再出发，继续开拓创新、应对风险挑战。同时，改革开放精神为思想政治教育提供优质资源，这是因为"首先，改革开放精神产生于改革开放时代，蕴含了改革、创新、开放等元素，与今天改革开放的时代主题是高度契合的。其次，改革开放精神的背后，是一系列生动感人的故事，还原老一辈革命家的拓荒历史，可以有效避免思想政治教育灌输和说教的弊端，提升意识形态工作的针对性和时效性"③。

三、改革开放精神教学案例分析

（一）教学案例：杀出一条血路来

1. 案例呈现④

经济特区的创办和发展，经历了一个由酝酿、提出到不断完善、提升的过程，既是改革开放历史进程的缩影，也从一个侧面诠释了改革开放的路径和

---

① 韩庆祥.论伟大改革开放精神［N］.学习时报，2019-01-07（001）.
② 习近平.在庆祝改革开放40周年大会上的讲话［N］.人民日报，2018-12-19（002）.
③ 蒋积伟.改革开放精神［M］.北京：中共党史出版社，2020：208-209.
④ 陈金龙，张鹏辉.经济特区：中国改革开放的伟大创举［N］.光明日报，2020-11-11（011）.

策略。

　　1979年4月中央工作会议期间，中共广东省委第一书记习仲勋在会上提出，希望中央让广东先走一步，放手干。邓小平对中共广东省委提出的在邻近香港、澳门的深圳、珠海以及汕头兴办加工区的意见表示赞同，并说：还是叫特区好，陕甘宁开始就叫特区嘛！中央没有钱，可以给些政策，你们自己去搞，杀出一条血路来。会后，中共中央、国务院责成广东、福建两省，对在深圳、珠海、汕头和厦门试办出口特区问题进一步组织论证，提出具体实施方案报中央审定。在经过深入调研和认真考虑之后，1979年7月15日，中共中央、国务院批转广东省委、福建省委关于对外经济活动实行特殊政策和灵活措施的两个报告，同意先在深圳、珠海两地试办出口特区，待取得经验后，再考虑在汕头和厦门设置特区的问题。1980年8月26日，五届全国人大常委会第十五次会议决定：在广东省的深圳、珠海、汕头和福建省的厦门划出一定区域设置经济特区，并批准《广东省经济特区条例》。至此，经济特区建设正式通过立法程序确定下来。

　　经济特区创办初期，在党中央的正确领导和全国人民的大力支持下，广大干部群众迎难而上、锐意进取、奋勇拼搏，坚决贯彻执行党中央的决策部署，在国民经济增长、对外出口贸易、经济管理体制改革、社会主义精神文明建设等领域取得了有目共睹的显著成就，创造了三天盖一层楼的"深圳速度"等众多发展奇迹。1984年初，邓小平在视察广东期间目睹经济特区发展成就后，为深圳特区题词："深圳的发展和经验证明，我们建立经济特区的政策是正确的。"经济特区创办初期取得的成绩，也进一步坚定了中央实行改革开放的决心和信念。1988年4月13日，七届全国人大一次会议正式批准设立海南经济特区，明确要求发挥经济特区对全国改革开放和现代化建设的重要窗口和示范带动作用，由此开创了我国经济特区发展的新局面。

　　2. 案例点评

　　1979年春天，广东方面就提出充分运用自身毗邻港澳的条件，划定特定区域发展外向型经济，这个提议得到邓小平的肯定和支持，他鼓励广东方面要杀出一条血路来。从此，深圳开启经济特区建设新征程。深圳自从设定经济特区以来发生翻天覆地的变化，从边陲小镇崛起为国际大都市，诞生了新中国很多"第一"，创造了世界发展史上的奇迹。

　　本案例可用在第九章第一节第三目"改革开放的起步"中"对外开放的启动和创办经济特区"部分的教学。通过讲述深圳设定经济特区的历史背景，以及后来日新月异的发展变化，使学生深刻地认识到经济特区在改革开放实践中的地位，经济特区的设立是党和国家推进改革开放和社会主义现代化建设的伟

(二)教学案例：告别田赋鼎见证全面取消农业税

1. 案例呈现①

"告别田赋鼎见证免征农业税，恩惠鼎记录党的一系列惠农好政策，告别贫困鼎纪念灵寿县脱贫出列，感恩鼎则铭记'减税降费'。"4月5日，46岁的河北省灵寿县青廉村村民王英洁向中青报·中青网记者一一介绍陈列在灵寿县青铜文化博物馆内一字排开、气势恢宏的四尊铜鼎。

"鼎代表着权威，也是一种文化，我们想通过铸鼎刻铭，把这些国家大事告诉子孙后代。"自2006开始，王英洁在父亲王三妮的带领下，两代农民匠人先后四次铸鼎刻铭。

"改革开放40多年来，我国农村发生了巨大变革。"谈及这对农民父子2006年所铸的告别田赋鼎，河北师范大学商学院副教授、北京师范大学经济学博士王艳芳认为，农业税废除无疑是我国农村具有标志意义的一次重大改革。

2009年5月，王三妮已将告别田赋鼎原件捐赠给中国农业博物馆。如今这尊见证了延续2600年的农业税走进"历史博物馆"的青铜鼎，也走进了博物馆，向观众讲述着它背后的故事。

王英洁回忆，自己小时候，父亲在田间劳作之余，就为十里八乡的村民加工铜勺、铜烟袋锅等。作为世代务农的农民，14亩承包田曾是王三妮一家主要收入来源。记忆最深的是"排着长队交公粮"的情景。

"农业税是国家对一切从事农业生产、有农业收入的单位和个人征收的一种税，俗称'公粮'。"王艳芳介绍，农业税始于春秋时期鲁国的"初税亩"，到汉初形成制度。新中国成立以后，第一届全国人大常委会第九十六次会议于1958年6月3日颁布农业税条例。

农业税条例实施以来，对于正确处理国家与农民的分配关系、发展农业生产、保证国家掌握必要的粮源、保证基层政权运转等发挥了重要作用，但也在一定程度上加重了农民负担。

20世纪80年代中后期，农民负担问题逐步突出，引起党中央高度重视。从1990年起，党中央开始抓减轻农民负担工作，并取得了一定成效。

2000年党中央、国务院作出进行农村税费改革的重大决策，并率先在安徽全省和包括河北在内的一些省份的部分县市开展试点。

2005年12月29日，十届全国人大常委会第十九次会议决定，自2006年1

---

① 樊江涛. 告别田赋鼎见证全面取消农业税 [N]. 中国青年报，2021-04-09 (006).

月1日起国家不再针对农业单独征税。

正是在得知之一消息后，王三妮有了铸造"告别田赋鼎"的计划。历时近一年，这个直径82厘米、高99厘米，重达252公斤的双耳三足青铜鼎最终完成。

经过多方征求意见、反复推敲，时年59岁的王三妮在铭文中这样写道："我是农民的儿子，祖上几代耕织辈辈纳税。今朝告别了田赋，我要代表农民铸鼎刻铭，告知后人，万代歌颂永世不忘。"

2. 案例点评

2006年农业税的全面取消，标志着在我国已经延续了2600多年的农业税退出历史舞台。河北省委党史研究室编研三处处长阎丽则指出，最终全面取消农业税的农村税费改革是继土地革命、家庭联产承包责任制之后，新中国第三次农业制度的重大变革①。

本案例可用在第四节第一目"全面建设小康社会宏伟目标的提出"中"促进区域、城乡协调发展"部分的教学。借助本案例进一步说明：农业税的取消是中国数千年农业史上前无古人的创举，标志着农村税费改革圆满完成阶段性历史任务，也标志着我国"以农养政"时代的终结。这项惠农政策的出台，进一步解放了农村生产力，极大地减轻了农民负担，更大程度上调动了农民积极性，促进了农村经济发展和农村社会稳定。

四、改革开放精神融入教材专题教学设计

专题名称	开拓创新：改革开放精神	学时	2
融入章节	第九章第一节、第二节、第三节、第四节		
学情分析	1. 学生已在上一章系统学习了中华人民共和国的成立与新生人民政权的巩固、党在过渡时期的总路线及其实施、社会主义基本制度的确立、社会主义建设的良好开端、社会主义道路的艰辛探索和曲折发展五部分内容，对新中国的成立和社会主义建设有了一定了解和认识，为本节课的学习具备了一定的知识基础。 2. 从往届学生对本部分内容掌握的情况看，学生对"十一届三中全会""改革开放"两个概念理解有一定了解，但对召开十一届三中全会的背景和实施改革开放政策的原因认识还不够深入，对改革开放精神的基本内涵更是缺乏相关认知。因此，需要以理论与史实相结合的方式，选取相关教学案例，帮助学生深入理解改革开放精神。 3. 从以往课程反馈情况看，学生更希望教师在教学的过程中采用启发式教学，改变"模式单一"的满堂灌、填鸭式教学。所以，在本节及以后的教学中，要适当增加师生互动环节，通过相关视频、图片激发学生学习兴趣和积极性，以达到更好的学习效果。		

---

① 樊江涛. 告别田赋鼎见证全面取消农业税［N］. 中国青年报，2021-04-09（006）.

续表

一、教学目标
（一）知识目标 1. 掌握改革开放精神的时代背景、理论内涵、精神特点，以及改革开放精神的历史意义、时代价值。 2. 进一步认识在改革开放和现代化建设新时期，改革开放精神不断丰富发展的过程，并认识到其在改革开放和现代化建设新时期的作用。 3. 理解改革开放精神最核心的内涵就是敢于创新①。 （二）能力目标 提高学生全面分析和归纳历史问题的素养，培养学生通过历史现象认识历史本质的能力。 （三）情感目标 使学生充分认识到改革开放是坚持和发展中国特色社会主义的必由之路，使中华民族实现了从站起来到富起来的伟大历史飞跃。帮助学生树立正确的历史观，要坚决反对、抵制历史虚无主义。厚植学生爱党、爱国、爱社会主义的情感，强化"四个自信"的价值认同。
二、教学重点与难点
1. 教学重点 （1）改革开放的起步。 （2）改革开放和现代化建设的深入推进。 2. 教学难点 （1）改革开放和现代化建设的跨世纪发展。 （2）全面建设小康社会新部署和改革开放的深化。
三、教学过程
（一）任务导入 案例导入：通过播放歌曲《春天的故事》视频，展现深圳在改革开放之后的沧桑巨变，深圳从一座边陲小镇崛起为一座国际大都市，进而激发学生的积极性和问题意识，使他们对开拓创新、敢为人先的改革开放精神有一个初步的了解。 案例内容：1992年，这首歌曲的词作者蒋开儒通过报纸上的长篇通讯《东方风来满眼春》了解到深圳在改革开放之后一日千里的发展景象。他为了更好地进一步了解深圳，便只身前往深圳，并在那里找了一份工作，在此期间他有感而发，最终在1992年12月16日的早上完成了这首歌的歌词初稿。1994年，蒋开儒又找王佑贵完成这首歌曲的谱曲工作。随后在叶旭全的帮助下，三人对这首歌曲进行改进，使这首歌曲成为响彻大江南北的经典之作。 歌词如下： 1979年 那是一个春天 有一位老人在中国的南海边画了一个圈 神话般地崛起座座城 奇迹般聚起座座金山

---

① 蒋积伟. 改革开放精神［M］. 北京：中共党史出版社，2020：21.

续表

> 春雷啊唤醒了长城内外
> 春晖啊暖透了大江两岸
> 啊 中国 啊 中国
> 你迈开了气壮山河的新步伐
> 你迈开了气壮山河的新步伐
> 走进万象更新的春天
> 1992年
> 又是一个春天
> 有一位老人在中国的南海边写下诗篇
> 天地间荡起滚滚春潮
> 征途上扬起浩浩风帆
> 春风啊吹绿了东方神州
> 春雨啊滋润了华夏故园
> 啊 中国 啊 中国
> 你展开了一幅百年的新画卷
> 你展开了一幅百年的新画卷
> 捧出万紫千红的春天
> 啊

深圳为什么能在改革开放之后发生沧桑巨变,根本原因是被划定为经济特区,在国家政策的支持下,使之成为我国改革开放的急先锋,发挥"试验田"和"窗口"作用。在这个发展过程中,深圳人民革故鼎新、敢闯敢试,充分践行了改革开放精神。

(二)新课讲授

1. 历史性的伟大转折和改革开放的起步

"文革"结束之后,百废待举。在1978年5月11日,《光明日报》的一篇文章引发了全党全社会关于真理标准问题的大讨论。经过这个大讨论,破除了"两个凡是"的思想枷锁,使人们的思想得到解放。所以有人说:"这场深刻而广泛的马克思主义思想解放运动,成为正本清源、拨乱反正和改革开放的先导。"① 在此之后,党内外思想日益活跃,开始出现酝酿改革开放的新局面,出现学习他国长处和先进科学技术的呼声。邓小平就说:"任何一个民族、任何一个国家,都需要学习别的民族、别的国家的长处,学习人家的先进科学技术。"②

正是因为经过关于真理标准问题的大讨论,使党内外的思想得到解放,改革开放的伟大决策才成为可能。习近平总书记指出:"解放思想是前提,是解放和发展社会生产力、解放和增强社会活力的总开关。"③ 1978年12月13日,邓小平在中央工作会议闭幕会上做题为《解放思想,实事求是,团结一致往前看》的讲话,这个讲话实际上成为随后召开的党的十一届三中全会的主题报告。1978年12月18日至22日,党的十一届三中全会在北京召开,全会彻底否定"两个凡是"的错误方针,重新确立解放思想、实事求是的思想路线。这一思想路线的重新确立与改革开放的决策密不可分,所以有人说:"改革开放的历程艰难曲折,但中国共产党人始终坚持解放思想、实事求是的思想路线,正视改革开放中出现的重大矛盾和挑战,正确认识改革开放的重大理论和实践问题,不断推进改革开放走向成功。"④

---

① 中国近现代史纲要[M].北京:高等教育出版社,2021:239.
② 邓小平.邓小平文选:第二卷[M].北京:人民出版社,1994:91.
③ 习近平.论坚持全面深化改革[M].北京:中央文献出版社,2018:47.
④ 蒋积伟.改革开放精神[M].北京:中共党史出版社,2020:48.

续表

提出问题：

谈一下在实行改革开放之后，我国对各方面体制都进行了哪些改革。

农村改革出现突破性进展，实行家庭联产承包责任制，包产到户、包干到户，极大地调动了农民生产的积极性，粮食产量和农民生活水平都得到大大提高。城市经济体制改革初步展开，扩大企业自主权，增强企业自主经营意识和市场意识。在改革推进的过程中，对外开放逐步展开，积极吸引和利用外资，在广东、福建设立经济特区。经济特区成为我国改革开放的重要窗口，向世界展示了中国改革开放的磅礴伟力。所以，有人说："创办经济特区，是党和国家为推进改革开放和社会主义现代化建设进行的伟大创举。"①

2. 改革开放和社会主义现代化建设新局面

中国改革开放是在开拓创新中开辟出来的。所以有人说："改革开放精神最核心的内涵就是敢于创新。马克思主义开放包容的理论品质，在改革开放的实践和改革开放精神中也得到继承。中国共产党实行改革开放，说到底就是以开放促创新。"②

中国共产党勇敢推进理论创新、制度创新、实践创新，为改革开放注入了强大动力。其中，理论创新在改革开放当中起到引领作用。1982年9月1日，在党的十二大开幕词中邓小平提出"建设有中国特色的社会主义"重大命题，他说："把马克思主义的普遍真理同我国的具体实践结合起来，走自己的道路，建设有中国特色的社会主义。"③这一重大命题，成为指引改革开放和社会主义现代化建设的伟大旗帜。随后，我国经济体制改革全面展开，在农村完善家庭联产承包责任制；在城市增强全民所有制企业的活力。同时，我国形成对外开放新格局，从经济特区到沿海开放城市再到沿海经济开发区，形成了多层次、有重点、点面结合的对外开放新格局。当然，改革开放也是"摸着石头过河"，不断深入探索和经验总结的过程。习近平总书记指出："我国改革开放就是这样走过来的，是先试验、后总结、再推广不断积累的过程，是从农村到城市、从沿海到内地、从局部到整体不断深化的过程。"④

1990年4月，党中央、国务院批准开发开放浦东，向全世界宣示中国坚定不移推动改革开放的决心和信心。浦东新区的建设意义重大，不仅可以促进上海本地的迅速发展，而且可以辐射和带动长江三角洲、整个长江流域乃至全国的改革开放和经济发展。浦东新区的开发开放践行的就是改革开放精神，因改革开放而生，因改革开放而兴，敢闯敢试，发挥排头兵的作用。习近平总书记说："浦东开发开放30年的历程，走的是一条解放思想、深化改革之路，是一条面向世界、扩大开放之路，是一条打破常规、创新突破之路。展望未来，我们完全有理由相信，在新时代中国发展的壮阔征程上，上海一定能创造出令世界刮目相看的新奇迹，一定能展现出建设社会主义现代化国家的新气象！"⑤

提出问题：

谈一下邓小平南方谈话及其意义。

---

① 中国共产党简史［M］. 北京：人民出版社，中共党史出版社，2021：236.
② 蒋积伟. 改革开放精神［M］. 北京：中共党史出版社，2020：21.
③ 邓小平. 邓小平文选：第三卷［M］. 北京：人民出版社，1993：3.
④ 习近平. 论坚持全面深化改革［M］. 北京：中央文献出版社，2018：7.
⑤ 习近平. 在浦东开发开放30周年庆祝大会上的讲话［N］. 人民日报，2020-11-13(002).

续表

1992年1月18日至2月21日，邓小平先后视察武昌、深圳、珠海、上海等地，并发表重要讲话，他强调革命是解放生产力，改革也是解放生产力。邓小平指出判断姓"资"姓"社"的标准是三个"有利于"，计划和市场都是经济手段，发展才是硬道理。习近平总书记指出："邓小平同志的南方谈话，从理论上深刻回答了长期困扰和束缚人们思想的许多重大问题，推动改革开放和社会主义现代化建设进入新阶段。正是在邓小平同志倡导和支持下，改革大潮汇聚成时代洪流，使中国人民的面貌、社会主义中国的面貌、中国共产党的面貌发生了历史性变化。"①

3. 把中国特色社会主义全面推向21世纪

改革开放取得巨大成功的一条经验就是与时俱进。改革开放精神有着与时俱进的理论特质。在改革开放的进程中机遇和挑战并存，在应对这些新挑战时一定得紧紧抓住时代发展脉搏，立足现实、求真务实，创造出新的光辉业绩。所以有人说："与时俱进就是要体现时代性，把握规律性，富于创新性。只有始终保持与时俱进的实践创新精神，才能使我们党把握时代特征，从实际出发，研究新情况，解决新问题，不断推进中国特色社会主义建设的进程。"②

党的十五大之后，改革开放不断推进。一方面，加强农业基础地位：在农村长期实行家庭联产承包责任制并不断完善，坚定不移贯彻土地承包再延长30年的政策，逐步引导农业走上集约化、集体化的道路。同时，加大扶贫攻坚力度，解决贫困地区农民温饱和增收问题。另一方面，搞好国有大中型企业：建设现代企业制度，按照鼓励兼并、规范破产、下岗分流、减员增效，实施再就业的改革思路，对国有企业改革攻坚全面展开。另外，对外开放格局进一步扩大，中国成功应对亚洲金融风暴的冲击，建立一批经济技术开发区和保税区。2001年中国成功加入世界贸易组织，打开了对外开放的新格局，使我国更快、更好地融入国际经济社会，对于推动经济体制改革和社会主义现代化建设产生了深远影响。

4. 在新的形势下坚持和发展中国特色社会主义

艰苦奋斗是改革开放精神内涵之一，没有艰苦奋斗就没有梦想的实现。在改革开放的进程中，每一次探索突破，都离不开艰苦奋斗。所以有人说："奋斗是改革开放最好的'注脚'……从小岗破冰，到深圳试水，从海南弄潮，到浦东逐浪，再到雄安扬波，等等，改革开放每一次举旗定向，每一次探索突破，都充满了智慧与奋斗。"③ 我们所取得的光辉业绩都是靠千千万万人齐心协力、共同奋斗出来的，所以有人还说："改革开放40多年来，党领导人民风雨兼程，用太多的尝试和探索、太多的艰辛与坚守，用说不完的感动和写不完的峥嵘，缔造了一个'天翻地覆'的世界奇迹。"④ 当然，成绩属于过去，我们需要接续努力，所以习近平总书记指出："奋斗是长期的，前人栽树、后人乘凉，伟大事业需要几代人、十几代人、几十代人持续奋斗。"⑤

提出问题：

谈一下党的十七大之后我国是如何坚持和发展中国特色社会主义的。

---

① 习近平. 在纪念邓小平同志诞辰110周年座谈会上的讲话［N］. 人民日报，2014-08-21（002）.

② 赵学斌. 与时俱进内涵探析［J］. 鲁行经院学报，2003（05）.

③ 蒋积伟. 改革开放精神［M］. 北京：中共党史出版社，2020：158.

④ 蒋积伟. 改革开放精神［M］. 北京：中共党史出版社，2020：159.

⑤ 习近平. 在2018年春节团拜会上的讲话［N］. 光明日报，2018-02-15（002）.

续表

党的十七大提出加快转变经济发展方式的战略任务，把科技进步和创新作为重要支撑，把保障和改善民生作为根本出发点和落脚点。在国有企业做强做优的同时，积极鼓励和引导非公有制经济健康发展。在农村土地承包关系保持稳定并长久不变，进一步加大对农业的财政投入，出台一系列强农惠农富农政策，坚守18亿亩耕地红线，促进城乡经济社会发展一体化。在扩大对外开放方面，开放性经济水平全面提升，经受住了国际金融危机的冲击，实施市场多元化战略，对外经贸领域取得重要进展，2011年我国货物贸易额上升到全球第二位。我国实行的平等、互利、合作、共赢的对外开放政策，不仅使自身受益，而且促进了世界经济发展。

（三）课堂小结

使学生掌握改革开放精神的具体内容，了解改革开放的基本过程，认识我党理论与时俱进的特质，厚植学生爱党、爱国、爱社会主义的情感。

（四）布置作业

1. 通过本次课的学习，思考改革开放精神对于当代社会的历史启示有哪些。
2. 预习：第十章《中国特色社会主义进入新时代》。

四、教学资源

（一）参考文献

1. 中国共产党简史［M］．北京：人民出版社，中共党史出版社，2021．
2. 中国近现代史纲要［M］．北京：高等教育出版社，2021．
3. 蒋积伟．改革开放精神［M］．北京：中共党史出版社，2020．
4. 邓小平．邓小平文选：第二卷［M］．北京：人民出版社，1994．
5. 邓小平．邓小平文选：第三卷［M］．北京：人民出版社，1993．
6. 习近平．论坚持全面深化改革［M］．北京：中央文献出版社，2018．
7. 赵学斌．与时俱进内涵探析［J］．鲁工经院学报，2003（05）．
8. 杨文．改革开放精神融入大学生思想政治教育的价值及路径探析［J］．南京航空航天大学学报（社会科学版），2022（02）．
9. 习近平．在纪念邓小平同志诞辰110周年座谈会上的讲话［N］．人民日报，2014-08-21（002）．
10. 习近平．习近平总书记在庆祝改革开放40周年大会上的讲话［N］．人民日报，2018-12-19（002）．
11. 习近平．在浦东开发开放30周年庆祝大会上的讲话［N］．人民日报，2020-11-13（002）．
12. 习近平．在2018年春节团拜会上的讲话［N］．光明日报，2018-02-15（002）．
13. 韩庆祥．论伟大改革开放精神［N］．学习时报，2019-01-07（001）．

（二）网络资源

中国大学MOOC《中国近现代史纲要》相应网络教学视频。

五、教学方法

本部分内容以讲授法为主，同时结合案例教学法、启发式教学法、讨论式教学法。

六、实践环节

引导学生课下观看《历史转折中的邓小平》等反映改革开放精神的影视剧，同时建议有条件的学生假期到深圳等地参观学习，近距离感受我国改革开放之后的翻天覆地变化。另外，也可以把每个班级的学生分成若干小组，每个小组自拟一个与改革开放相关的社会实践题目，内容要求图文并茂，数据分析必须要用柱状图、扇面图等直观形式呈现，开学第8周之后由每个小组组长在课堂上用PPT的形式进行社会实践汇报。

第二节 众志成城：抗震救灾精神

一、抗震救灾精神的基本内涵

2008年5月12日14时28分，四川省汶川县发生里氏8.0级特大地震，涉及四川、甘肃、陕西、重庆等10省市、区、市的417个县（市、区）、4667个乡（镇）、48810个村庄，受灾总面积50万平方千米①。截至2008年9月25日，共计造成69227人遇难、17923人失踪、374643人受伤，受灾总人口达4625多万人②，直接经济损失8451.4亿元③。此次地震是新中国成立以来破坏性最强、波及范围最广、灾害损失最重、救灾难度最大的一次地震。

在汶川特大地震发生后第一时间，党中央、国务院立即发出抗震救灾的号令，举全国之力进行抗震救灾。地震发生后，时任中共中央总书记胡锦涛立即就抗震救灾工作做出重要指示；震后2小时16分，时任中央政治局常委、国务院总理温家宝赶赴四川，现场指挥抗震救灾工作；地震发生13分后，根据中共中央和中央军委的指示，解放军和武警部队官兵迅速组成紧急救援队，直赴抗震救灾第一线。在党中央和国务院领导下，各级党委和政府也紧急行动起来，开展抗震救灾斗争。截至2008年9月2日，共成功抢救出被压埋人员84017人，解救149万群众，创造了世界救援史上的辉煌奇迹④。

这场特大地震使受灾地区人民生命财产安全和经济社会发展遭受重大损失，是对中国人民的考验，也是对党执政能力和先进性的考验。在党的坚强领导下，全国人民众志成城、齐心协力，最终取得了抗震救灾的重大胜利。胡锦涛同志说："2008年5月12日14时28分，我国发生了震惊世界的四川汶川特大地震，

---

① 《汶川特大地震抗震救灾志》编纂委员会编．汶川特大地震抗震救灾志·卷一·总述［M］．北京：方志出版社，2015：5-8．
② 胡锦涛．在全国抗震救灾总结表彰大会上的讲话［N］．人民日报，2008-10-09（002）．
③ 《汶川特大地震抗震救灾志》编纂委员会编．汶川特大地震抗震救灾志·卷一·总述［M］．北京：方志出版社，2015：8．
④ 《汶川特大地震抗震救灾志》编纂委员会编．汶川特大地震抗震救灾志·卷三·图志（上）［M］．北京：方志出版社，2015：4．

受灾地区人民生命财产和经济社会发展蒙受了巨大损失。坚决战胜这场灾害，保护人民生命财产安全、保卫改革开放和社会主义现代化建设成果，是对中国人民意志、勇气、力量的严峻考验，也是对我们党执政能力和先进性的重大检验。在党中央、国务院和中央军委坚强领导下，全党全军全国各族人民众志成城、迎难而上，迅速展开气壮山河的抗震救灾工作，奋勇夺取抗震救灾斗争重大胜利，谱写了感天动地的英雄凯歌。"①

2008年6月30日，胡锦涛同志在抗震救灾先进基层党组织和优秀共产党员代表座谈会上，将伟大的抗震救灾精神内涵进行了概括，他说："在同特大地震灾害的艰苦搏斗中，我们的民族和人民展示出了十分崇高的精神。这就是万众一心、众志成城，不畏艰险、百折不挠，以人为本、尊重科学的伟大抗震救灾精神。"② 可见，伟大抗震救灾精神内涵就是：万众一心、众志成城，不畏艰险、百折不挠，以人为本、尊重科学。

（一）万众一心、众志成城

万众一心、众志成城，体现了中国人民团结奋进的强大力量。在特大灾难面前，全党全国各族人民坚持一方有难、八方支援，举国上下患难与共，前方后方同心协力，海内海外和衷共济，各地区各部门各方面以灾情为最高命令、以救灾为神圣使命，紧急行动，守望相助，倾力支持，无私奉献，凝聚起抗震救灾的强大合力，显示了中国人民和中华民族的伟大力量。

（二）不畏艰险、百折不挠

不畏艰险、百折不挠，体现了中国人民泰山压顶不弯腰的英勇气概。面对极其惨烈的灾难，面对极其严重的困难，广大军民临危不惧、奋不顾身、舍生忘死，哪里灾情危急就向哪里冲去，哪里有生死考验就向哪里挺进，哪里有受灾群众就向哪里集结，展现了中国人民压倒一切困难而不为任何困难所压倒的超人勇气，体现了中国人民战胜一切艰难险阻的大无畏精神。

（三）以人为本、尊重科学

以人为本、尊重科学，体现了对人民的高度关爱、对科学的高度尊重。广大军民把人的生命放在高于一切的位置，坚持只要有一点生还可能就要作出百倍努力，最大限度地抢救了人民生命；坚持依靠科学、运用科学，把科技的力量与顽强的斗争紧密结合起来，既充分发挥人的能动精神，又充分发挥科技的

---

① 胡锦涛. 在抗震救灾先进基层党组织和优秀共产党员代表座谈会上的讲话［N］. 人民日报，2008-07-01（002）.
② 胡锦涛. 在抗震救灾先进基层党组织和优秀共产党员代表座谈会上的讲话［N］. 人民日报，2008-07-01（002）.

重要作用，攻克道道难题，化解种种风险，使科技成为战胜地震灾害的强有力支撑。

二、抗震救灾精神的历史意义与时代价值

（一）历史意义

抗震救灾精神是在抗震救灾实践中形成的，其形成也有历史条件，该精神彰显了中华民族的精神品格。在5000多年的中华民族文明史中，中华儿女成功应对并化解了无数次的自然界和人类社会的考验，并积累了很多经验。一方面，抗震救灾精神对中华民族精神有其继承性；另一方面也是对中华民族精神的进一步发展。另外，抗震救灾精神还丰富了中国共产党人的精神谱系。所以，有人认为抗震救灾精神是中国人民抗击各种自然灾害的智慧结晶、抗震救灾精神发展和升华了中华民族精神、抗震救灾精神是继承与发展中国共产党革命精神的优秀成果①。

（二）时代价值

抗震救灾精神形成于社会主义建设新时期，所展现的是党领导全国人民与灾区人民同心同德、齐心协力，最终战胜自然灾害的精神风貌，是中国共产党革命精神的新发展，为新时期社会主义建设提供精神动力。所以有人说："伟大的精神孕育于伟大抗灾救灾的实践，伟大的精神指引新时代伟大实践斗争。积淀和形成于汶川特大地震的抗震救灾精神，所展现的中国人的精神风貌、代表的精神追求、承载的道德观念、蕴含的价值理念，以及对中华民族精神进行时代性的阐发，代表了中国共产党革命精神继承与发展的新高度，为中国人民在后来应对地震等自然灾害与疫情发挥精神引领作用，同时为新时代中国共产党带领人民决胜全面小康社会，实现中华民族伟大复兴提供精神动力支撑。"②

三、抗震救灾精神教学案例分析

（一）教学案例：汶川地震"小英雄"的十年成长记

1. 案例呈现③

十年过去了，汶川地震中那些"小英雄"果然没让我们失望！2008年5月

---

① 何云庵，胡子祥. 抗震救灾精神［M］. 北京：中央党史出版社，2019：221，229，233.
② 何云庵，胡子祥. 抗震救灾精神［M］. 北京：中央党史出版社，2019：243.
③ 资料来源：中新网，2018年5月8日。

12 日，一场突如其来的特大地震，让许多人的家园变为废墟。天灾无情，但人间有爱。这场大地震也让我们认识了一批"小英雄"，他们用自己的生命故事感动着每一位见证者。十年过去了，昔日的抗震救灾英雄少年如今都已长大。

"叔叔，我要喝可乐，要冰冻的。"十年前，被困废墟80个小时的薛枭用一句话逗乐了很多人。2013 年从上海财经大学毕业后，薛枭加入了可口可乐负责公益活动的部门。从那之后每年薛枭都会前往一所贫困小学，做慈善公益活动。如今，截去右肢的他，已是成都可口可乐博物馆馆长。

汶川地震发生时，杨琳正在教室里上课。教学楼坍塌后，她被埋在一个狭小的空间里。利用这个空间，她成功将两名同学推到安全地带，自己却被余震中滚落的石头砸中，动弹不得。获救治疗期间，她耳濡目染慢慢喜欢上了救死扶伤的职业。在高考填志愿时她报考了四川泸州医学院护理专业，毕业后来到了浙江省人民医院成为一名"白衣天使"。

林浩因曾在汶川地震时两次返回废墟救出同学，被授予"全国抗震救灾英雄少年"称号，并在北京奥运会开幕式上与姚明一起作为国旗手率领中国代表团进入鸟巢会场。2008 年接受媒体采访时，林浩曾表示自己想学建筑，修建震不垮的房子。十年来，林浩大量参与影视剧拍摄。对此，林浩表示，无论是十年前想学建筑，还是现在希望从事演艺行业，其实他的初衷是没有变的，目的都是为了帮助别人。他仍希望今后可以通过影视来宣传公益。

浩劫无情，我们无法预测。但灾难中给予我们光芒的人们，我们一定要永远记得。感谢这些"小英雄"带给我们的感动，望他们之后的道路上再无曲折，最终都能实现梦想！

2. 案例点评

在汶川地震中救援过程中，涌现出一批抗震"小英雄"，他们的事迹感动了全国人民，一直传颂至今。这些"小英雄"本身就是灾区受困人员，但他们坚忍不拔、无私奉献，积极投身到抗震救灾的过程中，贡献自己的力量。十多年过去了，这些"小英雄"很多人已经走上工作岗位，他们努力学习、开拓进取、奉献社会。他们果然没有让我们失望，无论是当时，还是现在，他们都是我们学习的榜样。

本案例可用在第九章第四节第二目"全面建设小康社会新部署和改革开放的深化"中"应对国际金融危机和各种挑战"部分的教学。通过对这些抗震"小英雄"事迹的了解，让学生更加详细地了解灾区人民不畏艰险、百折不挠，积极开展自救的良好精神风貌，认识到中华儿女是不可战胜的。事实证明，任何艰难险阻都不可能把中华民族压倒，我们一定能够克服任何困难，奋勇前进！

（二）教学案例：谭千秋：地震中，他用生命诠释师魂

1. 案例呈现①

"5·12"汶川大地震中，他张开双臂，为学生撑起一方安全地带，用51岁的生命诠释不朽师魂。他叫谭千秋。

谭千秋，男，中共党员，1957年8月出生，湖南省衡阳市祁东县步云桥镇岩前村人。1978年3月，谭千秋以优异的成绩考入湖南大学政治专业学习。毕业后，学校准备让他留校任教。他却主动请缨："我要到祖国最需要的地方去！"一个月后，他如愿以偿地被分配到四川东方汽轮机厂职工大学工作，随后又到东汽中学任教。2000年9月被评为四川省特级教师。

2008年5月12日14时28分，东汽中学高二（1）班里，谭千秋老师正在给同学们上课。突然，教室一阵剧烈摇晃，课桌椅开始抖动。地震了！他意识到情况不妙，大喊着让同学们往操场上跑。几秒钟后，教学楼开始坍塌，看着身边4个来不及逃离的孩子，谭千秋用双手奋力将他们塞进课桌下，然后，他弓着身子，张开双臂紧紧地趴在课桌上，用血肉之躯铸成了一道钢铁长城。

5月13日，当搜救人员从教学楼坍塌的废墟中搬走压在谭千秋身上最后一块水泥板时，当场所有人都禁不住潸然泪下。他跪仆在地，伸开双臂，在他身下，蜷伏着4名学生，而他的后脑却被楼板砸得深凹下去。谭千秋折断了他的翅膀，让学生们继续展翅飞翔。他用生命诠释了爱与责任的师德灵魂，他那张开双臂的身躯成为人们心中一座永不倒塌的丰碑。地震当天，他讲的最后一课是《人生的价值》，危难时刻，他以实际行动给所有人上了最好的一课。

在同事们眼中，谭千秋致力于学校的教学改革和创新，同时又为人谦和；在学生眼中，他是一个在校园里看到一块小石头都要捡起来，生怕同学们玩耍时受伤的好老师；在家人眼中，他是"模范丈夫""慈父""孝子"……震后，谭千秋被追授全国抗震救灾优秀共产党员、抗震救灾英雄等荣誉称号，2019年被授予新中国"最美奋斗者"。

英雄不死，精神千秋。人们通过不同形式纪念谭千秋。电影《最后一课》、图书《大爱千秋》让越来越多的人看到一个立体的谭千秋。矗立在母校湖南大学的铜像更是将他舍己救人的瞬间定格，令人肃然起敬。在四川德阳龙井公墓，绿树环绕，曲径通幽，每到清明，谭千秋的墓前总有鲜花追思。

十余年过去了，当年变为废墟的东汽中学在德阳市区旌湖之畔重生，如今的东汽八一中学正以"求适教育"为理念，为不同层次的学生拓宽着成才途径。

---

① 资料来源：新华社，2020年3月7日。

书声琅琅，激情飞扬，一届又一届的学生从这里成为追梦人，开启自己的人生。

2. 案例点评

2008年5月12日，汶川大地震发生时，四川东汽中学的谭千秋老师用自己生命守护四名学生。当时，他离教室门口最近，完全有机会最先逃离教室，但他没有那么做，而是选择了留下来让学生先行离开，最后关头他又将四名来不及逃离的学生用双手奋力将他们塞进课桌下，用自己的身体护住学生。随后教室倒塌，谭千秋老师永远地离开了我们，但四名学生都安然无恙。

本案例可用在第九章第四节第二目"全面建设小康社会的新部署和改革开放的深化"中"应对国际金融危机和各种挑战"部分的教学。通过对谭千秋老师英雄事迹的了解，使学生们更加详细地了解在汶川大地震发生之后震区人民舍己救人的人间大爱。谭千秋老师是那些英雄中的杰出代表，更是在教师队伍中的杰出代表，他用自己的生命诠释了不朽师魂。

四、抗震救灾精神融入教材专题教学设计

专题名称	众志成城：抗震救灾精神	学时	1
融入章节	第九章第四节		
学情分析	1. 学生已在上一节系统学习了社会主义市场经济体制改革目标和基本框架的确立；改革开放和现代化建设的跨世纪发展；香港、澳门回归祖国与两岸交流扩大；推进党的建设新的伟大工程四部分内容。对这一时期党领导全国人民在改革开放的伟大征程中所取得的辉煌成就有一个基本了解。但是，改革开放和社会主义现代化建设的进程并不是一帆风顺的，也会面对各种风险和挑战，汶川大地震的发生就是一个重大考验。 2. 从上一节学习的情况和往届学生对本部分内容掌握的情况看，学生对汶川特大地震了解不够全面，对灾后重建工作认识也不够深入，对抗震救灾精神的基本内涵更是缺乏相关认知。因此，需要以理论与史实相结合的方式，选取相关教学案例，帮助学生更加深入地理解抗震救灾精神。 3. 从以往课程反馈情况看，学生更希望教师在教学的过程中采用启发式教学，改变"模式单一"的满堂灌、填鸭式教学。所以，这本节及以后的教学中，要适当增加师生互动环节，通过相关视频、图片激发学生学习兴趣和积极性，达到更好的学习效果。		
一、教学目标 （一）知识目标 1. 掌握抗震救灾精神的时代背景、理论内涵、精神特点，以及抗震救灾精神的历史意义、时代价值。 2. 进一步认识到抗震救灾精神是对中华民族伟大民族精神和中国共产党人精神的展现与升华，为我们新时期社会主义现代化建设提供精神动力。 （二）能力目标 提高学生全面分析和归纳历史问题的素养，培养学生通过历史现象认识历史本质的能力。			

续表

（三）情感目标 使学生充分认识到伟大的抗震救灾精神是中华民族在生与死的考验中铸就的一座巍巍的精神丰碑①。帮助学生树立正确的历史观，要坚决反对、抵制历史虚无主义。厚植学生爱党、爱国、爱社会主义情感，强化"四个自信"的价值认同。
二、教学重点与难点
1. 教学重点 （1）抗震救灾精神的形成。 （2）抗震救灾精神的理论内涵。 2. 教学难点 （1）抗震救灾精神形成的具体历史条件。 （2）抗震救灾精神的时代价值。
三、教学过程
（四）任务导入 案例导入：通过播放时任四川省广元市市长马华在当地木鱼中学现场指挥救援时的采访视频，使学生真实地感受到汶川特大地震给中华民族带来的深重灾难，在党的坚强领导下，全国人民与灾区人民道，众志成城、克服万难，最终取得了抗震救灾的胜利。 案例内容：2008年5月12日，四川汶川发生8.0级地震。灾情危重的时刻，一次面对镜头的泣不成声的采访，让时任四川省广元市市长马华成为网络舆论的焦点人物。 汶川特大地震发生后，在现场指挥救援的马华接受央视新闻采访，介绍人员伤亡情况。当他提到当地的木鱼中学有很多学生失去生命时，马华情绪失控，泣不成声，在镜头前直言"难受"，表示"感觉自己很惭愧"。 这段采访视频在互联网流传后，感动了广大网友，不少人表示看到马华泣不成声的视频，自己也"会一起泪流满面"，并赞扬马华是"真情流露的好市长"②。 马华市长这段采访视频当时为什么会在互联网上广为流传，根本原因是他真情流露，情绪才会感染众人。正所谓"人溺己溺""人痛己痛"，看到这个视频之后，很多人也都泪流满面。后来，全国人民和灾区人民一道重建灾后家园。 （五）新课讲授 1. 万众一心、众志成城 在党的坚强领导下，全国人民万众一心、众志成城，最终取得了抗震救灾和灾后重建的伟大胜利。在此过程中，每一位中国人都做出了自己的贡献。所以，2009年2月5日，中央电视台2008年"感动中国"的特别奖授予全体中国人。万众一心、众志成城也成为伟大抗震救灾精神内涵之一。万众一心、众志成城的精神"包括认知和情感层面的民族认同，以及意志和行为层面的民众互助，是强调协调、互助、友爱的精神"③。

---

① 何云庵，胡子祥．抗震救灾精神［M］．北京：中央党史出版社，2019：220．
② 黄佳琦．汶川地震14周年，还记得那个泣不成声的广元市长吗？［EB/OL］．极目新闻，2022-05-12．
③ 何云庵，胡子祥．抗震救灾精神［M］．北京：中央党史出版社，2019：42．

续表

> 提出问题：
> 结合已经了解的材料，在汶川特大地震发生之后，全国人民是如何做到"万众一心、众志成城"的？
>
> 在地震发生之后，全体中华儿女同呼吸共命运，心往一处想、劲往一处使，所展现出的就是万众一心、众志成城的抗震救灾精神内涵。所以，胡锦涛同志说："万众一心、众志成城，体现了中国人民团结奋进的强大力量。在特大灾难面前，全党全国各族人民坚持一方有难、八方支援，举国上下患难与共，前方后方同心协力，海内海外和衷共济，各地区各部门各方面以灾情为最高命令，以救灾为神圣使命，紧急行动，守望相助，倾力支持，无私奉献，凝聚起抗震救灾的强大合力，显示了中国人民和中华民族的伟大力量。"①
>
> 在这一重大灾难面前，我们的党、我们的军队、我们的人民紧紧团结在一起，共同抗击自然灾害，这也充分体现了中华民族和衷共济、团结奋斗的民族品格。所以，胡锦涛同志还说："在同特大地震灾害的艰苦搏斗中，我们的党、我们的军队、我们的人民万众一心、众志成城，充分展现了中华民族和衷共济、团结奋斗的民族品格。众人同心就有其利断金的力量，风雨同舟就有所向披靡的信心。在特大地震灾害面前，举国上下患难与共，前方后方同心协力，海内海外和衷共济，凝结成坚如磐石、牢不可破的生命共同体。这种团结奋进的强大力量，是我们的人民和民族在生与死、血与火的严峻考验中的本色反映，是中华民族从历史深处走来的内在力量，显示了中国人民和中华文明生生不息的旺盛生命力。"②
>
> 当然，直到今天，团结奋斗精神仍然指引着我们社会主义现代化建设。所以，习近平总书记说："今天，中国所取得的令人瞩目的发展成就，更是全国各族人民同心同德、同心同向努力的结果。中国人民从亲身经历中深刻认识到，团结就是力量，团结才能前进，一个四分五裂的国家不可能发展进步。我相信，只要13亿多中国人民始终发扬这种伟大团结精神，我们就一定能够形成勇往直前、无坚不摧的强大力量！"③
>
> 2. 不畏艰险、百折不挠
>
> 不畏艰险、百折不挠是抗震救灾精神的支柱④，在灾情发生之后，中国人民没有被吓倒、更没有被压垮，而是临危不惧、勇往直前，克服一切困难险阻，奋不顾身地投入到抗震救灾和灾后重建中去。所以，胡锦涛同志说："不畏艰险、百折不挠，体现了中国人民泰山压顶不弯腰的英勇气概。面对极其惨烈的灾难，面对极其严重的困难，广大军民临危不惧、奋不顾身、舍生忘死，哪里灾情危急就向哪里冲去，哪里有生死考验就向哪里挺进，哪里有受灾群众就向哪里集结，展现了中国人民压倒一切困难而不为任何困难所压倒的超人勇气，体现了中国人民战胜一切艰难险阻的大无畏精神。"⑤

---

① 胡锦涛. 在抗震救灾先进基层党组织和优秀共产党员代表座谈会上的讲话［N］. 人民日报，2008-07-01（002）.

② 胡锦涛. 在全国抗震救灾总结表彰大会上的讲话［N］. 人民日报，2008-10-09（002）.

③ 习近平. 在第十三届全国人民代表大会第一次会议上的讲话［N］. 人民日报，2018-03-21（002）.

④ 何云庵，胡子祥. 抗震救灾精神［M］. 北京：中央党史出版社，2019：80.

⑤ 胡锦涛. 在抗震救灾先进基层党组织和优秀共产党员代表座谈会上的讲话［N］. 人民日报，2008-07-01（002）.

续表

提出问题：

结合已经了解的材料，如何理解"不畏艰险、百折不挠"这句话？

不畏艰险、百折不挠展现了中华民族自强不息、敢于胜利的民族品格，是党领导全国人民战胜一切敌人、克服一切困难的强大精神力量。所以，胡锦涛同志还说："在同特大地震灾害的艰苦搏斗中，我们的党、我们的军队、我们的人民不畏艰险、百折不挠，充分展现了中华民族自强不息、敢于胜利的民族品格。坚强是战胜磨难的利器，勇气是创造奇迹的支撑。在极其惨烈的灾难突袭而来之际，广大军民泰山压顶不弯腰，生死较量不战栗，千难万险不放弃，顽强挑战体力极限、精神极限、生存极限，哪里灾情危急就向哪里冲去，哪里有生死考验就向哪里挺进，哪里有受灾群众就向哪里集结。这种压倒一切困难而不为任何困难所压倒的勇气，是中华民族历经磨难而信念愈坚、饱尝艰辛而斗志更强，勇于自立于世界民族之林的重要精神支柱。"①

3. 以人为本、尊重科学

我党的根本宗旨就是全心全意为人民服务，人民立场是其根本立场。在汶川特大地震发生后，无论是抗震救灾，还是灾后重建，处处彰显和诠释着以人为本的精神内涵和价值取向。在抗震救灾过程中，我们还坚持尊重科学的原则，在党的科学决策下，各种先进技术和设备的充分运用，为抗震救灾的顺利开展立下了汗马功劳。所以，胡锦涛同志说："以人为本、尊重科学，体现了对人民的高度关爱、对科学的高度尊重。广大军民把人的生命放在高于一切的位置，坚持只要有一点生还可能就要作出百倍努力，最大限度地抢救了人民生命；坚持依靠科学、运用科学，把科技的力量与顽强的斗争紧密结合起来，既充分发挥人的能动精神，又充分发挥科技的重要作用，攻克道道难题，化解种种风险，使科技成为战胜地震灾害的强有力支撑。"②

提出问题：

结合已经了解的材料，谈谈在抗震救灾中如何做到"以人为本、尊重科学"。

在抗震救灾过程中，我党始终坚持人民生命高于一切的原则，把挽救人的生命放在第一位，只要有一线希望就尽百倍努力。在抗震救灾过程中，我党充分发挥科技的重要作用，实现科学抗震、科学救灾。所以，胡锦涛同志还说："在同特大地震灾害的艰苦搏斗中，我们的党、我们的军队、我们的人民坚持以人为本、尊重科学，充分展现了中华民族关爱生命、崇尚理性的民族品格。人的生命高于一切、先于一切、重于一切。在抗震救灾的全过程中，我们和时间赛跑、同死神抗争，充分体现了我国社会主义制度珍爱生命、保护人民的本质。在全国哀悼日里，13亿人共同为不幸遇难的同胞默哀，体现出全民族对人的生命的尊重。我们坚持把科技的力量与顽强的抗争紧密结合起来，既充分发挥人的能动精神，又充分发挥科技的重要作用。这种对生命的高度关爱、对科学的高度尊崇，是中国人民始终与时代发展同步伐、实现人的全面发展、建设创新型国家的重要推动力量。"③

---

① 胡锦涛．在全国抗震救灾总结表彰大会上的讲话［N］．人民日报，2008-10-09（002）．

② 胡锦涛．在抗震救灾先进基层党组织和优秀共产党员代表座谈会上的讲话［N］．人民日报，2008-07-01（002）．

③ 胡锦涛．在全国抗震救灾总结表彰大会上的讲话［N］．人民日报，2008-10-09（002）．

续表

（六）课堂小结 使学生掌握抗震救灾精神的基本内容，了解抗震救灾的基本过程，认识我党理论与时俱进的特质，厚植学生爱党、爱国、爱社会主义情感。 （七）布置作业 1. 通过本次课的学习，思考抗震救灾精神对于当代社会的历史启示有哪些。 2. 预习：第十章《中国特色社会主义进入新时代》。
四、教学资源
（一）参考文献 1.《汶川特大地震抗震救灾志》编纂委员会. 汶川特大地震抗震救灾志［M］. 北京：方志出版社，2015. 2. 何云庵，胡子祥. 抗震救灾精神［M］. 北京：中央党史出版社，2019. 3. 李琨. 浅议抗震救灾精神的特点［J］. 山东省农业管理干部学院学报，2009（01）. 4. 胡锦涛. 在抗震救灾先进基层党组织和优秀共产党员代表座谈会上的讲话［N］. 人民日报，2008-07-01（002）. 5. 胡锦涛. 在全国抗震救灾总结表彰大会上的讲话［N］. 人民日报，2008-10-09（002）. 6. 习近平. 在第十三届全国人民代表大会第一次会议上的讲话［N］. 人民日报，2018-03-21（2）. （二）网络资源 中国大学MOOC《中国近现代史纲要》相应网络教学视频。
五、教学方法
本部分内容以讲授法为主，同时结合案例教学法、启发式教学法、讨论式教学法。
六、实践环节
引导学生课下观看《人民至上》等反映抗震救灾精神的文献纪录片，同时建议有条件的同学假期到汶川特大抗震纪念馆等地参观学习，重温抗震救灾的英雄壮举。另外，也可以把每个班级的学生分成若干小组，每个小组自拟一个与抗震救灾相关的社会实践题目，内容要求图文并茂，数据分析必须要用柱状图、扇面图等直观形式呈现，开学第8周之后由每个小组组长在课堂上用PPT的形式进行社会实践汇报。

第三节 逐梦星辰：载人航天精神

载人航天精神是指广大航天工作者通过长期不懈努力取得航天事业伟大成就，并在探索与奋斗过程中所形成的"特别能吃苦、特别能战斗、特别能攻关、特别能奉献"的精神。我国的载人航天事业从零起步，经过历代航天人多年的艰苦奋斗，取得了举世瞩目的辉煌成就，使我国的载人航天技术达到世界先进水平，成为新时代鼓舞全国人民奋勇向前的重要精神力量。党中央曾多次对于载人航天精神给予高度赞扬，称之为"两弹一星"精神的发扬光大，是中华民族精神的生动体现。航天人所铸就的载人航天精神也被列入中国共产党精神谱系。党中央号召全体中国人向航天人学习"特别能吃苦、特别能战斗、特别能攻关、特别能奉献"的载人航天精神，为中华民族复兴事业做出应有的贡献。

一、载人航天精神的基本内涵

我国载人航天事业起步于1992年9月。在此之前，苏联曾于1961年4月发射了第一艘载人飞船"东方一号"，苏联人加加林成为世界上首位遨游太空的航天员，是第一个进入太空的人。1961年5月，美国航天员艾伦·谢泼德成为第一个进入太空的美国人，也是人类历史上的第二个。载人航天事业的发展事关国家整体科技水平和国防事业的提高，对于增强民族自信心也具有极其重要的意义。1992年9月，党中央出于战略发展需要作出决策，决定实施载人航天工程，代号"921工程"，并确定了载人航天"三步走"的分步骤发展战略。

1999年11月，"神舟一号"顺利升空，首次实现天地往返，进行了第一次无人飞行试验，标志着我国载人航天技术获得了重大突破。2001年1月到2002年12月，先后又进行了三次无人飞行试验。2003年10月15日，我国首位航天员杨利伟乘坐"神舟五号"载人飞船完成了我国首次载人航天飞行，飞船在太空运行14圈，历时21小时23分后于16日顺利返回。"神舟五号"发射成功，杨利伟成为中国飞天第一人。首次载人航天飞行的圆满成功，是我国航天发展史上一次重大突破，标志着我国已经成为世界上独立自主地完整掌握载人航天技术的国家之一。2005年10月12日，航天员费俊龙、聂海胜乘坐"神舟六号"载人飞船经过4天19小时的太空飞行顺利着陆，飞行期间进入轨道舱进行空间科学实验，完成了多人多天的航天飞行任务。党中央致电祝贺"神舟六号"载人航天飞行取得圆满成功，中华各族儿女无不为之感到骄傲和自豪，"神舟六号"群体也被评为"2005感动中国年度人物"。自此之后，中国载人航天事业迎来了快速发展，"神舟七号""神舟九号""神舟十号"相继升空，取得了一个又一个的巨大成就。

载人航天事业的伟大成功离不开一代又一代航天人的艰辛探索与奋斗。在实施载人航天伟大事业过程中，航天人满怀为国争光的雄心壮志，自强不息，顽强拼搏，团结协作，开拓创新，创造了非凡的业绩和辉煌成果，也形成了"特别能吃苦、特别能战斗、特别能攻关、特别并奉献"的载人航天精神。具体来说，载人航天精神基本内涵可以被归纳为：**热爱祖国、为国争光的坚定信念，勇于登攀、敢于超越的进取意识，科学求实、严肃认真的工作作风，同舟共济、团结协作的大局观念和淡泊名利、默默奉献的崇高品质**[①]。

（一）热爱祖国、为国争光的坚定信念

这种信念既是航天人的崇高使命，更是他们的庄严承诺。报效国家的使命感、为国争光的责任感是航天人热爱祖国的生动体现。从以钱学森为代表的老一辈科学家开始，几代航天人以报效祖国为神圣职责，自觉坚守国家使命高于一切的准则，冲破重重阻力也要回到新生的共和国，展示出强烈的爱国情怀和民族精神。钱学森等许多专家成为载人航天事业等科技领域的奠基者和设计师。航天英雄杨利伟为了达到航天环境适应性训练，"向人的生理极限挑战"，巨大成就的光环背后是为国争光的坚定信念，是对于中国航天事业的热爱与坚持。杨利伟执行第一次航天飞行任务，面临的是无法预测的困难与风险，他坚守"执行航天飞行任务是航天员的神圣使命"的誓言，绝不后退，勇往直前，迈出了我国载人航天事业的标志性的一步。当杨利伟被记者问到航天员这个职业最酷的地方是什么时，杨利伟不无自豪地回答在太空中向全世界展示中国国旗时，是自己认为最酷的时刻。

（二）勇于登攀、敢于超越的进取意识

广大航天人面对艰巨任务，勇于挑战国际先进水平，以发展自主知识产权为原则，攻克一座又一座技术高峰，实现航天事业的巨大突破，重要领域达到了世界先进水准。事实证明，在世界各大国之间科技竞争日趋激烈的今天，中国唯有自力更生，埋头苦干，坚持自主创新，方能实现科技领域的超越发展，继而才能够在国际竞争之中站稳脚跟，保有一席之地。特别是涉及国防安全的科技领域，更是要牢牢掌握核心科学技术，才能有效保障国家安全和人民安居乐业。广大航天人的奋斗历程又一次用实践证明了这个道理。神舟飞船系列瞄准国际最先进飞船水平，组织技术人员开展了科技创新攻关，在全体航天人的不懈努力下，实现了飞船安装、运输、发射、回收等多项新技术的突破，航天事业从无人飞行到多人长时间飞行，再到空间站建设，无不凝聚着航天人的智慧结晶。

（三）科学求实、严肃认真的工作作风

载人航天工程是一项极其复杂的高尖端系统工程，容不得出现一点差错，

[①] 余建斌. 弘扬载人航天精神　自立自强创新超越——论中国共产党人的精神谱系之十八[N]. 人民日报，2021-09-19.

必须以"零差错"作为系统管理一项重要标准。航天人始终坚持严密完备的管理流程，把提高工程安全性作为核心追求，创造了一流的工作成绩，走出了一条具有中国特色的载人航天工程发展之路。"归零"，是一个由中国航天人创造的专有名词，"归零"是指在面临安全隐患时，要一丝不苟从头开始查找安全问题，航天人甚至将"归零"检查的工作步骤细化为一个校验体系，也正是这样严肃谨慎的工作作风，才保障了航天员的安全、成功飞行。其实早在航天事业创建初期，周恩来总理就对航天人提出了"严肃认真，周到细致，稳妥可靠，万无一失"① 的"十六字方针"。一直以来，这"十六字方针"始终影响着中国航天人，一代又一代的科技工作者坚守科学求实、严肃认真的工作作风，为载人航天事业的发展起到了不可或缺的重要作用。

（四）同舟共济、团结协作的大局观念

载人航天工程是迄今为止最具综合性的尖端科技项目，涉及航天、电子、机械等尖端领域，是一项高新技术密集、需要强大保障力量的宏大工程。航天人充分发挥社会主义制度的优越性，集中力量办大事，在党中央的坚强领导和支持下，快速动员各方力量积极参与到这项伟大事业中去。从神舟系列的研制过程来看，全国大约动员一百家科研单位和近千个保障单位投入到这项复杂的建设项目上来。大家按照统一指挥、步调一致的工作原则，心怀同舟共济、团结协作的大局观念，齐心协力，为国争光，共同形成了高效复杂的指挥系统和工作体系。参与载人航天工程的科技团队来自五湖四海，但都始终以大局为重，共享出彩华章，团结一致，通力合作，凝聚中国力量，成就航天梦想。载人航天工程取得的伟大成就永远属于全体航天人。

（五）淡泊名利、默默奉献的崇高品质

王希季、孙家栋等航天人默默奉献，不计得失，常年隐姓埋名，在荒无人烟处，做惊天动地事，付出了自己的青春、才智甚至生命，用顽强的意志和才华打开了通往浩瀚宇宙的太空之路。2021年6月，航天员聂海胜、刘伯明、汤洪波搭载神舟十二号载人飞船顺利完成中国空间站关键技术验证阶段第四次飞行任务，也是空间站阶段首次载人飞行任务。出发前，3名航天员来到东风革命烈士陵园祭拜先烈。东风革命烈士陵园位于酒泉发射中心附近，安葬着700多位为祖国航天事业献出生命的航天先辈，从将军到士兵，从科学家到普通科技工作者，这里见证着航天事业的一步步的发展，也见证着那些可歌可泣的感人事迹。正如航天员系统总设计师黄伟芬所说，载人航天事业"以平凡成就非凡，

---

① 马杰．筑梦空天：航天精神在二院［M］．北京：中国宇航出版社，2020：117.

以无名造就有名",是无数先辈的默默奉献,不计得失,才成就了如今航天事业的辉煌成就。

二、载人航天精神的历史意义与时代价值

站在我国正式进入空间站时代的新起点,当我们再次回首载人航天事业多年来所走过的伟大历程,不难发现就是载人航天精神——特别能吃苦、特别能战斗、特别能攻关、特别能奉献,激励一代代航天人不忘初心、继续前行,不断取得载人航天事业发展的新成就。

(一)历史意义

载人航天精神的历史意义主要有三个方面:

第一,载人航天精神是"两弹一星"精神的赓续,同时又以独立姿态成为中国共产党精神谱系的重要篇章。既有对于传统精神的一脉相承,又有在改革开放新时期发展建设实践过程中取得重大突破与创新。面对与美苏等国家在航天技术方面的巨大差距,全体航天人迎难而上,以苦为乐,默默无闻同时承受着巨大的工作压力。干惊天动地事,做隐姓埋名人,表现出了航天人特别能吃苦、特别能战斗、特别能攻关、特别能奉献的伟大精神,取得了辉煌的载人航天成就,使我国在太空探索领域有了一席之地。

第二,载人航天精神是社会主义制度"集中力量办大事"的又一次成功实践。2014年6月9日,习近平总书记在中国科学院第十七次院士大会、中国工程院第十二次院士大会讲话中深刻指出:"社会主义制度能够集中力量办大事是我们成就事业的重要法宝。我国很多重大科技成果都是依靠这个法宝搞出来的,千万不能丢了!"[1] 载人航天工程是迄今为止最为复杂的系统工程之一,需要投入大量的人力、物力,全国上下数千家团队参与其中。面对规模如此巨大的系统工程,一定要靠党的集中领导和团结协作方能顺利完成,这就是我们国家的制度优势。

第三,载人航天精神凝聚了中国人的精神力量,推动了全国各族人民为实现中华民族伟大复兴中国梦而努力奋斗的历史进程。自近代史以来,中华各族人民面对国内外各种挑战和各种变化,以极大的勇气和毅力顽强进取,战胜了一个又一个困难。载人航天事业也正是这一过程的最为华彩的一个篇章。载人航天精神也成为我们民族精神的宝贵财富,更值得在全社会大力弘扬这种精神,激励国人为实现中华民族伟大复兴而不断奋斗。

---

[1] 习近平. 论坚持全面深化改革[M]. 北京:中央文献出版社,2018:117.

（二）时代价值

星空浩瀚无比，探索永无止境。载人航天事业仍然在一如既往追梦前行。2022年6月4日，"神舟十四号"载人飞船如期成功发射，中国空间站建造进入新的阶段，陈冬、刘洋、蔡旭哲三位航天员乘组也将在轨工作生活6个月。而大力弘扬载人航天精神对于我们实现加快改革开放和现代化建设、实现中华民族伟大复兴的中国梦具有重要的时代价值。

第一，弘扬载人航天精神有利于继续提升自主创新能力，坚持独立自主发展之路，掌握高科技领域的创新主动权。科学技术是第一生产力。对于中国这样一个大国，掌握高科技领域拥有自主知识产权的核心技术，不管是现在还是未来均具有重要的战略意义。载人航天工程技术极其复杂，科技难关比比皆是。航天人发扬特别能攻关的精神，从运载火箭、卫星技术再到载人飞船技术，不断攻坚克难，实现了跨越式的发展，使我国成功跻身世界上少数掌握载人航天工程关键技术的国家之一，且部分领域已超过国际水平。这些成就的取得对于国家实施重大科技项目建设以及国防科技均有巨大的推动影响，更有利于提升综合国力和民族自信心。

第二，弘扬载人航天精神有利于进一步践行社会主义核心价值观。社会主义核心价值观与载人航天精神在精神内涵上是基本一致的。对于青年人来讲，载人航天精神是培育社会主义核心价值观的生动素材。载人航天事业发展过程中涌现出无数的无名英雄，他们不计得失，隐姓埋名，勇挑起攀登航天科技高峰的重任，是青年人学习的榜样，是生动的育人素材。利用载人航天精神，引领青年一代树立起爱国兴邦的精神品质，抵御拜金主义等不良习气，方能担负起中华民族伟大复兴的历史重任。

第三，弘扬载人航天精神有利于继续保持艰苦奋斗的优良传统。载人航天工程的伟大成就再一次证明，艰苦奋斗是我们战胜困难的法宝。唯有艰苦奋斗，才能解决航天科技中的关键技术成为一流航天大国；唯有艰苦奋斗，才能承受重重压力，统筹协调航天工程众多团队和部门，团结一致取得最后的胜利。艰苦奋斗精神是我们党的优良传统，在革命年代和建设年代均发挥了巨大的作用，成为党领导各项事业并肩前进的传家宝。也只有继续坚持艰苦奋斗的优良传统，才能在千年未有之大变局中，面对挑战化解危局，抓住机遇开辟新局，促进中国特色社会主义事业全面发展。

三、载人航天精神教学案例分析

（一）载人航天精神：托起飞天梦的精神之翼

1. 案例呈现①

三巡苍穹的英雄航天员景海鹏说，"我国航天事业的每一次成功和进步，都离不开载人航天精神的引领，我们要将这种精神传承下去、发扬光大。" 2003年，航天英雄杨利伟乘坐神舟五号飞船平安返回，千年梦想一朝梦圆。中国人以实力证明自己不仅能造出"两弹一星"，也能实现载人航天。景海鹏还记得，那时，一封封饱蘸民族自豪感的信件就像雪片般飞到航天员大队，其中有一封信尤为特别，来信者叫方国俊，是20世纪70年代初我国选拔的航天员预备人选之一。当时，国家首次启动载人航天计划——"曙光一号"计划，然而，由于国家经济基础薄弱，计划几经波折最终未能实施，飞天成了方国俊一生不能实现的梦想。景海鹏说："中华民族从来不会因现实复杂而放弃梦想，更不会因理想遥远而放弃追求！"

1992年9月21日，党中央作出了实施中国载人航天工程的重大战略决策，载人航天事业迎来了新的曙光。面对各种利益和艰苦环境的考验，广大航天工作者在戈壁大漠、浩瀚海洋和科研院所默默奉献着青春年华。中国航天奠基人钱学森等老一代科学家坚持以国家利益为最高追求，自觉把祖国命运放在高于一切的位置，新一代航天人把个人理想与国家利益、个人选择与人民企盼紧紧联系在一起。依靠这种精神，我国的航天事业实现了历史性跨越，当首次载人飞行的飞船返回地面，勇攀科技高峰的中国航天人仅用了11年的时间，就走完了发达国家航天界几十年走过的路程，把只有极少数大国才有能力研究建造的载人航天系统，奇迹般地变成了现实。现在，我国是第五个独立研制和发射卫星、第三个把人类送上太空的国家，也是一个已经迈进空间站时代的国家。

迄今为止，中国航天员先后14人次征战太空，绕地球飞行1000多圈，行程达4600余万公里：第一次天地往返，杨利伟把中国人的身影留在了浩瀚太空；第一次出舱行走，翟志刚以自己的一小步、迈出了中华民族的一大步；第一次手控对接，刘旺以漂亮的"太空十环"成功搭建起中国人的太空家园；第一次太空授课，王亚平为广大青少年播下了科学与梦想的种子；第一次中期驻留，景海鹏和陈冬顺利叩开了中国空间站时代的大门，中国人探索太空的脚步迈得

---

① 章文. 载人航天精神：托起飞天梦的精神之翼［N］. 光明日报，2018-12-28（004）. 内容有节选。

更大、更远。航天员翟志刚说,经过几代航天人奋斗拼搏凝聚而成的载人航天精神,不仅是托起飞天梦的精神之翼,更是全体中国人民的宝贵民族精神财富,"我们要大力弘扬载人航天精神,不断挖掘载人航天精神的丰富内涵,在实现航天梦的征程中谱写新的壮丽篇章"。

2. 案例点评

"神州五号"载人飞船发射成功是中华民族航天事业史上一件标志性事件,具有重要的历史意义。本案例选取辉煌成就背后,鲜为人知的航天人工作和生活片段,来展示新时期我国载人航天事业中"特别能吃苦,特别能战斗,特别能攻关,特别能奉献"的载人航天精神。正如案例中航天员景海鹏所言,"我国航天事业的每一次成功和进步,都离不开载人航天精神的引领"。从无人往返、载人航天、太空行走以及如今的空间站建设,一个一个辉煌业绩的背后是航天人靠拼搏奋斗而凝练成的载人航天精神在支撑,载人航天精神是托起飞天梦的精神之翼。通过对本案例的教学,引导大学生对载人航天精神的核心和实质以及巨大作用进行讨论和思考,教育和鼓励广大学生发扬载人航天精神,爱岗敬业,攻坚克难,在自己将来的职业生涯中做出优异的成绩。

结合案例,向学生讲授"特别能吃苦、特别能战斗、特别能攻关、特别能奉献"的载人航天精神,是载人航天事业不断开拓创新、取得辉煌成就的根本原因。航天英雄的事迹和精神是对广大学子进行爱国主义教育与民族精神培养的最富有说服力的生动教材,通过对生动感人的航天人事迹的讲述方能达到较好的教育效果,同时鼓励大学生当下应该把爱国热情转化为学习的动力,才能够实现科技报国的夙愿,为中华民族的伟大复兴事业做出自己的贡献。

(二)祖国送我上太空——杨利伟在载人航天工程先进事迹报告会上的发言(节选)

1. 案例呈现①

今天,我作为航天员大队的普通代表,参加这个隆重的报告会,心情无比激动。感谢党和人民的关心厚爱,感谢部队的培养教育,感谢载人航天战线全体同志付出的心血和汗水,是祖国和人民用智慧的双手把我送上了太空。

……

来到航天医学工程研究所航天员大队,果然,我遇到的第一关就是基础理论和专业知识学习。我们要学的课程非常多,天文学、天体力学、空气动力学、

---

① 杨利伟. 祖国送我上太空——在载人航天工程先进事迹报告会上的发言 [N]. 人民日报, 2003-11-08. 内容有节选。

航天医学、心理学、外语，以及载人航天七大系统的有关知识等都要学，涉及30多个学科、10几个门类。为了啃下这块"硬骨头"，我连续两年多几乎没有在晚上12点前睡过觉。为防止打瞌睡，我买了个大水杯，泡上浓茶，不停地喝水提神。这些课程，我都以全优的成绩顺利通过！

航天员的职业挑战性、风险性极高，要通过超重耐力训练、低压缺氧训练、前庭功能训练、失重飞行训练等航天环境适应性训练，向人的生理极限挑战。转椅训练是一个重要科目，一般人上去转不了几圈就会头晕、呕吐。每次练这个科目，我都选最长的时间，做最大的强度。晚上睡觉我不用枕头，还把床脚垫高以适应太空失重状态下的血液重新分布。练到最后，这个科目我可以免试。离心机和跑台训练，我也坚持做最难的、强度最大的，目前我的抗载荷力和抗冲击力都能达到8个多G，相当于自身重量的8倍以上。飞船舱内布满了各种仪器和开关，我把它们拍摄下来，存在电脑里，有空就看就背，最后做到闭上眼睛也知道哪个按钮在什么位置、什么形状、什么颜色，并能用操作杆准确无误地操作它们。

……

绕地球飞行第14圈时，"神舟"五号进入了返回阶段。飞船一进入"黑障区"，窗外随即传来空气被压缩的强大呼啸声，飞船与大气层产生了巨大摩擦，发出轰轰的撞击声，一瞬间飞船变成了一团大火球。闯过"黑障区"，随着引导伞、减速伞和主伞相继打开，飞船大幅度来回摆动，巨大的冲击力冲撞着我的全身。确定飞船已经落地后，我迅速切断伞绳。飞船着陆成功了！我终于从太空回到了地球，回到了我们可爱的祖国！

当我走出舱门时，战友们紧紧地把我围在中间，许多双手把我抬了起来，人们的眼里都闪动着激动的泪花。现场是一片欢乐的海洋，我们终于胜利了！

这些天来，有许多人问我：这次太空之旅，你一点不紧张、不害怕吗？我告诉他们：送我上天的是最好的火箭和飞船，飞船舱内环境非常好，广大科技人员对我们航天员的安全考虑非常周到，加上我平时练就的过硬技术、心理素质和意志品质，又有亿万人民做我的坚强后盾，我的确不紧张，也没什么可怕的。再说，作为航天员，执行航天飞行任务是我们的神圣使命，祖国什么时候让我去"飞"，什么时候我都会义无反顾、决不后退！

2. 案例点评

本案例节选的是首位航天英雄杨利伟在载人航天工程先进事迹报告会上的发言。杨利伟是一系列航天英雄中的最具有标志性的人物，是中国首位太空使者，代表中国人在浩瀚太空里完成了具有里程碑意义的历史瞬间。杨利伟现任全国政协委员、中国载人航天工程副总设计师。然而英雄的背后离不开漫长的艰辛与努力。案例中提到，杨利伟为了达到航天环境适应性训练要求，"选最长的时间，做最大的强度""向人的生理极限挑战"，航天英雄的耀眼光环背后是汗水与奉献，是对于中国航天事业的热爱与坚持，对于国家科技进步事业的投入与忘我精神。杨利伟执行第一次航天飞行任务，面对着诸多未知的困难与风险，坚守"执行航天飞行任务是航天员的神圣使命"的铮铮誓言，只要国家需要，绝不后退，义无反顾，带着中国人对于太空的美好向往，勇往直前，翻开了中国载人航天事业的新的篇章。

结合本案例，在叙述杨利伟感人事迹的同时，融入载人航天精神的讲述，向学生讲解载人航天精神的基本内涵，"特别能吃苦，特别能战斗，特别能攻关，特别能奉献"，正是在这些航天精神的激励和感召下，杨利伟才逐渐成长为一名万人瞩目的航天英雄，也正是有千千万万的像杨利伟一样用载人航天精神武装的航天工作者，国家的载人航天事业才能跨越式发展，科技水平成功跻身世界前列。青年学生学习载人航天精神，正是要学习航天工作者的这种奋斗与奉献精神，继承发扬载人航天精神，才能在将来的工作岗位建功立业，为民族复兴作出应有贡献。

四、载人航天精神融入教材专题教学设计

专题名称	载人航天事业——我国重要学科前沿和战略必争领域取得的一项标志性自主创新成果	学时	1
融入教材章节	2021版《中国近现代史纲要》第九章"改革开放与中国特色社会主义的开创和发展"第四节"在新的形势下坚持和发展中国特色社会主义"第二目"全面建设小康社会新部署和改革开放的深化"。		
对应教材中的内容	2021版《中国近现代史纲要》教材中提到，"我国在重要学科前沿和战略必争领域取得一批重大自主创新成果，载人航天、探月工程、超级计算机等实现新的突破。继2003年'神舟五号'飞船首次实现载人航天飞行后，'神舟七号'飞船航天员成功进行中国人的第一次太空漫步"。——教材293页		
学情分析	1. 学生通过对于第九章前三节的学习，基本了解了改革开放与中国特色社会主义的开创和发展的总体过程，了解了党的十一届三中全会作出改革开放历史性决策的背景和原因，了解了改革开放和现代化建设深入推进的历史进程，认识到坚持和发展中国特色社会主义是国家发展的必由之路。		

续表

	2. 第四节"在新的形势下坚持和发展中国特色社会主义"则主要讲述进入 21 世纪后，党中央确定了全面建设小康社会的战略目标，不断推动我国经济社会的科学发展，奋力把中国特色社会主义推进到新的发展阶段。 3. 第二目"全面建设小康社会新部署和改革开放的深化"在谈到我国在重要学科前沿和战略必争领域取得一批重大自主创新成果的时候，需要在这里拓展学生对于载人航天事业的了解以及对于载人航天精神的掌握。
一、教学目标	
（一）知识目标 1. 了解 1992 年以来我国载人航天事业开展的历史过程，以及载人航天事业取得的伟大成就。 2. 掌握"特别能吃苦、特别能战斗、特别能攻关、特别能奉献"的载人航天精神的基本内涵。 （二）能力目标 1. 理解载人航天精神是成就载人航天事业伟大成就的根本动力，了解载人航天精神的历史意义与时代价值。 2. 进一步引导学生对于载人航天精神的核心和实质以及巨大作用进行讨论和思考。 （三）价值观目标 1. 通过对于载人航天事业伟大成就的了解和对于载人航天精神的学习，让学生树立科技报国的抱负和愿望以及为科技强国贡献自己力量的决心。 2. 通过对航天人载人航天精神的学习，培养学生艰苦奋斗、攻坚克难、自力更生、不懈努力的探索精神和顽强毅力。	
二、教学重点与难点	
准确掌握"特别能吃苦、特别能战斗、特别能攻关、特别能奉献"的载人航天精神的基本内涵。	
三、教学过程	
（一）课前预习 1. 通过智慧树或 QQ 群将案例分析材料、视频材料上传平台。视频材料：王永志院士事迹介绍，杨利伟事迹介绍。 2. 布置课前思考题：载人航天事业取得巨大成就的根本原因？ （二）案例导入 引入《载人航天精神：托起飞天梦的精神之翼》讲述航天人为了航天事业不懈奋斗的历程。 案例内容： 通过航天员翟志刚的讲述，使学生了解到载人航天事业的辉煌成就的背后，是靠着几代航天人奋斗拼搏凝聚而成的载人航天精神做支撑。载人航天精神不仅是托起飞天梦的精神之翼，更是全体中国人民的宝贵民族精神财富。 提出问题： 1. 中国航天事业发展的历程？ 2. 中国航天事业取得的巨大成就？	

同学们进行问题交流，后给出答案：
1. 中国航天事业发展的历程——"三步走"发展战略
中国航天事业起步较晚，1992年后迎来快速发展。1992年9月，党中央决定实施载人航天工程，代号"921工程"，并确定了载人航天"三步走"的分步骤发展战略。"三步走"发展战略是一个系统性航天事业建设工程，也为国家绘制出一个非常清晰的载人航天发展路线图。第一步是要利用载人飞船，把中国人安全送入太空，开展部分空间实验，并能够安全地将航天员接回到地面。第二步是解决航天员出舱活动问题，解决好飞行器交会对接技术，同时建立空间实验室。第三步是建立中国人自己的空间站，开展科学实验，使载人航天技术真正发挥科学价值和社会效益。"三步走"战略使我国载人航天事业迎来了一个新的起点。
2. 近年中国航天事业取得的成就
自2008年至2021年，有"神舟七号""神舟九号""神舟十号"等相继将翟志刚、景海鹏、刘伯明等航天员送入太空执行飞行任务。2021年10月16日，"神舟十三号"载人飞船在长征二号F遥十三运载火箭的托举下顺利升空，开始中国迄今时间最长的载人飞行。2022年4月16日，"神舟十三号"载人飞船返回舱成功着陆，翟志刚、王亚平、叶光富在空间站工作生活了183天，创造了中国航天员单次飞行太空驻留时间最长纪录，标志着我国空间站即将进入建造阶段，也表明我国载人航天技术达到国际先进水平。

（三）典型事迹介绍
中国载人航天事业取得巨大成功的背后，是一个个为国家默默奉献并开拓创新的航天人。
航天人事迹介绍：
1. 钱学森：钱学森是中国载人航天奠基人。他为民族国家的利益，毅然放弃国外优越的生活条件，投身到载人航天伟大事业之中，被誉为"两弹一星"元勋。1956年，钱学森受命组建第一个火箭研究机构国防部第五研究院。后参与液体探空火箭、导弹飞行试验、通信卫星、核动力潜艇等重大国防科研任务，1999年9月获两弹一星功勋奖章。同时，钱学森组建了最早的航天机构，系统建立了航天事业发展战略等等，并为航天事业培养了一大批人才。
2. 总设计师王永志院士。他是航天技术专家，更是中国载人航天工程的技术领头人和开创者。他提出了一系列推动中国载人航天科技发展的思想，为航天事业做出了突出贡献。王永志致力于导弹和运载火箭的总体设计与研制工作，主持"神舟"系列飞船的设计研制工作。1994年5月当选中国工程院首批院士，2003年获国家最高科学技术奖。"王永志是航天技术专家，是中国载人航天工程的开创者之一和学术技术头人。40多年来在中国战略火箭、地地战术火箭以及运载火箭的研制工作作出了突出的贡献，特别是在载人航天工程中作出了重大贡献"①。
3. 袁家军：曾任"神舟"号飞船系统总指挥、中国空间技术研究院院长等、中国科协常委袁家军，被誉为"航天少帅"。他是神舟系列飞船系统的主要总指挥之一，1996年任神舟飞船第一副总指挥，2000年至2004年，任神舟二号到五号飞船系统总指挥，为我国载人航天技术再上新台阶做出了突出贡献。
4. 第一个进入太空的中国航天员杨利伟，特级航天员，中国载人航天工程副总设计师，曾被中央军委授予"航天英雄"称号。结合案例2《杨利伟：祖国送我上太空——在载人航天工程先进事迹报告会上的发言》，介绍航天英雄杨利伟的感人事迹。

---

① 汪学勤. 中华人民共和国科技发展全史：第5卷［M］. 北京：中国科学技术出版社，2011：1980.

续表

提出问题:
支撑全体航天人艰苦奋斗为中国航天事业取得巨大成就的精神是什么?
(四) 载人航天精神基本内涵
利用两位领导人的评价引入航天精神内涵:
胡锦涛讲话:
2003年11月7日,胡锦涛在庆祝我国首次载人航天飞行圆满成功大会上的讲话中指出:"伟大的事业孕育伟大的精神。在长期的奋斗中,我国航天工作者不仅创造了非凡的业绩,而且铸就了特别能吃苦、特别能战斗、特别能攻关、特别能奉献的载人航天精神。载人航天精神,是'两弹一星'精神在新时期的发扬光大,是我们伟大民族精神的生动体现,永远值得全党、全军和全国人民学习。"①
习近平讲话:
2013年7月26日,习近平总书记在会见神舟十号载人飞行任务航天员和参研参试人员代表时指出:"在这一发展进程中,我们取得了连战连捷的辉煌战绩,使我国空间技术发展跨入了国际先进行列。我们培养造就了一支特别能吃苦、特别能战斗、特别能攻关、特别能奉献的高素质人才队伍,培育铸就了伟大的载人航天精神。广大航天人展现出了坚定的理想信念、高昂的爱国热情、强烈的责任担当、良好的精神风貌,你们不愧是思想过硬、技术过硬、作风过硬的英雄团队。"②
1. 基本内涵
载人航天精神被归纳为"特别能吃苦、特别能战斗、特别能攻关、特别并奉献"。同时也可以进一步分五个方面阐述载人航天精神——热爱祖国、为国争光的坚定信念,勇于登攀、敢于超越的进取意识,科学求实、严肃认真的工作作风,同舟共济、团结协作的大局观念和淡泊名利、默默奉献的崇高品质。
"特别能吃苦、特别能战斗、特别能攻关、特别并奉献"的载人航天精神,简单的二十个字里面体现的是航天人取得辉煌成就的精神动力,是党和国家的宝贵的精神财富。
——特别能吃苦:体现的是我党的艰苦奋斗的优良传统,在遥远的戈壁荒滩,航天人克服种种困难,以苦为乐,艰苦创业,练就了问天的本领。
——特别能战斗:是对胜利的一往无前的追求,知难而进,敢于挑战。航天事业取得的成就就是发扬战斗精神的结果。
——特别能攻关:是全体航天人在起步低、起步晚的情况下,组织技术攻关,靠着自力更生,自主创新,短时间内航天科技水平达到了国际先进水平。
——特别能奉献:是航天人淡泊名利,默默奉献,只为为国争光,不计个人得失,扎根戈壁,创造了举世瞩目的丰功伟绩。
2. 启发讨论:
通过胡锦涛、习近平等中央领导人对于载人航天事业的高度评价,引出载人航天精神的基本内涵。并在此基础上,进一步引导学生对于载人航天精神的核心和实质以及巨大作用进行讨论。
(五) 呼应教材
呼应教材内容:

---

① 中共中央文献研究室编. 十六大以来重要文献选编·上 [M]. 广州:暨南大学出版社,2011:490.
② 习近平会见神舟十号载人飞行任务航天员和参研参试人员代表 [N]. 人民日报,2013-07-27.

续表

载人航天事业取得的成就作为我国重要学科前沿和战略必争领域取得的一项标志性自主创新成果，具有重要的意义。同时作为"在新的形势下坚持和发展中国特色社会主义"（第九章第四节）取得的一项伟大业绩，也可以有力支撑"全面建设小康社会新部署和改革开放的深化"这一目的内容。

（六）教学设计小结

本教学设计通过导入案例《载人航天精神：托起飞天梦的精神之翼》和《祖国送我上太空——在载人航天工程先进事迹报告会上的发言》，介绍了中国航天事业发展的历程和中国航天事业取得的巨大成就，简单介绍几位典型航天人的感人事迹。并通过中央领导人对于载人航天事业的高度评价，给出载人航天精神的基本内涵。并在此基础上，进一步引导学生对于载人航天精神的核心和实质以及巨大作用进行讨论，教育和鼓励广大学生发扬载人航天精神，爱岗敬业，攻坚克难，在自己将来的职业生涯中做出优异的成绩。

四、教学资源

（一）参考文献：

1. 章文. 载人航天精神：托起飞天梦的精神之翼［N］. 光明日报，2018-12-28（004）.

2. 中共中央文献研究室. 十六大以来重要文献选编·上［M］. 广州：暨南大学出版社，2011：490.

3. 习近平会见神舟十号载人飞行任务航天员和参研参试人员代表［N］. 人民日报，2013-07-27.

4. 习近平. 论坚持全面深化改革［M］. 北京：中央文献出版社，2018：117.

5. 杨利伟. 祖国送我上太空——在载人航天工程先进事迹报告会上的发言［N］. 人民日报，2003-11-08.

（二）网络资源

1.《太空"长征"之路 问天》（《国家记忆》栏目 王永志院士资料）
https：//www.12371.cn/2022/04/20/VIDE1650462901515841.shtml

2.《人民英模：航天英雄 杨利伟》
https：//xuexi.12371.cn/2012/06/13/VIDE1339575848252232.shtml

五、教学方法

讲授法、案例式教学法、启发式教学法、讨论式教学法等

第四节 雪域天路：青藏铁路精神

青藏铁路精神是青藏铁路建设者不畏艰难、敢打硬仗，接连克服冻土、缺氧和生态脆弱等关键问题，最终在完成雪域天路这一世界一流高原铁路的过程中，所铸就的"挑战极限、勇创一流"的伟大精神。青藏铁路是一条雪域天路，连着民族团结和现代化建设进程，也象征着不畏艰难的中国人在全力建设中国

特色社会主义的奋斗之路。青藏铁路精神支撑着青藏铁路建设，而青藏铁路建设所取得的辉煌成就又进一步凝练了青藏铁路精神，成为中华民族伟大精神的一个新的辉煌篇章。

一、青藏铁路精神的基本内涵

建设青藏铁路的夙愿最早可追溯到孙中山先生的《建国方略》之《实业计划》。新中国成立后，党中央一直高度重视青藏铁路建设，限于财力物力，毛泽东等老一辈国家领导人作出了青藏铁路建设分步走的战略。1958年建设、1960年通车的兰青铁路起自甘肃兰州，终至青海西宁，是青藏高原上的第一条铁路，也是进行高原铁路建设的一次重要尝试。同时，1958年开始建设青海省西宁到格尔木的一期工程，1984年一期工程通车。2001年，党中央决定青藏铁路二期工程开工。二期工程自青海省格尔木到西藏自治区拉萨，是世界上海拔最高的高原铁路，同时也是西部大开发的重点工程和新世纪四大工程之一，其重要程度可见一斑。从2001年到2006年，经过青藏铁路建设者五年的不懈努力，克服种种困难，顽强拼搏，终于在2006年7月，全长1956公里的青藏铁路实现了全线通车，结束了西藏不通铁路的历史，打破了美国现代旅行家保罗·泰鲁作出的"有昆仑山脉在，铁路就永远到不了拉萨"的断言，有力地推动了西藏自治区进行跨越式发展和现代化建设的进程。

青藏铁路的全线通车的背后是十万建设人员常年顶风冒雪，战斗在"生命禁区"，攻克了"高寒缺氧、多年冻土、生态脆弱"三大世界性难题，以极其惊人的毅力，完成这项世界高原极富挑战性的任务，并在此过程中孕育形成了挑战极限、勇创一流的青藏铁路精神，成为中国共产党精神谱系的一个重要组成部分。青藏铁路精神的核心内容是"挑战极限、勇创一流"。

（一）挑战极限

"挑战极限"是指雪域高原建设条件的艰苦和自然环境的恶劣。青藏高原曾被国外旅行家称作"死亡地带"，在唐古拉山修建铁路和火车站的消息对于一些外国人来说是不可思议的事情。在青藏高原之上，高原缺氧、紫外线强等是普遍现象，血压升高、呼吸困难、头痛耳鸣等都在挑战建设者的心理和生理极限。甚至在海拔更高的地方，还有着难以抵抗的高原风雪寒气。在室外待不了几分钟，人就被冻成了"冰人"，这就要求建设者不停地轮班轮岗才能将施工进行下去。

据前往青藏高原采访的记者王圣志回忆，到了格尔木的第二天，"干裂的毛细血管马上破裂了，点点鼻血滴落在电脑键盘上。我只好一只手堵着流血的鼻孔，一只手单指敲打着键盘……由于外界气压较低，人体的肝脏、心脏和肺像气球一样被胀大，缺氧也使记忆力下降"①。但是青藏铁路建设者们就是在这样的环境下，数年如一日，凭着顽强的毅力坚守在"生命禁区"，以革命乐观主义和高度的责任感出色地完成了建设任务。同时，也大力做好建设者们的医疗保障工作，协调建立了多层次医疗保障体系，关注、保障建设者的生命健康。青藏铁路建设工地有一条标语，叫"艰苦不怕吃苦，缺氧不缺精神，风暴强意志更强，海拔高追求更高"，展现了建设者敢于挑战极限的豪情壮志和精神境界。

（二）勇创一流

"勇创一流"则是指建设者以"海拔高追求更高"的准则，以高质量高标准的建设和运营要求，完成了建设一流高原铁路的伟大实践。高原冻土受气候变化影响大，冻胀隆起和消融下沉给建设工程带来巨大困难，建设者们以"以苦为荣、献身科学"的风火山精神，通过不懈努力，确立"主动降温、冷却地基、保护冻土"的设计原则，反复实验，联合攻关，最后采用以桥代路等一系列冻土工程方式，解决了长达550公里的高原冻土问题，使得我国在高原冻土技术领域走到了世界先列。

面对高原生态脆弱问题，建设者们严格执行生态环境保护的要求，珍爱青藏高原一草一木，将青藏铁路建设成为一条"环保铁路"。大胆采用环保监理制度，使沿线的植被、湿地、冻土等自然景观得到了最大限度的保护，大大减少了铁路建设对于环境的影响。青藏铁路建设过程中的环境保护工作得到了原国家环保总局的称赞。同时，面向铁路运营建立高质量管理体系，铁路运行指挥调度系统等均做到了一流质量，确保青藏铁路在运营过程中安全高效。

二、青藏铁路精神的历史意义与时代价值

（一）历史意义

青藏铁路精神的历史意义主要有以下三个方面：

第一，青藏铁路精神再一次印证了勇于向困难挑战是成就伟大事业的根本原因。青藏铁路的建设面临着前所未有的困难，高原缺氧直接挑战着建设者的生理心理极限。在恶劣的自然环境中，在高标准的技术困难前，狭路相逢勇者胜，只有不畏艰险迎难而上，方能取得事业的最后胜利。习近平总书记曾指出："唯有精神上站得住、站得稳，一个民族才能在历史洪流中屹立不倒、挺立潮

---

① 王圣志. 在穿越"世界屋脊"的日子里［J］. 中国记者，2005（11）：58-59.

头。同困难做斗争，是物质的角力，也是精神的对垒。"① 我们国家和民族正是有了这种精神，才能带领全国各族人民打赢一个又一个像青藏铁路建设这样的硬仗，将中国特色社会主义建设事业进行到底。

第二，青藏铁路精神再一次展现了国家利益至上的爱国主义精神是中华民族伟大复兴的制胜法宝。青藏铁路建设关系西部大开发工程，更是几代中国人梦寐以求的夙愿。广大青藏铁路建设者们响应国家召唤，不计个人得失，多年奋战在"生命禁区"，书写了人生的辉煌篇章。在国家利益至上的原则下，他们攻坚克难，奋斗不息，逢山开路，遇水搭桥，革命的乐观主义精神鼓舞和激励着建设者们，涌现出许多感人事迹和模范人物。他们将爱国主义落实在一条条轨道之上，落实到一项项工程之中，将论文写在祖国的青藏高原之上，展现了为国家和民族利益而奋斗不止的爱国主义情怀，完成了雪域天路建设的伟大业绩。

第三，青藏铁路精神再一次体现了勠力同心、团结合作的重要性。青藏铁路建设参与者达到十万之众，在工程组织和协调过程中，各设计单位、施工部门以及其他建设团队能够通力合作，齐心协力，是建成建好青藏铁路工程的重要因素。集中力量办大事的社会主义制度，具有超强的组织能力和动员能力，统一协调，统一指挥，各有关部门密切配合，科研、保障、医疗等方面全力支持，形成了一切为青藏铁路、全力保铁路通车的总体氛围，这也是我们能够成就青藏铁路这一雪域天路伟大工程的原因之一，青藏铁路精神也是团结协作精神的又一次集中展现。

（二）时代价值

在新时代，弘扬青藏铁路精神主要有三个方面的时代价值：

第一，弘扬青藏铁路精神，对于我国加快中国特色社会主义现代化建设、实现中华民族伟大复兴的中国梦具有非常重要的时代价值。青藏铁路精神，是中国共产党人革命精神的传承，更是中华民族精神的进一步发扬。挑战极限、勇创一流的青藏铁路精神，归根结底是乐观主义革命精神和爱国主义精神的结合和发扬，是中华民族的宝贵精神财富。以青藏铁路精神作为素材教育青年学子，可以使学生树立攻坚克难和国家利益至上的爱国主义精神，使青年一代经过不断锤炼，更能担负起中华民族伟大复兴的重任。

第二，弘扬青藏铁路精神，对于我国加快自主创新建设和实现科技强国具有重要的时代价值。青藏铁路建设过程中所遇到的技术难题，部分领域在国内

---

① 习近平. 论中国共产党历史［M］. 北京：中央文献出版社，2021：41.

外甚至还没有可以借鉴的经验,工程设计人员只能自力更生,攻克难题,在冻土技术、环境保护等方面均创造了一大批具有自主知识产权的关键技术,保障了青藏铁路建设的顺利进行。青藏铁路建设的成功再一次用实践证明,攀登科技高峰不能依赖国外技术转让,在很大程度上需要通过不断努力攻克技术壁垒,将科技发展的自主权牢牢掌握在我们国家手里。

第三,弘扬青藏铁路精神,对于我们培养青年一代干事创业、不计个人的奉献精神具有重要的时代价值。为完成青藏铁路建设任务,广大建设者斗冻土,克高寒,保生态,不畏艰险,甘于奉献。"上了青藏线,就是做奉献",是建设者们的一句口号,更是他们数年如一日的工作和生活的真实写照。没有奉献精神,就不能理解青藏铁路精神的内涵。勘察设计人员要常常穿越无人区,在生死考验面前从不退缩,施工人员顶风冒雪,克服缺氧等困难,将汗水洒在了雪域高原之上。青藏铁路建设者群体的感人事迹是培养青年成长的最好素材,这些故事需要一代又一代讲下去,将干事创业、不计个人得失的奉献精神在后人手中传承下去。

三、青藏铁路精神教学案例分析

(一)"青藏铁路人"的不朽丰碑

1. 案例呈现①

挑战极限:干了这个难事、大事后,哪还有什么困难

2000年7月,作为中铁十六局集团青藏铁路竞标负责人,程红彬带领一群年轻的技术人员勘察青藏铁路现场。刚上高原的程红彬不停地大口喘气,忍受着身体不适的煎熬,全部感知神经都传递着胸闷、气短、头痛、腿软的讯息。"中铁十六局集团前身是铁道兵'首都师',尽管已经转为企业,但铁道兵精神一直都在。"程红彬说。在这里的每一天,建设者都在向生命极限发起冲击。程红彬所在的16标段位于唐古拉山脉深处,平均海拔4800米,年平均气温零下7摄氏度,空气含氧量仅为内地的50%。"国家铁路建设代表国家形象,代表民族形象。从一开始觉得艰难,到最后很坦然,始终有一种精神支撑着参建员工不叫苦叫累。大家也是在这个艰苦的地方凝聚出革命的友谊、战斗的友谊。"程红彬回忆,参建员工时常挂着氧气瓶,身体不适的时候在高压氧舱治疗,但没人打退堂鼓。"再大的困难其实都克服解决了,青藏铁路精神对我们个人的成长、

---

① 杨月,周伟."青藏铁路人"的不朽丰碑[N].中国青年报,2021-11-30(001).内容有节选。

对我们的现实工作,都带来很多的启示。修完青藏铁路,很多人都觉得心胸很开阔——干了这个难事、大事后,哪还有什么困难?哪还有个人得失值得计较?"程红彬说。

勇创一流:我们青藏铁路人是有精神的

对全国政协委员、中国工程院院士、中国铁道学会理事长卢春房来说,建设青藏铁路的那些苦和难依然历历在目。卢春房回忆,青藏铁路开工后,采取了以桥代路、取消小半径曲线等技术措施,对于运营而言,益处良多,但增加了近100公里桥梁。仅仅架梁一项,就要多用近两年时间,如果按照原施工组织计划,从格尔木一端铺架,那么国家确定的6年工期就无法完成。大家经过科学测算后决定,空降队伍增加铺轨架梁工作面。所谓"空降",是在海拔4700米的高原建设安多铺架基地,并用汽车拉着火车跑,从400公里以外用汽车把机车车辆、铺架设备材料倒送到安多基地,从而形成"两点三面"的铺架格局。这是青藏铁路人的大胆尝试,是铁路建设史上的一个创举。"按期建成青藏铁路不是我们的最高追求,建成不朽之路才是我们的目标、理想。"卢春房说。青藏铁路建设和运营中,不仅开创了高寒草甸人造湿地的世界先河,而且全面实施"宜乔则乔、宜灌则灌、宜草则草"的沙害治理和"绿色天路"工程。原国家环保总局在对青藏铁路多次检查后得出这样的结论:青藏铁路开通至今,沿线冻土、植被、湿地、自然景观、江河水质等都得到了有效保护,青藏高原生态环境没有受到明显影响。

2. 案例点评

"每当汽笛声穿过唐古拉山口的时候,高原上的雪山、冻土、冰河,成群的藏羚羊,都会想念他们,想念那些有力的大手和坚强的笑容。他们能驱动钢铁,也会呵护生命。他们,是地球之巅的勇者;他们,缔造了世界上最伟大的铁路!"[①] 以上是"感动中国2005年度人物特别奖"授予"青藏铁路的建设者"时的颁奖词。青藏铁路的顺利通车是中华民族具有历史意义的一件大事。结合本案例,侧重从亲历者的回忆近距离感受青藏铁路精神的伟大,更好地理解挑战极限、勇创一流的青藏铁路精神是成就青藏铁路建设伟大成就的重要原因。

本案例选取了一组青藏铁路建设亲历者的回忆片段,从不同侧面记录下了青藏铁路建设所形成的伟大精神。选取了铁路建设的亲历者——中铁十六局集团青藏铁路竞标负责人程红彬和中国工程院院士、中国铁道学会理事长卢春房

---

① 《青藏铁道》编写委员会. 青藏铁路:综合卷[M]. 北京:中国铁道出版社,2012:187.

两人的记述。两人分别从挑战极限和勇创一流两方面回忆了青藏铁路修建的艰难历程。为了建设青藏铁路这条世界上海拔最高的高原铁路，13万名建设者经过5年奋斗，成功解决了"多年冻土、高寒缺氧、生态脆弱"三大技术难题，创造了工程建设奇迹，并形成了"挑战极限、勇创一流"的青藏铁路精神。通过对本案例的教学，促进大学生对青藏铁路精神的实质进行全方位的了解，激发和教育广大学子学习和发扬青藏铁路精神，为振兴中华而不懈努力。

（二）"天路"蜿蜒　超越极限——青藏铁路精神述评

1. 案例呈现①

冻土科学家张鲁新曾任青藏铁路建设总指挥部专家咨询组组长。自20世纪70年代投身青藏高原冻土科研起，他几乎把生命中的全部时间和精力都贡献了出来。在青藏铁路沿线的无人区，他经历过被野兽包围的困境；在-30℃的寒夜，他连续站立8小时坚持冻土锚杆拉拔试验……还有许多国内知名冻土专家把毕生心血献给了青藏高原。他们凭借"艰苦不怕吃苦，缺氧不缺精神、海拔高境界更高"的精神状态，破解了青藏铁路建设的多项工程技术难题。

……

在青藏铁路格拉段沿线海拔4700多米的风火山上，有一块墓碑，墓碑的主人是曾任中铁西北科学院研究所副所长的王占吉。这位1947年参加革命的老党员，1964年就到了风火山开展青藏铁路的可行性研究工作，艰苦的条件、恶劣的环境，都没让他退缩一步。1978年下山时他身患癌症，不到两年就逝世了。弥留之际，他叮嘱家人和战友："把骨灰埋在风火山上，我生前没有看到青藏铁路，死了要看着火车越过风火山！"青藏铁路格拉段开工建设后，王占吉的儿子来到青藏铁路接起父亲的接力棒，当了一名监理工程师。

青藏铁路首任设计总工程师庄心丹带领600多人的团队奔走在青藏高原搞勘探测量，他们穿戈壁、过沼泽、翻雪山，住的是单帐篷，坐的是大卡车，喝的是苦咸水，吃的是干馒头就咸菜。令人惋惜的是，庄心丹一直到去世也没能看到青藏铁路全线贯通，他的子女在他的笔记本里看到这样一行字："火车西上拉萨日，家祭无忘告乃翁……"多年后，当青藏铁路全线贯通后第一列列车穿过青藏高原的时候，那一声声长鸣，终于可以告慰英灵了。

不管在建设时期，还是在运营时期，广大青藏铁路建设运营者始终坚守"以人民为中心"的初心使命，用实际行动践行"人民铁路为人民"的服务宗

---

① 万玛加，尕玛多吉，王雯静，马文．"天路"蜿蜒，超越极限——青藏铁路精神述评［N］．光明日报，2021-12-01（005）．内容有节选。

旨。在青藏铁路唐古拉车站，以全国劳动模范"最美铁路人"于本蕃为代表的青藏铁路线路养护职工，在这里担负起全线海拔最高、自然条件最差、灾害最频繁的125公里冻土线路养护任务，工区职工经常冒雪在零下20多度的严寒中，带着氧气瓶巡查线路、处理故障、夯实路基。当问起于本蕃和工友们为什么15年如一日地扎根"天路之巅"，守护着千万人的回家路。他们的回答只有一句："我是一名共产党员。"这些青藏铁路的守护者有自己的信仰，那就是中国共产党人的坚定信仰，这是照亮广大共产党员前行之路的精神灯塔……

2. 案例点评

本案例选取了几位普通青藏铁路建设者的感人事迹。相比较于案例《"青藏铁路人"的不朽丰碑》所选取的亲历者程红彬和卢春房两人而言，本案例中所记录的则是几位平凡人的视角。张鲁新，一位冻土科学家，和其他科研工作者一起，将毕生精力倾注于青藏高原之上，也正是由于他们的不懈努力，冻土问题，这一困扰青藏铁路建设的重要问题才得以解决。王占吉，一位老党员和科研工作者，奋斗在风火山之上，甚至于去世之后将墓碑放置在了风火山上，"死了要看着火车越过风火山"，后来子承父业，后人继续在青藏铁路上奋斗着。庄心丹，在戈壁、沼泽、雪山之中奋斗，住帐篷，坐大卡车，喝咸水，吃咸菜，"火车西上拉萨日，家祭无忘告乃翁"，青藏铁路的声声长鸣，似乎是在告慰建设者的英灵。全国劳动模范"最美铁路人"于本蕃守护着共产党员的信仰，顶风冒雪，带着氧气瓶，查线路，排故障，平凡的工作中取得不平凡的成就。

笑傲昆仑问天下何处是雄关，跃马雪域引青藏高原飞铁龙。这是青藏铁路建设者的铮铮誓言，更是"挑战极限、勇创一流"青藏高原精神的最好的注脚。青藏铁路精神，是中国共产党精神谱系的一个重要组成部分，也更是中华民族自强不息精神的又一个例证。2005年，中央电视台"感动中国2005年度人物评选"，将特别奖授予了"青藏铁路的建设者"这样一个功勋集体，是集体的力量才能取得这样伟大的成就。青藏铁路建设者的伟大成就，永远刻在西部大开发建设发展的历史丰碑上，也永远记在汉藏各族人民心里。

四、青藏铁路精神融入教材专题教学设计

专题名称	青藏铁路精神：西部大开发战略的标志性成就	学时	1
融入教材章节	2021版《中国近现代史纲要》教材第九章"改革开放与中国特色社会主义的开创和发展"第四节"在新的形势下坚持和发展中国特色社会主义"第一目"全面建设小康社会宏伟目标的提出"。		

续表

对应教材中的内容	2021版《中国近现代史纲要》教材中提到，"2006年7月1日，全长1956公里的青藏铁路全线通车，结束了西藏不通铁路的历史，有力推动了雪域高原的跨越式发展和各族人民生活的改善"。——教材287页
学情分析	1. 学生通过对于第九章前三节的学习，基本了解了党的十一届三中全会作出改革开放历史性决策的背景和原因，了解了改革开放和现代化建设深入推进的历史进程，认识到坚持和发展中国特色社会主义是国家发展的必由之路。 2. 学生对于第四节"在新的形势下坚持和发展中国特色社会主义"，则主要掌握了讲述进入21世纪后，党中央确定了全面建设小康社会的战略目标，奋力把中国特色社会主义推进到新的发展阶段。 3. 第一目"全面建设小康社会宏伟目标的提出"。在谈到青藏铁路的顺利通车的重要性时候，需要在这里拓展学生对于青藏铁路修建艰难的了解和青藏铁路精神内涵的掌握。

一、教学目标

（一）知识目标
1. 了解青藏铁路建设取得的伟大成就。
2. 掌握青藏铁路精神的基本内涵。

（二）能力目标
1. 理解挑战极限、勇创一流的青藏铁路精神是成就青藏铁路建设伟大成就的重要原因。
2. 进一步引导学生对于青藏铁路精神的内涵以及时代意义进行讨论和思考。

（三）价值观目标
1. 通过对于青藏铁路建设伟大成就的了解和对于青藏铁路精神的学习，让学生树立不畏艰险永远向前、不向恶劣环境屈服让步的奋斗精神，为国家建设做出自己的贡献。
2. 通过对青藏铁路精神的学习，让学生更加体会到社会主义制度的优越性。社会主义制度具有巨大的组织能力和动员能力，集中力量办大事是社会主义制度的政治优势，团结协作，服从大局，同心协力，是我们成就伟大事业的力量所在。

二、教学重点与难点

准确掌握挑战极限、勇创一流的青藏铁路精神的基本内涵。

三、教学过程

（一）课前预习
1. 通过智慧树或QQ群将案例分析材料、视频材料上传平台。视频材料：歌曲《天路》等。
2. 布置课前思考题：是否了解青藏铁路修建的难度？青藏铁路修建圆满巨大成就的根本原因？

（二）案例导入

通过案例《"青藏铁路人"的不朽丰碑》，多角度讲述青藏铁路建设的艰难历程、恶劣的自然环境和铁路建设者的感人精神。

续表

案例内容：
1. 青藏铁路修建的难度：首先是海拔最高，格尔木至拉萨段这一段大部分建设在青藏高原之上。高原反应是建设者们首先要面临的问题。正像程红彬所说"在这里的每一天，建设者都在向生命极限发起冲击"。程红彬所在唐古拉山脉深处更是存在海拔高、气温低、含氧量低等恶劣自然条件。即便是这样，建设者们依然以高昂的姿态和乐观的精神战胜了这些问题，无人退缩，无人打退堂鼓，挂氧气瓶成为一种工作常态。
2. 卢春房所面临的问题主要施工困难问题。冻土以及生态脆弱带来了施工中的巨大困难。建设者们依然绞尽脑汁、想尽招数，顺利解决了冻土和生态问题，青藏高原生态环境未受到破坏，青藏铁路成为一条"绿色天路"。

通过案例《教学案例："天路"蜿蜒，超越极限——青藏铁路精神述评》，以平凡人的视角，展现几位普通青藏铁路建设者的感人事迹。这其中包括冻土科学家张鲁新，老党员和科研工作者王占吉，戈壁中的奋斗者庄心丹和全国劳动模范"最美铁路人"于本蕃等。

提出问题：
1. 是什么精神支撑建设者完成困难重重的青藏铁路建设？
2. 青藏铁路建设完成前后巨大的变化以及通车的伟大意义？

简单介绍青藏铁路通车的伟大意义，采用对比的方式介绍如何推动雪域高原进行跨越式发展以及各族人民的生活得到了怎样的改善。

（三）青藏铁路伟大意义

播放歌曲《天路》。由一首歌曲《天路》切入，"黄昏我站在高高的山岗，盼望铁路修到我家乡，一条条巨龙翻山越岭，为雪域高原送来安康；那是一条神奇的天路，把人间的温暖送到边疆，从此山不再高路不再漫长，各族儿女欢聚一堂"。

歌曲中所描述的景象成为现实：旅游线路不断推陈出新，青藏旅游成为一条非常繁忙的专线。有"开往海西的列车""桃花专列"等旅游专列，形成了不断向青藏高原延伸的旅游路线。这条雪域天路将祖国的温暖和汉藏民族的情谊送去边疆，使青稞酒和酥油茶更加香甜，青藏铁路成为一条在经济效益、国防安全、民族情谊等多方面都取得惊人成果的幸福之路、暖心之路，有力地推动了青藏高原区域进行跨越式发展和现代化建设的进程。

（四）青藏铁路精神内涵

通过胡锦涛、习近平等中央领导人对于青藏铁路建设事业的关心和高度评价，引出青藏铁路精神的基本内涵。并在基础上，进一步引导学生对于青藏铁路精神的核心和实质以及巨大作用进行讨论。

1、引入胡锦涛讲话：

2006年7月1日，胡锦涛在青藏铁路通车庆祝大会上的讲话中指出，"我们在格尔木和拉萨两地同时集会，热烈庆祝青藏铁路全线建成通车，号召全党全国各族人民学习和弘扬挑战极限、勇创一流的青藏铁路精神，为全面建设小康社会、把中国特色社会主义伟大事业继续推向前进而团结奋斗"[①]。

[①] 中共中央文献研究室. 胡锦涛在青藏铁路通车庆祝大会上的讲话——十六大以来重要文献选编·下 [M]. 北京：中央文献出版社，2011：536.

续表

2、引入习近平讲话：

2020年11月，川藏铁路雅林段开工建设。习近平总书记对川藏铁路开工建设作出重要指示并指出，"广大铁路建设者要发扬'两路'精神和青藏铁路精神，科学施工、安全施工、绿色施工，高质量推进工程建设，为全面建设社会主义现代化国家作出新的贡献"①，再一次重申了青藏铁路精神对于中华民族伟大复兴事业的重要意义。

3、青藏铁路精神基本内涵：

青藏铁路精神的核心内容是"挑战极限、勇创一流"。

——"挑战极限"

雪域高原建设条件异常艰苦。据长期在青藏铁路采访的王圣志介绍，"青藏铁路新建线路全长1110公里，海拔在4000米以上的地段长达960公里，跨越昆仑，穿越唐古拉山，最高点为5072米，多年冻土地段长达550公里，是世界上海拔最高、线路最长的高原铁路，建设难度世界罕见"②。时任青藏铁路建设总指挥部指挥长、中国工程院院士卢春房在接受央视记者采访时，也曾经谈到青藏高原的建设难度之大，当时为了保障建设者们的生命安全与健康，工地曾经设立了29所医院，这在铁路建设领域是极为罕见的。

青藏铁路建设期间危险也是无处不在。2003年6月，唐古拉山地区被暴雨袭击，72名青藏铁路建设者被洪水困在草甸之上。时任总理温家宝作出指示，全力营救被困人员。总指挥卢春房院士等人带领抢险队快速赶赴现场，武警部队也闻讯赶来，当地的藏族群众也前来支援，终于在多方努力之下，被困人员才脱离危险③。

——"勇创一流"

建设者们以"海拔高追求更高"为建设和运营要求，通过不懈努力，建成一流铁路。比如针对生态环境脆弱问题，建设者采用了第三方环保监理的方案，有效地保护了青藏高原的环境生态，达到了环保要求。2004年8月，原国家环保总局考察了青藏铁路重点工程环保工作，"对弃土场和便道恢复、动物通道功能作用发挥、设置藏羚羊迁徙监测系统、防风固沙等方面取得的成绩给予了高度评价"④。

针对高原冻土问题，采用合理控制路基高度等关键技术，攻克了冻土难关。风火山隧道成功突破高原冻土难题，成为了最具标志性的技术攻关典型。整个青藏铁路建设期间，力求在勘察设计和施工水平方面向一流水平看齐，最后保障了建设工程质量力创一流。青藏铁路建设者们正是发扬"挑战极限、勇创一流"的精神，艰苦奋斗，攻坚克难，克服难以想象的困难，完成了雪域高原建设一流铁路的壮举。

4、启发讨论：

在阐述完青藏铁路精神的基本内涵后，进一步引导学生对于青藏铁路精神的核心和实质以及巨大作用进行讨论。

（五）呼应教材

青藏铁路精神作为在新的形势下坚持和发展中国特色社会主义特别是西部大开发工程的重要项目，它的建设完成具有极其重要的意义。同时作为"在新的形势下坚持和发展中国特色社会主义"（第九章第四节）取得的一项伟大业绩，也可以有力支撑"全面建设小康社会宏伟目标的提出"这一目的内容。

① 习近平对川藏铁路开工建设作出重要指示强调，发扬"两路"精神和青藏铁路精神 高质量推进工程建设［N］.解放军报，2020-11-09.
② 王圣志.在穿越"世界屋脊"的日子里［J］.中国记者，2005（11）.
③ 冯金声.中国西南铁路纪事［M］.成都：西南交通大学出版社，2017：218.
④ 王志国主编.2005中国铁路跨越式发展重要文稿［M］.北京：中国铁道出版社2006，232.

续表

（六）教学设计小结 本教学设计通过导入案例：《"青藏铁路人"的不朽丰碑》和《"天路"蜿蜒　超越极限——青藏铁路精神述评》，讲述青藏铁路建设的艰难历程、恶劣的自然环境和铁路建设者的感人精神。 　　通过青藏铁路建成前后的对比，简单介绍青藏铁路通车的伟大意义，如何推动雪域高原进行跨越式发展以及各族人民的生活得到了怎样的改善。通过对本专题的教学，引发大学生对青藏铁路精神的核心和实质的了解和熟悉，激发和教育广大学子学习和发扬青藏铁路精神，为振兴中华而不懈努力。
四、教学资源
（一）参考文献： 1. 杨月，周伟．"青藏铁路人"的不朽丰碑［N］．中国青年报，2021-11-30（001）． 2. 中共中央文献研究室．胡锦涛在青藏铁路通车庆祝大会上的讲话——十六大以来重要文献选编·下［M］．北京：中央文献出版社，2011：536. 3. 习近平对川藏铁路开工建设作出重要指示强调　发扬"两路"精神和青藏铁路精神　高质量推进工程建设［N］．解放军报，2020-11-09. 4. 习近平．论中国共产党历史［M］．北京：中央文献出版社，2021：41. 5. 《青藏铁道》编写委员会．青藏铁路：综合卷［M］．北京：中国铁道出版社，2012：187. 6. 万玛加，尕玛多吉，王雯静，马文．"天路"蜿蜒，超越极限——青藏铁路精神述评［N］．光明日报，2021-12-01. （二）网络资源： 1. 《精彩音乐汇》歌曲《天路》　演唱：韩红 https://tv.cctv.com/2022/07/18/VIDEujZB56tXfrGTMl9jmyAT220718.shtml
五、教学方法
讲授法、案例式教学法、启发式教学法、讨论式教学法等

第五节　众善之师：劳模精神

劳模精神，是指以"爱岗敬业、争创一流，艰苦奋斗、勇于创新，淡泊名利、甘于奉献"为主要特征的劳动模范的精神，是首批列入中国共产党人精神谱系的伟大精神之一。2015年4月28日，习近平总书记在庆祝"五一"国际劳动节暨表彰全国劳动模范和先进工作者大会上的讲话中指出，"劳动模范和先进工作者是坚持中国道路、弘扬中国精神、凝聚中国力量的楷模，他们以高度的主人翁责任感、卓越的劳动创造、忘我的拼搏奉献，为全国各族人民树立了学习的榜样。'爱岗敬业、争创一流,艰苦奋斗、勇于创新,淡泊名利、甘于奉献'的劳模精神,生动诠释了社会主义核心价值观,是我们的宝贵精神财富和强大精神力量"①。2020年11月,习近平总书记在全国劳动模范和先进工作者表彰大会上的讲话中,又引用了东晋葛洪的"不惰者,众善之师也"② 来形容劳模精神。

一、劳模精神的基本内涵

劳模是劳动模范的简称,主要是指社会主义事业建设过程中在平凡岗位作出不平凡业绩的模范代表,是中国工人阶级的榜样和领头人。1943年11月,陕甘宁边区曾召开过劳动英雄和模范生产者表彰大会。新中国成立后,全国各行各业在恢复国民经济的活动中,涌现出大量模范和先进人物。党中央为表彰他们的业绩,在1950年9月25日召开了全国战斗英雄和全国工农兵劳动模范代表会议,共表彰464人模范人物,其中工业代表208人,农业代表198人。自此之后,劳动模范的表彰活动逐渐制度化,20世纪90年代之后基本每五年召开一次全国劳动模范表彰大会,同时在全社会大力宣传劳模的光荣事迹。鞍山钢铁孟泰、大庆工人王进喜、环卫工人时传祥、公交公司工人李素丽等人的事迹陆续走进了我们的视野,成为大家耳熟能详的著名劳动模范,也成为全国人民学习的榜样。2020年11月,全国劳动模范和先进工作者表彰大会召开,共表彰"天问一号"火星探测器的总设计师孙泽洲等1689人全国劳动模范。习近平总书记在表彰会上发表讲话,并称赞劳动模范为"民族的精英、人民的楷模、共和国的功臣"。

劳模精神是劳动模范在平凡岗位上作出不平凡成绩过程中,所坚守的基本原则和精神追求。劳模精神的基本内涵可以浓缩为"爱岗敬业、争创一流,艰苦奋斗、勇于创新,淡泊名利、甘于奉献",这二十四字是对劳动模范精神的高度概括。

（一）爱岗敬业、争创一流

爱岗敬业、争创一流就是干一行、爱一行、钻一行、精一行,平凡岗位也可以绽放最美华章。北京百货大楼普通售货员张秉贵,为了更好做好销售工作

---

① 习近平. 在庆祝"五一"国际劳动节暨表彰全国劳动模范和先进工作者大会上的讲话[N]. 人民日报,2015-04-29（002）.

② 习近平. 在全国劳动模范和先进工作者表彰大会上的讲话[N]. 人民日报,2020-11-25.

服务顾客，苦练成了"一抓准"和"一口清"两项绝活，既节省顾客时间，又精准不出错，被誉为"燕京第九景"。在平凡岗位做出不平凡的成就，是劳模精神的重要内涵之一。王继才，一位普通的海岛守卫者，夫妇两人坚守岗位32年，克服常人难以想象的困难，成为一名在平凡岗位作出突出贡献的海岛守卫者，被评为2018感动中国年度人物。习近平总书记评价，"王继才同志守岛卫国32年，用无怨无悔的坚守和付出，在平凡的岗位上书写了不平凡的人生华章。我们要大力倡导这种爱国奉献精神，使之成为新时代奋斗者的价值追求"①。王继才被评为"最美奋斗者"，并被授予"人民楷模"荣誉称号。

（二）艰苦奋斗、勇于创新

艰苦奋斗、勇于创新就是立足岗位，在工作中大胆创新，提高生产效率。鞍钢工人孟泰组织工人进行技术创新，研制成功大型轧辊，填补了技术空白，孟泰被称为"高炉卫士"，并在1950年被评为全国工农兵英模，受到了毛泽东等领导人的接见。全国劳动模范许振超只有初中文化，却凭借惊人的毅力，艰苦奋斗，成为爱一行、精一行的当代产业工人的杰出代表，创造了著名的"振超效率"。对于许振超来说，"劳动不仅是谋生的手段，也是施展自己才能的舞台，更是为人民服务的机会。许振超同志的成绩是靠实干干出来的"②。劳动模范对于工作岗位满怀敬意与热情，树立起劳动光荣的观念，以精益求精的态度对待工作，努力成为行家里手，这是大多数劳动模范的成长之路的共同特点。

（三）淡泊名利、甘于奉献

淡泊名利、甘于奉献就是甘于默默无闻，不计个人得失，以"小我"成就"大我"。邓稼先从事研制原子弹的任务后，隐姓埋名，终于在戈壁荒滩完成了惊天动地之伟业。在1964年原子弹爆炸成功后，他带领团队又投入到氢弹的研究工作之中，创造了惊人的"中国奇迹"。全国先进工作者、时代楷模赵亚夫，50年扎根茅山老区，把论文写在祖国大地上，以为农民增收作为一个共产党员和科技工作者的追求，带领农民先后培育多项新品种，改进多项农业新技术，同农民一样在庄稼地里摸爬滚打，给当地农民带来几百亿元的农业收益，被评为全国道德模范、全国扶贫先进人物等。

劳模精神是一种伟大的时代精神，在任何时代都不过时，展现的是中华民族自强不息、开拓创新的民族精神。从时传祥、王进喜，到李素丽、袁隆平，

---

① 习近平对王继才同志先进事迹作出重要指示强调，要大力倡导爱国奉献精神，使之成为新时代奋斗者的价值追求［N］．人民日报，2018-08-07.

② 王彩霞．初心铸忠诚：35位共产党员的赤子之心［M］．北京：华文出版社，2018：183.

一个时代有一个时代的劳动模范群体,从劳动光荣到知识崇高,从苦干精神到创新精神,劳模群体都可以代表这个时代的先进文化和积极向上的精神力量。他们是最美劳动者,是劳动群体的榜样和前行者,他们以实际行动彰显了爱岗敬业、争创一流、艰苦奋斗、勇于创新、淡泊名利、甘于奉献的伟大的劳模精神,激励着更多的劳动者为新时代建设而努力奋斗。

二、劳模精神的历史意义与时代价值

(一)历史意义

劳模精神的历史意义主要有三个方面:

第一,劳模精神在全社会树立起劳动光荣、奋斗最美的模范精神。中国共产党是工人阶级政党,倡导尊重劳动、尊重劳动者的社会风气是区别于其他政党的重要特征。工人阶级以及其他劳动群体是国家的主人翁,在各个岗位上创先争优,艰苦奋斗,不断地涌现出大量的劳动模范人物。劳动模范的榜样力量更加激励劳动人民的工作热情。倡导劳动、尊重劳动者的社会氛围是我国国家性质的内在要求,而劳模精神的感人事迹又更加推动了劳动光荣、奋斗最美的社会风气的形成,劳模同时也成为劳动光荣的代言人和引领者。

第二,劳模精神带动全社会形成不计得失、集体至上的奉献精神。工人阶级有强烈的主人翁意识,而劳模精神则更是发扬主人翁精神的佼佼者。他们以厂为家、集体利益至上的精神,以及由此取得的骄人业绩,共同凸显出劳模精神中的奉献精神的重要性。王进喜"宁肯少活二十年,拼命也要拿下大油田"的豪言壮语,时传祥"脏了我一个、干净千万家"的朴素心声,邓稼先"干惊天动地事,做隐姓埋名人"的传奇经历等等,奉献精神是劳模精神的重要内涵,通过劳模事迹的宣讲又将奉献精神传播到全社会,成为激励奋斗者的时代精神。

第三,劳模精神推动全社会形成分工不同、无贵贱之分的平等精神。刘少奇同志曾说过,"国家主席是人民的勤务员,革命工作没有高低贵贱之分,在任何岗位上都应该全心全意地为人民"[1]。刘少奇和环卫工人劳模时传祥亲切握手的照片,周恩来和清洁工人握手的国画,感动了一代又一代的劳动者。劳动模范的评选、表彰以及劳模事迹的宣传使得工作岗位分工不同、无贵贱之分的平等精神深入人心,打破了旧社会人分三六九等的等级观念。大量的劳模来自各行各业的基层岗位,环卫工、售货员、农民等比比皆是,人人平等的理念得到了进一步的巩固,并初步构建起了和谐平等的劳动关系。

---

[1] 马京波,王翠.刘少奇生平研究资料[M].北京:中央文献出版社,2013:51.

（二）时代价值

劳模精神的时代价值表现在以下方面：

第一，弘扬劳模精神，可以更好地引导青年建立正确的劳动观念。通过对劳动光荣、奋斗最美的劳模精神的宣传，建立起对待劳动、对待劳动者、对待不同岗位的正确的价值观和职业观，树立起任何平凡岗位都能成就一番事业的进取信念。劳模精神所体现的爱岗敬业、争创一流的奉献精神也有利于青年形成积极进取的工作态度和良好的职业道德。

第二，弘扬劳模精神，可以更好地培养青年的开拓创新精神。平凡岗位也能做出不平凡的业绩，这是劳模精神的重要组成部分，爱一行，精一行，要有精益求精的态度，又要有创新增效的信心和责任。北京公交售票员李素丽把十米车厢作为自己的人生舞台，潜心研究不同乘客群体的需要，改进服务方式，为他们提供周到细致的高质量服务。像李素丽这样的在普通岗位通过开拓创新取得业绩的劳模事迹比比皆是，这些劳模精神和劳模事迹有巨大的感染力和影响力，是培养青年一代在平凡岗位培养创新精神、干出精彩业绩的最好素材。

第三，弘扬劳模精神，可以更好地引领青年树立社会主义核心价值观。劳模精神是中华民族优良传统和民族精神的具体展现，其包含的奋斗、平等、创新等精神与社会主义核心价值观内涵一致。因此大力弘扬劳模精神，以生动的事迹感召青年一代树立起争做新时代最美奋斗者的激情，勇于探索，爱岗敬业，真正成为实现中华民族伟大复兴中国梦的重要接力者。

三、劳模精神教学案例分析

（一）教学案例：老商场里的年轻人

1. 案例呈现①

人来人往的北京王府井步行街，矗立着一尊人物半身铜像。这尊塑像，纪念的不是英雄烈士、文化名人，而是一名普通售货员——张秉贵。心中一团火，温暖万人心。张秉贵在三尺柜台为人民服务了一辈子，留下了宝贵的"一团火"精神。如今，我们来到北京市王府井大街，寻访"一团火"精神的青年传承者们……

爱心之火——时刻关注顾客的需求和感受

不满20岁就来到王府井百货大楼，周微在总服务台接待员的岗位上一干就

---

① 李昌禹，易舒冉. 老商场里的年轻人 [N]. 人民日报，2020-06-28（005）. 内容有节选。

是十来年,如今已是顾客服务部前台接待组副主管。因为优质的服务,周微获得过首都劳动奖章、三八红旗手、青年岗位能手等多项荣誉,并被公司授予"新时代一团火传人"称号。

总服务台虽然不做具体销售业务,但服务项目却多达30多个:迎宾、问询、礼品包装、广播寻人、外币兑换、服务设施使用、开发票……每一项都直接影响顾客体验。"总服务台是窗口,顾客遇到问题,第一个找的就是我们,对服务质量要求特别高。"周微说,为此,师父王涛送给她10个字:主动、热情、诚恳、耐心、周到。"我对'一团火'精神的理解,就是要用爱心服务顾客、温暖顾客,让他们感到心里热乎乎的。"周微说,要像一团火一样发光发热,必须时刻关注顾客的需求和感受。

匠心之火——发光发热得练就一身本事

周微觉得,自己身边就有一位"活的张秉贵",那就是她的师父——全国劳动模范、王府井百货大楼陶瓷柜台售货员王涛。王涛是地地道道的北京人,打小就知道王府井百货大楼有位张秉贵,还在张秉贵的柜台亲眼看见过他的风采。1987年,二十出头的王涛来到王府井百货大楼工作,"那时候'一团火'精神风靡全国,我也很振奋,立誓要做一个张秉贵那样的行家里手。"王涛说。

王涛慢慢总结出了鉴别陶瓷的"看、听、量"感官测试法,以及致敬、交往、答谢等陶瓷购买类型。精湛的技艺、热心的讲解,让王涛很快就成了顾客口中的"陶瓷通"。真应了那句老话,没有金刚钻,别揽瓷器活儿。渐渐地,老顾客来买陶瓷,都点名要王涛服务。"不管销售形态如何变,初心不能变。"王涛说,张秉贵之所以暖了万人心,靠的是他胸膛里跳着一颗火热的心。

传承之火——销售形态在变,万变不离其宗

半人高的玻璃柜台、托盘、台秤……如今,这些陪伴了张秉贵大半辈子的销售工具逐渐淡出人们的视野,取而代之的是开架柜台、自动化记账系统、电子商务平台等。不久前,90后小伙儿范文宇还将手机直播间带进了王府井集团旗下的"百年老店"东安市场。

"商品的价格、功能、质量是直播间观众最关心的问题。在线下柜台,销售员可以先和顾客寒暄一阵,再慢慢介绍商品,线上直播则需要快语速、快节奏,相比问候寒暄,主播更应该快速清晰地讲解商品。"范文宇说。在近5万字的《张秉贵柜台服务艺术》一书中,张秉贵也总结道,优秀的柜台销售员要多了解顾客需求,推荐顾客满意的商品。几十年过去了,销售模式发生了巨变。服务方式变了,但站在顾客角度想问题的工作方法没有变,专业、温暖的服务精神正在被年轻人传承、发扬。"销售是个普通的职业,但它离百姓生活近,做好了就是在为人民服务。'一团火'精神是张秉贵留给咱们这一行的标杆，不论销售形态怎么变，万变不离其宗。"范文宇说。

2. 案例点评

1978年，经过深入细致的采访，著名作家冰心撰写了关于张秉贵的报告文学《颂"一团火"》，将张秉贵精神比喻为"一团火"精神。冰心写道："让我们都来接过这一团火！让我们都来赞颂这一团火！"① 后来，"一团火"精神被确立为北京市百货大楼的企业精神，内涵包括坚持全心为顾客服务的精神，对集体高度负责的主人翁精神和开拓进取精神。本案例中所介绍的便是在售货员这一普通岗位中涌现出来的劳模张秉贵，他被称作是"燕京第九景"。通过对于他的事迹的学习，可以更能理解平凡岗位中成就伟大事业的劳动模范的精神。

本案例简单介绍了全国劳动模范张秉贵的感人故事以及他的精神在后世青年中的传承情况。本案例的可贵之处不仅在于它带领读者又一次重温了张秉贵劳模精神，同时还介绍了张秉贵精神在当下的传承与发展。比如"活的张秉贵"——全国劳动模范、王府井百货大楼陶瓷柜台售货员王涛，获得过首都劳动奖章、三八红旗手等荣誉，被誉为"新时代一团火传人"的王府井百货大楼总服务台接待员周微，以及王府井集团旗下"百年老店"东安市场的直播售货员范文宇。张秉贵精神在他们身上得到了传承和发扬。

（二）教学案例：孟泰：劳模精神永放光芒

1. 案例呈现②

前进帽，中山装，粗粝的脸上带着质朴的笑容——在鞍钢博物馆的英模展区，有这样一张老照片，将新中国第一代劳动模范孟泰的形象定格在亿万中国人脑海。孟泰，1898年出生，河北丰润县人。1926年到鞍山，同年进入日本人经营的鞍山制铁所的炼铁厂当配管学徒工。1949年加入中国共产党。历任配管组组长、技术员、炼铁厂副厂长、鞍钢工会副主席等职。

东北解放初期，党中央要求鞍钢迅速恢复生产。面对经过战争摧残几近废墟的钢厂，老工人孟泰勇敢站了出来，带领工友献交器材、刨开冰雪收集废旧零件，把日伪时期遗留下来的几个废铁堆翻了个遍，硬是在物资极度匮乏的情况下，建成了当时著名的"孟泰仓库"，没有花国家一分钱，就实现了鞍钢高炉恢复生产，为新中国钢铁工业奠定了雏形。

---

① 冰心. 颂"一团火"（报告文学）[J]. 人民文学，1978（08）.
② 王炳坤，李宇佳. 孟泰：劳模精神永放光芒[N]. 光明日报，2021-05-30. 内容有节选。

孟泰爱厂如家，钻研苦干。抗美援朝时期，鞍钢受到敌机和暗藏敌特的威胁，孟泰撇家舍业，背来行李睡在高炉旁，誓死保卫高炉安全，被誉为"高炉卫士"。新中国成立初期，孟泰组织全厂各方面人员进行联合攻关，先后解决了十几项技术难题，自制成功大型轧辊，填补了我国冶金史上的空白。

1950年、1956年、1959年，孟泰多次被评为全国劳动模范，是中国工会第七、第八次全国代表大会执行委员。作为第一、二、三届全国人民代表大会代表，孟泰曾多次受到党和国家领导人接见。

对党忠诚，对人民赤诚，孟泰始终心系钢厂与职工。在遭受三年严重自然灾害的日子里，为了使工人保持体力不影响生产，他把几个女儿靠挖野菜喂养大的两头猪送到厂里，为职工改善伙食；在一批职工因没有床位而不能住院治疗的时候，他买来废钢管，组成青年突击队自制铁床，既缓解了燃眉之急，还节省了费用。在他担任鞍钢炼铁厂副厂长的八年中，被工人们称为"身不离劳动，心不离群众的干部"。

2. 案例点评

孟泰是新中国成立后最早一批著名的全国劳动模范之一，被誉为"高炉卫士"。本案例在谈到孟泰"爱厂如家"的事迹时，特地讲到在抗美援朝期间，孟泰不顾自身安危，把行李扛到高炉旁，日夜守卫高炉，保障了钢厂高炉的安全。"孟泰仓库"也是孟泰事迹之一。鞍钢曾经将孟泰精神归纳为十六个字，即"艰苦奋斗、爱厂如家、无私奉献、为国分忧"，孟泰精神成为新中国成立后社会主义建设初期工业领域的宝贵财富，也是永不过时的劳模精神的生动体现。

在讲述本案例内容时，可以将孟泰精神作为劳模精神的生动典型与教材中所提到的"社会主义建设道路过程中，涌现出大量先进典型和英雄模范人物"结合起来，孟泰精神作为工业领域的一面旗帜，在今天仍不过时，依然需要我们青年一代学习和了解孟泰精神，了解像孟泰这样的劳动模范对于新中国成立后工厂企业的深厚感情，工人与工厂之间的关系，不再是旧社会的剥削关系，而是一种以厂为家的情感，就像孟泰所说的："如今这国家是咱自己的了，咱是工厂的主人，今后要加倍干才行啊！"① 劳模精神正是在这样的环境下产生的，这是时代发展的成果，是社会主义制度建立后工人与工厂的一种新型劳动关系。这些背景知识的补充对于学生理解劳模精神、理解新中国成立后各行各业的蓬勃朝气是有帮助的。

---

① 陈晋，吴盟. 半个世纪的脚步［M］. 北京：中国少年儿童出版社，1999：310.

四、劳模精神融入教材专题教学设计

专题名称	劳模精神——历久弥新的时代精神之一	学时	1
融入教材章节	2021版《中国近现代史纲要》教材第八章"中华人民共和国的成立与中国社会主义建设道路的探索"第五节"社会主义道路的艰辛探索和曲折发展"第四目"全面建设社会主义的成就"的教学。		
对应教材中的内容	2021版《中国近现代史纲要》教材中提到,"在面对重重困难艰辛探索适合中国国情的社会主义建设道路过程中,涌现出大量先进典型和英雄模范人物,抒写了无数改天换地的壮丽诗篇,形成跨越时空、历久弥新的时代精神",并介绍了"铁人"王进喜和"两弹元勋"邓稼先等劳动模范。——教材231页		
学情分析	1. 学生通过对于第八章前四节的学习,掌握了新中国成立以后的基本国情,了解了中国共产党领导各族人民进行社会主义改造的伟大实践,认识了社会主义改造的伟大功绩及全面建设社会主义过程中的巨大成就,充分理解了社会主义建设的长期性和复杂性,了解了中国共产党在社会主义的伟大征途中所探索出来的宝贵经验。 2. 第五节"社会主义道路的艰辛探索和曲折发展"则主要讲述1957年以来,社会主义建设道路走过的弯路以及取得的成就。 3. 第四目"全面建设社会主义的成就"在谈到"社会主义建设道路过程中,涌现出大量先进典型和英雄模范人物"的时候,需要在这里拓展学生对于劳动模范的了解以及对于劳模精神的掌握。		
一、教学目标 (一)知识目标 1. 了解劳模精神的具体内涵。 2. 掌握不同时期劳模精神的时代特征。 (二)能力目标 1. 理解劳模精神"爱岗敬业、争创一流、艰苦奋斗、勇于创新、淡泊名利、甘于奉献"的具体含义。 2. 进一步引导学生对于新时代劳模精神的意义进行讨论和思考。 (三)价值观目标 1. 通过对于劳模精神具体内涵的学习,让学生树立爱岗敬业、争创一流的职业精神,艰苦奋斗、勇于创新的奋斗精神和淡泊名利、甘于奉献的奉献精神。 2. 通过对新时代劳模精神的讨论和思考,让学生培养成艰苦奋斗、不畏艰难,为实现中国梦而建功立业的远大追求。			
二、教学重点与难点			
准确掌握劳模精神的基本内涵。			
三、教学过程 (一)课前预习 1. 通过智慧树或QQ群将案例分析材料、视频材料上传平台。视频材料:《国家记忆》2017年5月《永不过时的劳模精神》系列第三集张秉贵和第四集孟泰。			

续表

2. 布置课前思考题：是否了解劳动模范这一群体？劳模精神的发展历史？

（二）案例导入

通过案例《老商场里的年轻人》讲述被称作是"燕京第九景"的张秉贵的劳模事迹以及劳模精神在后世的传承。

简单介绍张秉贵的事迹：

张秉贵，男，北京人。从1955年开始，张秉贵作为一名平凡的售货员，一直工作在北京百货大楼，也就是从这一年起，张秉贵开始了大约30多年的站柜台经历。为了缩短顾客购买商品的时间，他练就了"一抓准""一口清"等绝活，更是凭着"为人民服务"的热情，像"一团火"一样为顾客做好周到的服务。他热情高超的服务艺术，被称为"燕京第九景"，被评为全国劳动模范，其精神被命名为"一团火"精神。为此，北京王府井步行街前为纪念张秉贵，矗立着一尊张秉贵半身铜像。

新时代张秉贵精神的传承

案例《老商场里的年轻人》主要讲述了张秉贵劳模精神在新时代的传承与发展。如在柜台工作十年以上的周微，传承着张秉贵"一团火"的服务精神，被誉为"新时代一团火传人"，工作性质虽然琐碎，但周微依然要以张秉贵为榜样，发光发热，传承"一团火"服务精神。

又有"活的张秉贵"——全国劳动模范、王府井百货大楼陶瓷柜台售货员王涛。北京人王涛从小仰慕张秉贵，但要是真的练就成张秉贵的技术，还真需要付出努力，千锤百炼才行，张秉贵的售货艺术看似简单，但要真正做到，还真让王涛费了不少周折，才成了顾客口中的"陶瓷通"。

通过案例《孟泰：劳模精神永放光芒》介绍被誉为"高炉卫士"的新中国成立后最早一批著名的全国劳动模范代表——孟泰。孟泰和张秉贵一样，都是新中国成立后著名的劳动模范。如果说张秉贵是商业领域的代表，那么孟泰是工业领域的杰出代表。案例中所提到的孟泰"艰苦奋斗、爱厂如家、无私奉献、为国分忧"的精神，对于学生理解工人阶级以及劳动工作者新中国成立后的工作热情，以及对于工厂企业的主人翁精神都很有帮助。

介绍劳动模范这一群体：

劳模群体是最美劳动者，是劳动群体的榜样和前行者，他们以实际行动彰显了爱岗敬业、争创一流、艰苦奋斗、勇于创新、淡泊名利、甘于奉献的伟大的劳模精神，激励着更多的劳动者为新时代建设而努力奋斗。

（三）典型事迹介绍

简单介绍几位典型劳模的感人事迹。如被评为全国三八红旗手、最美奋斗者的公共汽车售票员李素丽、一把钻头磨出人生辉煌的"钻头大王"倪志福和"新时代的雷锋"徐虎。

李素丽她19岁当上售票员，全心全意为乘客服务，把十米车厢作为自己的人生舞台，潜心研究不同乘客群体的需要，改进服务方式，为他们提供周到细致的高质量服务。2000年被评为"全国劳动模范"。后来担任北京交通服务热线中心主任，被称为"微笑的天使"。北京《工人日报》在1996年专门刊发一篇通讯报道《北京有个李素丽——21路公共汽车1333号车跟车记》，专门对李素丽的事迹进行了全景式报道。文中李素丽提到"能使大家都快乐，我更快乐"给人留下了深刻的印象。

倪志福工人出身，一心研究钻头技术，1953年研制出三尖七刃麻花钻，被称为"倪志福钻头"，被誉为"机械工业金属切削行业中的一项重大革新"。1959年获全国先进生产者称号，1964年获国家科委颁发的"倪志福钻头"发明证书。而对于"倪志福钻头"这一称呼，倪志福却十分谦虚，不愿意独自揽功，他向组织建议将这一称呼改为"群钻"，意即群众共同成果。"群钻"作为一种新型的工具，在行业内得到了大力推广，对于技术革新和提高生产率起到了推动作用。倪志福后曾经担任政治局委员、中华全国总工会主席等职务。

续表

徐虎一直从事水电维修工作，以"辛苦我一人，方便千万家"的精神，经常义务为居民服务，排查千余次故障，深受大家赞扬，被群众誉为"晚上19点钟的太阳"。从1989年到2010年，徐虎五次被评为全国劳动模范。2013年，徐虎被习近平总书记称为"新时代的雷锋"。2019年，徐虎获得"最美奋斗者"称号。

（四）劳模精神基本内涵

劳模精神的基本内涵可以浓缩为"爱岗敬业、争创一流，艰苦奋斗、勇于创新，淡泊名利、甘于奉献"，这二十四字是劳动模范精神的高度概括。

——爱岗敬业、争创一流

提倡劳模精神，就是要学习劳模们爱岗敬业、争创一流，在各自岗位扎实工作，出色完成工作的精神。劳动模范常怀对于工作岗位的热情，以厂为家，即便是发挥一锤一钉的贡献，也要勇于探索、精益求精，作出新成就，创造新贡献。劳模们不论工作岗位多么平凡，多么不被人关注，环卫工也好，售票员也罢，都能够在普通岗位做出惊人成就，劳模存在于我们身边的普通人之中，是每一个岗位平凡的劳动者的杰出代表，显示出蕴藏在普通大众之中的无穷能量。

——艰苦奋斗、勇于创新

在全面建设社会主义时期，普通劳动者的劳动热情得到尽情地释放，各行各业的劳动者们干事创业、奋勇争先的工作积极性被激发出来，于是涌现出一大批表现突出、成就显著的劳动模范。劳动模范的精神通过表彰和宣传，又进一步激励着普通劳动者艰苦奋斗、勇于创新。像鞍钢工人孟泰、百货大楼售货员张秉贵等等，都是在自己的岗位上，发扬奋斗精神，敢于创新进取，在不断总结工作经验的基础上，大胆开展技术革新，取得了突出的经济效益和社会效益。

——淡泊名利、甘于奉献

劳动模范们在工作中不计个人得失、无怨无悔，敢啃硬骨头，愿挑重担子。有的人放弃优越的物质条件，隐姓埋名、甘于奉献，事业辉煌之时，从不居功自傲，仍旧如老黄牛一般，为国家和民族奉献自己的力量，比如两弹一星科学家们，在沙漠戈壁之处，默默地为国家的国防事业在倾尽全力，以身许国，伟业成就之后，又甘愿退身幕后，有很多著名的科学家都是如此。他们是这个民族的脊梁，有忧国忧民之心，爱国爱民之情，甘愿为中华民族复兴大业无私奉献。

讨论：进一步引导学生对于不同时期劳模精神的时代特征进行讨论。

如果说建国初期一批劳动模范时传祥、王进喜、孟泰、张秉贵更多代表的是基层劳动者，到当下劳模更多是知识性、技能型等劳动者代表，如袁隆平、许振超等劳模代表。时代变迁使得劳模群体也有相应的变化，但是无论如何变化，劳模精神永不过时，无论是吃苦耐劳、无私奉献，还是引领时代、为国争光等，劳动模范这种对于职业、社会和国家的责任感和使命感永不过时。

（五）呼应教材内容

呼应教材内容。劳模精神作为跨越时空、历久弥新的时代精神，具有重要的意义。同时作为第八章第五节"社会主义道路的艰辛探索和曲折发展"中塑造的一种时代精神，也可以有力支撑第四目"全面建设社会主义的成就"这一目的内容。

（六）教学设计小结

本教学设计通过案例《老商场里的年轻人》《孟泰：劳模精神永放光芒》，讲述被称作是"燕京第九景"的张秉贵和"高炉卫士"孟泰的劳模事迹，尤其是张秉贵精神在新时代青年身上的传承。同时，简单介绍李素丽、倪志福、徐虎等典型劳模的感人事迹。接着，进一步引导学生对于不同时期劳模精神的时代特征进行讨论，引导学生理解平凡岗位中作出伟大事业的劳动模范的精神，培养青年一代在平凡岗位培养创新精神、干出精彩业绩的职业追求。

续表

四、教学资源
（一）参考文献： 1. 李昌禹，易舒冉．老商场里的年轻人［N］．人民日报，2020-06-28（005）． 2. 冰心．颂"一团火"（报告文学）［J］．人民文学，1978（08）． 3. 习近平．在庆祝"五一"国际劳动节暨表彰全国劳动模范和先进工作者大会上的讲话［N］．人民日报，2015-04-29． 4. 习近平．在全国劳动模范和先进工作者表彰大会上的讲话［N］．人民日报，2020-11-25． 5. 马京波，王翠．刘少奇生平研究资料［M］．北京：中央文献出版社，2013：51． 6. 王炳坤，李宇佳．孟泰：劳模精神永放光芒［N］．光明日报，2021-05-30． （二）网络资源 1.《国家记忆》《永不过时的劳模精神》系列第三集张秉贵 https：//tv.cctv.com/2017/05/03/VIDENcCnRvvAAIEYfUqQBnw7170503.shtml？spm=C52507945305.Pknrmn9ZARZj.0.0 2.《国家记忆》《永不过时的劳模精神》系列第四集孟泰 https：//tv.cctv.com/2017/05/04/VIDEJZw9mceyt14bOyZaAxrx170504.shtml？spm=C52507945305.Pknrmn9ZARZj.0.0
五、教学方法
讲授法、案例式教学法、启发式教学法、讨论式教学法等

第五章

中国特色社会主义新时代中国共产党人的精神谱系融入"纲要"课解析

第一节 不负人民：脱贫攻坚精神

一、脱贫攻坚精神的基本内涵

2021年2月25日，习近平总书记在全国脱贫攻坚总结表彰大会庄严宣告：我国脱贫攻坚战取得了全面胜利。这是中国共产党带领中国人民创造的又一个彪炳史册的人间奇迹。他指出："贫困是人类社会的顽疾。反贫困始终是古今中外治国安邦的一件大事。一部中国史，就是一部中华民族同贫困做斗争的历史。"①

新中国成立后，中国共产党带领人民持续向贫困宣战。经过改革开放以来的努力，成功走出了一条中国特色扶贫开发道路，使7亿多农村贫困人口成功脱贫。中国成为世界上减贫人口最多的国家，也是世界上率先完成联合国千年发展目标的国家。但我国脱贫攻坚形势依然严峻，截至2014年底，中国仍有7000多万农村贫困人口。习近平总书记强调，消除贫困、改善民生、逐步实现共同富裕，是社会主义的本质要求，是中国共产党的重要使命②。

党的十八大以来，以习近平同志为核心的党中央把贫困人口脱贫作为实现中华民族第一个百年奋斗目标的底线任务和标志性指标，组织开展了人类历史上规模最大、力度最强的脱贫攻坚战。2015年11月23日，中共中央政治局审

---

① 习近平. 在全国脱贫攻坚总结表彰大会上的讲话［EB/OL］. 人民网，2021-02-26. http：//politics.people.com.cn/n1/2021/0226/c1024-32037098.html.
② 习近平. 脱贫攻坚战冲锋号已经吹响，全党全国咬定目标苦干实干［EB/OL］. 新华网，2015-11-28. http：//www.xinhuanet.com//politics/2015-11/28/c_1117292150.htm.

议通过《关于打赢脱贫攻坚战的决定》。2017年10月18日，中国共产党第十九次全国代表大会向全党全国人民发出坚决打赢脱贫攻坚战的动员令。2018年6月，中共中央、国务院制定《关于打赢脱贫攻坚战三年行动的指导意见》。2019年3月，习近平在全国两会上号召全国"尽锐出战、迎难而上、真抓实干、精准施策"，吹响打赢脱贫攻坚战的号角。10月，党的十九届四中全会提出"坚决打赢脱贫攻坚战，巩固脱贫攻坚成果，建立解决相对贫困的长效机制"。

截至2020年11月23日，贵州省宣布所有贫困县摘帽出列，至此，中国832个国家级贫困县全部脱贫摘帽。全国脱贫攻坚目标任务已经完成①。

任何精神形态的产生都离不开一定的历史条件和实践基础，脱贫攻坚伟大斗争孕育了伟大脱贫攻坚精神。习近平总书记站在中华民族伟大复兴和人类减贫事业的历史高度，精心谋划并躬身践行中国精准脱贫工作。他指出："脱贫攻坚伟大斗争，锻造形成了'上下同心、尽锐出战、精准务实、开拓创新、攻坚克难、不负人民'的脱贫攻坚精神。"

习近平总书记强调："脱贫攻坚精神，是中国共产党性质宗旨、中国人民意志品质、中华民族精神的生动写照，是爱国主义、集体主义、社会主义思想的集中体现，是中国精神、中国价值、中国力量的充分彰显，赓续传承了伟大民族精神和时代精神。"②

（一）上下同心

"上下同欲者胜，风雨同舟者兴。"党中央做好顶层设计，加强脱贫效果监管，习近平总书记高度重视消除贫困问题，足迹遍布全国14个集中连片特困地区，先后主持召开7次脱贫攻坚座谈会，亲自部署、亲自指挥、亲自推动；各省（区、市）通过抓好中央统筹、省负总责、市县抓落实的工作机制和五级书记抓扶贫的责任机制，有效将脱贫攻坚的顶层设计与贯彻落实相结合；全社会各行各业都充分发挥自身优势，热情参与。最终形成了专项扶贫、行业扶贫、社会扶贫互为补充的"三位一体"大扶贫格局，上下同心、举国一致，汇聚起攻坚克难的磅礴力量，使贫困地区的面貌发生了天翻地覆的改变。

---

① 全国832个国家级贫困县全部脱贫摘帽［EB/OL］．新华网，2020-11-23．https：//baike. baidu. com/reference/18891455/c9b4BzCsJiimAj－Pb2TgSpLyRnofOtQ8VdKIsAz_q69HCyvWtyRx3r GW3WkX0V15oP_ hJtIw3FMzge3Fr9l437xd_ YRry6rOpq4Z_ 74ysT2 vm-le1HIxvc_ HQgMGZZiqE.

② 习近平．深刻阐述伟大脱贫攻坚精神［EB/OL］．新华网，2021-02-25．https：//baike. baidu. com/reference/56139256/e309H3dQH4igC_ 3H－fLi3gnct2VJKOfwgz BeP-kC1BtBKwGbyd_ Qeknnca3P3jz9xiiINj_ Ey8r9iT4L7Gj4D4vRA6oFJDAzcg50vpcK5L5TJ8LXK_ UH-FrJQRT8FIgu9lCE.

（二）精锐出战

"好钢要用在刀刃上。"带领"精兵"来打"硬仗"，党的十八大以来，全国累计选派 25.5 万个驻村工作队、300 多万名第一书记和驻村干部，同近 200 万名乡镇干部和数百万村干部一道奋战在扶贫一线，鲜红的党旗始终在脱贫攻坚主战场上高高飘扬①。在扶贫一线的党员干部不负党和人民的期望，倾力奉献、苦干实干，充分发挥先锋模范作用，共同打赢脱贫攻坚战。

（三）精准务实

"天下大事，必作于细。"2013 年 11 月 3 日，习近平在湖南西部贫困的十八洞村考察时，首次提出了"精准扶贫"的概念。脱贫攻坚，贵在精准，重在精准。在党中央的坚强领导下，各级党委政府坚持实事求是，从实际出发，因地制宜、精准施策，实打实地提升了扶贫资金、方式、成效的精准度。2014 年，扶贫系统在全国范围开展贫困识别。建立全国建档立卡信息系统，使我国贫困数据第一次实现了到村到户到人，扶贫开发进入"滴灌式"精准扶贫新阶段，确保了扶贫资源真正用在扶贫对象上、真正用在贫困地区；不搞花拳绣腿，不搞繁文缛节，不做表面文章，坚决反对"面子工程"，坚决反对形式主义、官僚主义，求真务实的工作作风令脱贫成效经得起历史和人民检验。

（四）开拓创新

"不日新者必日退。"在脱贫攻坚战中，以习近平同志为核心的党中央领导集体立足国情，把握减贫规律，形成了中国特色反贫困理论，制定了一系列超常规政策举措，构建了一整套行之有效的责任体系、工作体系、政策体系、投入体系、监督体系和考核体系，创新了扶贫制度体系，为脱贫攻坚提供了有力制度保障；"精准扶贫"被写入第 73 届联合国大会通过的《消除农村贫困，落实 2030 年可持续发展议程》，丰富和发展了全球减贫治理理论，为全球减贫贡献中国方案。正是在这种敢为人先、奋力进取、勇于探索的开拓创新精神激励下，中国实现了快速发展与大规模减贫同步、经济转型与消除绝对贫困同步，创造了减贫治理的中国样本。

（五）攻坚克难

"精感石没羽，岂云惮险艰。"脱贫攻坚到最后，剩下的都是贫中之贫、困中之困，都是难啃的硬骨头。2012 年，中国减贫大业迎来了这个关键节点，进入了攻坚拔寨的冲刺阶段。面对时间紧、任务重、难度大的现实情况，习近平

---

① 习近平. 在全国脱贫攻坚总结表彰大会上的讲话［EB/OL］. 人民网，2021-02-26. http://politics.people.com.cn/n1/2021/0226/c1024-32037098.html.

总书记指出："无论是雪域高原、戈壁沙漠，还是悬崖绝壁、大石山区，脱贫攻坚的阳光照耀到了每一个角落。"① 我们党带领人民披荆斩棘、栉风沐雨，发扬钉钉子精神，敢于啃硬骨头，尤其是面对新冠肺炎疫情和特大洪涝灾情带来的影响，我们党带领全国人民以更大的决心、更强的力度，顽强拼搏、不懈努力，做好"加试题"、打好收官战，在困难面前勇于亮剑。久久为功、锲而不舍，所有深度贫困地区的最后堡垒被全部攻克。党的十八大以来，平均每年1000多万人脱贫，全部实现"两不愁三保障"②。脱贫地区处处呈现山乡巨变、山河锦绣的时代画卷。

（六）不负人民

"治国之道，富民为始。" "人民对美好生活的向往，就是我们的奋斗目标。"2012年11月，面向中外记者，习近平总书记的一句话掷地有声。8年多来，中央、省、市县财政专项扶贫资金累计投入近1.6万亿元，其中中央财政累计投入6601亿元③。我们发挥政府投入的主体和主导作用，宁肯少上几个大项目，也优先保障脱贫攻坚资金投入。完成了消除绝对贫困的艰巨任务，创造了又一个彪炳史册的人间奇迹。脱贫攻坚战取得全面胜利，兑现了我们党对人民作出的庄严承诺，这正是以人民为中心的发展思想的生动体现。

二、脱贫攻坚精神的历史意义与时代价值

（一）脱贫攻坚精神的历史意义

习近平总书记指出："人无精神则不立，国无精神则不强。精神是一个民族赖以长久生存的灵魂，唯有精神上达到一定的高度，这个民族才能在历史的洪流中屹立不倒、奋勇向前。"脱贫攻坚精神就是当下的中华民族和中国社会最为亮丽的精神标识。

1. 脱贫攻坚精神彰显了中国共产党领导和中国特色社会主义制度的政治优势

脱贫攻坚精神彰显了中国共产党的强大领导力量。党的十八大以来，以习

---

① 习近平. 在全国脱贫攻坚总结表彰大会上的讲话［EB/OL］. 人民网，2021-02-26. http://politics.people.com.cn/n1/2021/0226/c1024-32037098.html.

② 习近平. 在全国脱贫攻坚总结表彰大会上的讲话［EB/OL］. 人民网，2021-02-26. http://politics.people.com.cn/n1/2021/0226/c1024-32037098.html.

③ 中国减贫四十年报告：中央财政脱贫攻坚累计投入6601亿元［EB/OL］. 中国青年网，2022-03-31. https://baijiahao.baidu.com/s?id=1728803432750704620&wfr=spider&for=pc.

近平同志为核心的党中央把脱贫攻坚摆在治国理政的重要位置，带领全国各族人民经过艰苦努力，打赢了这场举世瞩目的脱贫攻坚战，向世界展示了中国共产党强大的领导力。正如习近平总书记指出的，我们在脱贫攻坚领域取得了前所未有的成就，彰显了中国共产党领导和我国社会主义制度的政治优势。中国共产党领导是中国特色社会主义最本质的特征，中国共产党始终代表着最广大人民的根本利益，始终坚持全心全意为人民服务的宗旨。脱贫攻坚是一项惠及全民的系统工程，只有通过共产党的正确领导，才能凝聚全党和全国力量，统筹协同、系统规划、整体推进，最终形成万众一心、无坚不摧的强大合力，全面夺取脱贫攻坚战的胜利。

脱贫攻坚精神彰显了我国社会主义制度的政治优势。中国的脱贫攻坚调动社会各种力量，形成政府、市场和社会组织协作共进，构建专项扶贫、行业扶贫、社会扶贫"三位一体"大扶贫格局，真正做到了全民动员、全民参与。正是得益于中国特色社会主义制度集中力量办大事的显著优势，脱贫攻坚才能持续高效向前推进，创造了人类减贫史上的奇迹。

2. 脱贫攻坚精神是推进中华民族伟大复兴的有力武器

党的十八大以来，以习近平同志为核心的党中央把脱贫攻坚摆在治国理政的突出位置，把脱贫攻坚作为全面建成小康社会的底线任务，组织开展了声势浩大的脱贫攻坚人民战争。脱贫攻坚取得了物质上和精神上的累累硕果，极大地推进了中华民族伟大复兴的进程。

3. 脱贫攻坚精神为推进全球贫困治理贡献中国智慧和中国方案

习近平总书记指出，消除贫困，自古以来就是人类梦寐以求的理想，是各国人民追求幸福生活的基本权利。当前，世界各国都致力于解决贫困问题，虽然取得了较大成就，但是总体上呈现出碎片化的状态，面临各种阻力和挑战，尤其是来势汹汹的新冠肺炎疫情增加的不确定性，使得全球贫困治理面临更加复杂的局面。以习近平同志为核心的党中央充分考察了农村贫困问题的现状和原因，提出了"精准扶贫"方略，不仅强调对症下药、精准施策，更重要的是把"扶智"与"扶志"相结合，把"输血"与"造血"相结合，调动了农民的积极性、主动性和创造性，从而激发了贫困群众脱贫攻坚的内在驱动力。此外，采取了产业扶贫、金融扶贫、生态扶贫等多种脱贫模式，具有很强的针对性和实效性。

中国的减贫进程谱写了人类反贫困历史的壮丽诗篇。按照世界银行国际贫困标准，中国的减贫人口占同期全球减贫人口的70%以上，提前10年实现《联合国2030年可持续发展议程》的减贫目标。中国的减贫经验植根于中国大地，具有自身的独特性，在扶贫减贫责任体系、参与力量、价值理念、实施方略等多层次的综合治理方面积累了丰富的经验，对于全球贫困治理具有重要借鉴作用。

（二）脱贫攻坚精神的时代价值

1. 脱贫攻坚精神为全面推进乡村振兴、实现全体人民共同富裕提供精神动力

习近平总书记强调，"脱贫攻坚取得胜利后，要全面推进乡村振兴""我们还要咬定青山不放松，脚踏实地加油干，努力绘就乡村振兴的壮美画卷"。全面建设社会主义现代化国家，最艰巨最繁重的任务依然在农村，最广泛最深厚的基础依然在农村，实现巩固拓展脱贫攻坚成果同乡村振兴有效衔接任重道远，全面实施乡村振兴战略的深度、广度、难度都不亚于脱贫攻坚。脱贫攻坚精神作为宝贵的精神财富，能够激发广大干部群众接续干事创业的决心和毅力，凝心聚力推进乡村振兴战略，促进农业高质高效、乡村宜居宜业、农民富裕富足。

我国脱贫攻坚战的全面胜利，标志着我们在实现共同富裕的道路上迈出了一大步。但是，脱贫摘帽不是终点，而是新生活、新奋斗的起点。我国发展不平衡不充分问题，城乡区域发展和收入分配差距较大等问题，意味着实现全体人民共同富裕，不是一蹴而就的，而是需要我们脚踏实地加油干、久久为功不放松，再接再厉、接续奋斗。在新发展阶段，我们要大力弘扬脱贫攻坚精神，为绘就乡村振兴的壮美画卷、朝着共同富裕的目标稳步前行凝聚精神伟力。

2. 脱贫攻坚精神是加强党的自身建设的重要法宝

在脱贫攻坚的伟大实践中，各级党组织和广大共产党员以热血赴使命、以行动践诺言，积极维护贫困群众的根本利益，同人民群众保持血肉联系。广大扶贫干部舍小家为大家，常年加班加点、任劳任怨，困难面前豁得出，关键时候顶得上，把心血和汗水洒遍千山万水、千家万户。他们在与当地群众同吃同住同劳动的过程中，不仅加深了对基层实际情况的了解，而且提高了处理基层工作和复杂问题的能力，在实践中成长为可以担当重任、能打硬仗的高素质干部。基层党组织充分发挥战斗堡垒作用，把全面从严治党要求贯穿脱贫攻坚工作全过程和各环节，凝聚力、战斗力不断增强，基层治理能力显著提升。

三、脱贫攻坚精神教学案例分析

（一）翻过一座山需要多久？

1. 案例呈现①

对一辈子生活在悬崖上的四川凉山彝族自治州昭觉县阿土列尔村村民而言，翻越家门口垂直落差 800 多米的大山，祖祖辈辈期盼了几百年；对深深渴望摆脱贫困、丰衣足食的中华民族来说，翻越绝对贫困的大山，世世代代奋斗了几千年。

"看着村民们的出行状态，感到很揪心。"2017 年全国两会上，习近平总书记谈到有关"悬崖村"的新闻报道时，关切之情溢于言表。2020 年 5 月，经过脱贫攻坚不懈努力，村民们下山迁入新居。从藤梯到钢梯再到楼梯，村民们终于翻越了这座"贫困大山"。"十三五"期间，5575 万农村贫困人口实现脱贫，832 个贫困县全部摘帽，贫困人口全部实现"两不愁三保障"。党的十八大以来，平均每年 1000 多万人脱贫，相当于一个中等国家的人口脱贫。

一个困扰中华民族千百年的巨大难题，在新时代历史性画上句号；一个人类历史上"最成功的脱贫故事"，在世界的东方完成书写。

2. 案例点评

贫困是人类社会的顽疾。反贫困始终是古今中外治国安邦的一件大事。一部中国史，就是一部中华民族同贫困做斗争的历史。摆脱贫困，成了中国人民孜孜以求的梦想，也是实现中华民族伟大复兴中国梦的重要内容。"悬崖村"的蝶变，背后是大凉山人民用愚公移山精神下"绣花"功夫，不惧悬崖高峰，闯出一条精准脱贫路子的决心。没有比人更高的山，没有比脚更长的路。也许，这就是"悬崖村"在云彩之上创造奇迹的最好注脚，也是习近平总书记扶贫思想的最好诠释。

（二）铭记！脱贫攻坚战场上牺牲的英雄

1. 案例呈现②

吴应谱，生前系江西省九江市修水县复原乡雅洋村第一书记；樊贞子，中共党员，生前系江西省九江市修水县大椿乡结对帮扶干部。2017 年底，吴应谱主动请缨前往修水县最偏远的深度贫困村担任第一书记。他推动完成村组公路硬化 8.6 公里，改造提升 2.6 公里主干道并铺设沥青路面，完善"百吨千人"农村饮水工程，完成农村电网改造和 232 栋房屋坡顶改造，建成 103 亩蚕桑基

---

① 新华网，2021 年 5 月 9 日。内容有节选。
② 人民网，2021 年 8 月 20 日。内容有节选。

地，配齐垃圾处理设施，完善保洁队伍。他爱人樊贞子，虽怀有身孕，但仍身兼乡妇联、组织、统战、协税员等数职。2018年11月16日下午，吴应谱、樊贞子夫妇在走访完贫困户返回途中，车辆失控坠河，夫妇两人不幸遇难。

黄文秀，女，壮族，中共党员，1989年4月生，生前系广西壮族自治区百色市委宣传部派驻乐业县新化镇百坭村驻村第一书记。北京师范大学研究生毕业后，她毅然回到家乡，主动请缨到贫困村担任驻村第一书记。挨家挨户上门走访、跑项目、找资金、请专家，组织村民大力发展产业，带动全村实现整体脱贫。2019年6月，她在从百色市田阳区返回乐业县途中遭遇山洪因公殉职，年仅30岁。被追授"全国优秀共产党员""时代楷模""全国脱贫攻坚模范"等称号。

姜仕坤，男，苗族，中共党员，1969年12月生，生前系贵州省黔西南布依族苗族自治州晴隆县委书记。2012年到2015年间共减少贫困人口8.28万人，贫困发生率下降27.1个百分点，2015年农村居民人均可支配收入在2010年基础上翻了一番。2016年4月，他在出差时突发心脏病去世，年仅46岁。被追授"全国优秀共产党员""全国脱贫攻坚模范"等称号。

黄诗燕，生前为湖南省株洲市政协副主席、炎陵县委书记。自2011年任炎陵县委书记以来，全县贫困发生率由2014年的16.57%降至2018年的0.45%。2019年11月29日下午，黄诗燕同志工作期间突发心脏病，不幸殉职，享年56岁。2020年，人力资源社会保障部、国务院原扶贫办追授黄诗燕同志"全国脱贫攻坚模范"荣誉称号。

张小娟，女，藏族，中共党员，1985年4月生，生前系甘肃省甘南藏族自治州舟曲县扶贫办副主任。2008年6月，她回到深度贫困的家乡工作，被群众称为"藏乡好女儿""群众知心人"。2018年底，舟曲县贫困发生率由2015年底的18.24%下降至6.31%。2019年10月7日晚，张小娟在下乡扶贫返回县城途中，因车辆坠河不幸殉职，年仅34岁。被追授"全国优秀共产党员""全国脱贫攻坚模范""全国三八红旗手"等称号。

2. 案例点评

经过全党全国各族人民共同努力，在迎来中国共产党成立一百周年的重要时刻，我国脱贫攻坚战取得了全面胜利，完成了消除绝对贫困的艰巨任务，创造了又一个彪炳史册的人间奇迹！在脱贫攻坚工作中，数百万扶贫干部倾力奉献、苦干实干，同贫困群众想在一起、过在一起、干在一起，将最美的年华无私奉献给了脱贫事业，涌现出许多感人肺腑的先进事迹。1800多名同志将生命定格在了脱贫攻坚征程上，生动诠释了共产党人的初心使命。

四、脱贫攻坚精神融入教材专题教学设计

专题名称	不负人民：脱贫攻坚精神	学时	1学时
融入章节	第十章　中国特色社会主义进入新时代 第三节　全面建成小康社会和开启全面建设社会主义现代化国家新征程		
学情分析	本课的授课对象是高等教育本科院校各专业的大一学生，他们亲身见证了中国脱贫攻坚事业的伟业。对脱贫攻坚战略、脱贫攻坚精神、脱贫攻坚成果都有一定的了解，但对中国脱贫攻坚战略缺乏系统的了解，脱贫攻坚精神的内涵及意义了解较少，认知相对单薄。 （一）知识基础 授课时注重铺垫相关事件背景和重大意义的内容，在此知识储备的基础上升华对脱贫攻坚精神内涵的把握，进而对脱贫攻坚精神形成高度的情感共鸣和价值认同。 （二）认知和实践能力 具有一定的认知、逻辑思维和文字表达能力，但运用所学知识深入分析、解决问题的能力以及思维高度还有待提升。 （三）学习特点 大一学生普遍思维活跃、眼界开阔，善于创新，追求新知，具有强烈的求知欲和实践欲。但也容易受到西方普世价值观的影响，对一些问题的认识模糊、不够深刻甚至是错误的。		
一、教学目标			

（一）知识目标
1. 了解脱贫攻坚战略的背景和过程。
2. 认识脱贫攻坚精神的丰富内涵及时代价值。
（二）能力目标
1. 通过课堂互动环节，提高学生概括和表达能力。
2. 通过教师的多维引导讲授，培养学生深度拓宽视野，构建立体全面的知识体系及分析时政问题的能力，领悟中国脱贫攻坚精神与中国全面建成小康社会及第二个百年奋斗目标的内在逻辑。
（三）情感目标
1. 深刻领悟中国共产党人的初心和使命，增强对共产党执政地位的情感认同和政治认同。
2. 厚植大学生爱党爱国爱民情怀、培育历史使命感和社会责任意识。

二、教学重点与难点

（一）教学重点：
1. 深刻领悟脱贫攻坚精神的丰富内涵。
2. 分析和理解脱贫攻坚精神的深远意义。
（二）教学难点：
全面了解脱贫攻坚精神产生背景，深刻领悟脱贫攻坚精神对当代中国社会发展的重大影响。

续表

三、教学过程

（一）任务导入（5分钟）

【教学活动】引导阐述+案例分析+视频链接

【教学内容】展示"悬崖村"村民翻越"贫困大山"图片，引导学生进入地理情境，引起学生求知欲，从而导入本课。

【师生互动】教师引导阐述，提出问题"你们觉得翻过一座800米的高山需要多久"，让学生从生活经验角度出发回答问题。学生可利用知到APP平台进行课堂实时弹幕互动。

【案例解析】通过对学生回答进行分析，然后引出对于"悬崖村"村民而言，翻越800多米的大山期盼了几百年。通过几小时和几百年时间的对比，体现"悬崖村"村民翻越"贫困大山"的艰难，也凸显了脱贫攻坚的巨大成就。再通过"千年梦想，百年奋斗，如何一朝梦圆？"导入新课。

【设计意图】通过图片素材的运用及视频案例的叙述，可以提告课堂互动，增强学生的学习兴趣，让学生们更为直观地感受到新旧时代的历史变迁，引导学生思考"千年梦想，百年奋斗，如何一朝梦圆"，在思考中深化认识：只要我们始终不渝坚持党的领导，全国各族人民努力奋斗，就一定能够战胜前进道路上的任何艰难险阻，不断满足人民对美好生活的向往！

（二）新课讲授（35分钟）

【教学活动】引导阐述+案例分析+视频链接

【教学内容】

1. 脱贫攻坚精神的基本内涵

消除贫困、改善民生、逐步实现共同富裕，是中国特色社会主义的本质要求，是中国共产党的重要历史使命。习近平总书记强调："全面建成小康社会、实现第一个百年奋斗目标，农村贫困人口全部脱贫是一个标志性指标。"①

以习近平同志为核心的党中央，坚持以人民为中心的发展思想，把脱贫攻坚摆到治国理政重要位置，提升到事关全面建成小康社会、实现第一个百年奋斗目标的政治高度，充分发挥党的领导和中国社会主义制度的政治优势，采取了许多具有原创性、独特性的重大举措，组织实施了人类历史上规模最大、力度最强的脱贫攻坚战。2017年10月，党的十九大向全党全国人民发出坚决打赢脱贫攻坚战的动员令。2018年6月，中共中央、国务院制定《关于打赢脱贫攻坚战三年行动的指导意见》。2019年3月，习近平在全国两会上号召全国"尽锐出战、迎难而上，真抓实干、精准施策"，吹响打赢脱贫攻坚战的号角。10月，党的十九届四中全会提出"坚决打赢脱贫攻坚战，巩固脱贫攻坚成果，建立解决相对贫困的长效机制"。

2020年，这场举全党全国之力的脱贫攻坚战取得决定性胜利。11月23日，是一个载入史册的日子，中国最后9个贫困县实现贫困退出。经过8年的持续奋斗，全国832个贫困县全部摘帽，12.8万个贫困村全部出列，近1亿贫困人口实现脱贫，消除了绝对贫困和区域性整体贫困。2021年2月25日，全国脱贫攻坚总结表彰大会举行，习近平在会上庄严宣告：我国脱贫攻坚战取得了全面胜利。这是中国人民的伟大光荣，是中国共产党的伟大光荣，是中华民族的伟大光荣！

2021年2月25日，全国脱贫攻坚总结表彰大会在北京人民大会堂隆重举行，习近平总书记在大会上正式提出脱贫攻坚精神。他指出："脱贫攻坚伟大斗争，锻造形成了'上下同心、尽锐出战、精准务实、开拓创新、攻坚克难、不负人民'的脱贫攻坚精神。"脱贫攻坚精神具有的科学性、价值性和实践性等鲜明特点。深刻把握其精神特点

---

① 中共中央党史和文献研究院．十八大以来重要文献选编（下）[M]．北京：中央文献出版社，2018：29．

续表

有利于巩固拓展脱贫攻坚成果、促进第二个百年奋斗目标的顺利实现。

2. 脱贫攻坚精神的历史意义与时代价值

习近平总书记指出,"脱贫攻坚,取得了物质上的累累硕果,也取得了精神上的累累硕果"。脱贫攻坚精神赓续传承了伟大民族精神和时代精神的特质,树起了一座新的精神丰碑,具有丰富的内涵和时代意义。

【师生互动】教师提出递进式设问,脱贫攻坚和全面建成小康社会是何逻辑关系?请同学们分组讨论,并把答案上传至教学平台,教师进行提炼升华。

【教师总结】打赢脱贫攻坚战,全面建成小康社会,才能向中华民族伟大复兴迈出关键一步。脱贫攻坚精神不仅展现了当代中国人的精神面貌,而且集中体现了中国共产党的执政理念和治理绩效,彰显了中国特色社会主义制度的先进性、优越性。将脱贫攻坚精神发扬光大,不断赋予其新的时代内涵,必将凝聚起中华民族砥砺奋进的磅礴伟力,鼓舞起中国人民永不停歇的奋斗热情,为建设社会主义现代化强国、实现中华民族伟大复兴提供强大精神动力。

【设计理念】脱贫攻坚精神的内涵和时代意义是本课的重点内容,首先开展线上主观题思考,锻炼学生的自主思辨能力,提升学生的课堂主体作用,考虑到该重点的把握有一定的难度,教师在学生讨论基础上需要进行总结提炼,结合案例,降低问题理解的难度,实现教学重点的突破。

(三)课堂小结(3分钟)

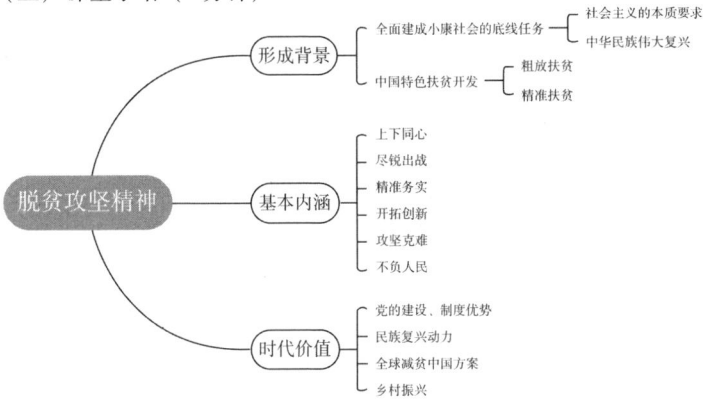

脱贫攻坚精神
- 形成背景
  - 全面建成小康社会的底线任务
    - 社会主义的本质要求
    - 中华民族伟大复兴
  - 中国特色扶贫开发
    - 粗放扶贫
    - 精准扶贫
- 基本内涵
  - 上下同心
  - 尽锐出战
  - 精准务实
  - 开拓创新
  - 攻坚克难
  - 不负人民
- 时代价值
  - 党的建设、制度优势
  - 民族复兴动力
  - 全球减贫中国方案
  - 乡村振兴

(四)布置作业(2分钟)

1. 结合本课所讲内容,以"践行初心使命,决战脱贫攻坚——典型人物事迹"为题,以小组为单位,制作成微视频,由组长发送邮箱。

四、教学资源

(一)参考文献

1. 习近平. 知之深爱之切[M]. 石家庄:河北人民出版社,2015.
2. 习近平. 在深度贫困地区脱贫攻坚座谈会上的讲话[M]. 北京:人民出版社,2017.
3. 习近平. 在决战决胜脱贫攻坚座谈会上的讲话(2020年3月6日)[M]. 北京:人民出版社,2020.

续表

4. 习近平. 在全国脱贫攻坚总结表彰大会上的讲话（2021年2月25日）[M]. 北京：人民出版社，2021. 5. 武力，王爱云. 中国脱贫攻坚精神[M]. 武汉：华中科技大学出版社，2021. 6. 本书编写组. 村第一书记的扶贫故事[M]. 北京：中共中央党校出版社，2021. 7. 丛书编写组. 推动脱贫攻坚和特殊类型地区振兴发展[M]. 北京：中国计划出版社，2020. （二）网络资源 1. 数说中国：八年脱贫攻坚战带来了哪些变化？https：//haokan.baidu.com/v？pd=wisenatural&vid=17152849732234784709 2. 动画演示！脱贫攻坚奇迹是如何炼成的 https：//haokan.baidu.com/v？pd=wisenatural&vid=22551337833659948 3. 镜头中的脱贫故事 https：//tv.cctv.com/2019/08/29/VIDAtZcpLWSZvtWJv3bJsRnt190829.shtml？spm=C55953877151.PjvMkmVd9ZhX.0.0 4.《全国脱贫攻坚总结表彰大会特别报道》，来源：央视网，2021年02月25日。https：//tv.cctv.com/2021/02/25/VIDEJ6ap6q6oUZVitNGTPxxk210225.shtml？spm=C55953877151.PjvMkmVd9ZhX.0.0 5.《大山的女儿》，来源：央视网，2022年。https：//tv.cctv.com/2022/06/24/VIDATDSuJi6yPE5WLQzZCneK220624.shtml
五、教学方法
讲述教学法、演示教学法、讨论教学法、问题教学法、案例教学法
六、实践环节
1. 小组实践：立足家乡实际，结合脱贫攻坚战略实施后家乡的巨大变化，以小组为单位制作家乡脱贫攻坚实践报告，作业上传在线平台。

第二节　自主创新：北斗精神

2020年7月31日，习近平总书记出席北斗三号全球卫星导航系统建成暨开通仪式，铿锵有力地宣布："北斗三号全球卫星导航系统正式开通！"这标志着中国正式建成了独立开发的全球卫星导航系统，中国的北斗系统开始走向了服务全球、服务全人类的时代舞台。中国航天人在建设北斗全球卫星导航系统的过程中向世界展示了"自主创新、开放融合、万众一心、追求卓越"的新时代北斗精神，这十六个字的新时代北斗精神，不但是新时代中国精神的生动体现，同时也进一步丰富、充实、发展了中国精神的内容。习近平总书记强调："26年来，参与北斗系统研制建设的全体人员迎难而上、敢打硬仗、接续奋斗，发扬

'两弹一星'精神，培育了新时代北斗精神，要传承好、弘扬好。"

一、北斗精神的基本内涵

"调动了千军万马，经历了千难万险，付出了千辛万苦，要走进千家万户，将造福千秋万代"，新时代北斗精神是以爱国主义为核心的民族精神和以改革创新为核心的时代精神在航天领域的生动诠释。新时代北斗精神是"两弹一星"精神、载人航天精神在新时代的赓续传承，同时又具有鲜明时代特质的宝贵精神财富，是中国航天人在实现科技强国道路上立起的一座精神丰碑。"自主创新、开放融合、万众一心、追求卓越"的新时代北斗精神包含着丰富的理论内涵。

（一）新时代北斗精神的灵魂——自主创新

北斗七星，自古以来就是为中华儿女指引方向、分辨四季、标定时刻的天文坐标，也见证了中华民族几千年来自立自强、辛勤劳作的发展历史。北斗系统是我国自主创新的结晶，北斗系统的建设开辟了我国科技创新的非凡之路。二十六载时光荏苒，北斗人风雨兼程、攻坚克难，首获占"频"之胜、攻克无"钟"之困、消除缺"芯"之忧、破解布"站"之难，创造了具有自身特色的发展之路，北斗系统已有实力赶超世界先进卫星导航系统。

（二）新时代北斗精神的宏愿——开放融合

北斗系统从建设之初就放眼全球，立志将其建设为"为全球民众提供公共服务"的空间基础设施，秉持和践行"世界北斗"的发展理念，在覆盖全球的基础上积极融入全球、用于全球。特别是随着北斗三号系统正式开通服务，世界上任何一个地方都能够享受北斗系统开放、免费、高质量的导航、定位服务，北斗系统真正成为世界的北斗。北斗系统全面服务交通运输、公共安全、救灾减灾、农林牧渔、城市治理等各行各业，融入电力、金融、通信等国家核心基础设施，综合效益不断显现。本着开放融合、协调合作、兼容互补、资源共享的原则，基于北斗的土地确权、精准农业、数字施工、防灾减灾、智慧港口等各种解决方案在东盟、南亚、东欧、西亚、非洲等区域的众多国家得到应用。从国内来看，北斗系统已经走进千家万户，被应用到各行各业，成为日常生活的"必需品"，港珠澳大桥使用了北斗高精度形变监测系统以保障其安全运行；国内大部分智能手机也都支持北斗，让广大老百姓的日常生活更加精彩和便利。

（三）新时代北斗精神的底气——万众一心

自1994年北斗系统立项以来，每一代北斗人都未放松，传承"两弹一星"的精神财富，把党的事业作为最大事业、把国家利益作为最高利益、把民族梦想作为最终梦想。不论外部环境如何变化、成员队伍如何更替、"北斗人"始终矢志不渝,为自己的目标坚持奋斗。来自全国各地的北斗系统建设者,为了实现同一个目标,不分前方后方、国企民企、台前幕后、主角配角,数百家单位、几十万名科研人员团结攻关,一万多家企业、数十万人从事系统应用推广,共同谱写了"举国上下一盘棋、千军万马大会战"的动人篇章。

（四）新时代北斗精神的本色——追求卓越

北斗系统是由数十万名科研人员共同研发,不论这些科研人员身在什么岗位、专攻何种技术,他们都在自己的岗位上力求极致,敢想敢干、拼搏进取,"追求卓越"的决心已经刻进了每位科研人员的骨子里。从科学家、设计师,到一线工人,每个专注于钻研、精益求精的北斗系统建设者,都无愧于"大国工匠"之名。

在我国决定筹建北斗卫星导航系统的时候,全球卫星导航系统已经建成,我们一开始也想学习其他国家,但是遇到了不少困难,秉持着国家安全高于一切的原则,广大工作人员发愤图强、自力更生,夜以继日地攻克难关,最后实现了核心技术百分之百自主研发,凭借自己的力量走出了一条自主创新的发展道路,把核心技术牢牢掌握在自己手中,掌握了竞争和发展的主动权。我国在进行北斗系统的研发之初,就明确了要将其建成为全球民众提供公共服务的空间基础设施,"世界北斗"的理念一直深植"北斗人"的内心深处,北斗系统建成以后,不断满足全球用户需求,为推动构建人类命运共同体作出了重大贡献。自20世纪90年代以来,几代"北斗人"传承前辈留下的精神财富,把党的事业作为最大事业、把国家利益作为最高利益、把民族梦想作为最终梦想,不论环境怎样变化、成员队伍如何更替,"北斗人"始终坚持、矢志不渝,为了实现同一个目标而不断奋斗。从科学家、设计师到一线工人都在自己的领域内追求极致,从而让北斗系统取得了核心器部件百分之百国产化、首创全星座星间链路支持自主运行、两年半内高密度发18箭30星世界导航卫星组网等一系列奇迹般的成就,追求卓越是所有"北斗人"根深蒂固的精神追求。

二、北斗精神的历史意义与时代价值

目前,全球数字化发展越来越快,新一轮科技革命和产业变革持续发展,科技领域成为国际战略博弈的主要战场,围绕科技制高点的竞争异常激烈,时空信息、定位导航服务成为重要的新型基础设施。"满眼生机转化钧,天工人巧日争新。"习近平总书记强调:"我们比历史上任何时期都更接近中华民族伟大复兴的目标,我们比历史上任何时期都更需要建设世界科技强国"。

北斗导航系统是我国实施周期最长、发射卫星最多、投资规模最大的航天系统工程，建成后系统性能与美国 GPS 相当，至此我国的卫星导航系统达到了国际先进水平。北斗导航系统从 1994 年 2 月正式立项，到 2020 年 6 月全面建成，历时二十六年四个月，整个建设过程实施了"三步走"的发展战略。第一步，建成北斗一号区域试验系统，由 3 颗地球静止轨道（GEO）卫星组成，覆盖全国及周边地区，中国由此成为世界上第三个自主创建卫星导航的国家。北斗一号系统开通服务后，我国在一次演习中主动关闭了 GPS，完全使用北斗一号系统，各终端屏幕信息清晰，共享实时，定位准确，通联顺畅。第二步，建成北斗二号区域应用系统。由 5 颗 GEO、5 颗倾斜地球同步轨道（IGSO）和 4 颗中圆地球轨道（MEO）共 14 颗卫星组成，覆盖亚太地区。第三步，建成北斗三号全球导航系统。由 3 颗 GEO 卫星、24 颗 MEO 卫星、3 颗 IGSO 卫星组成。于 2018 年为"一带一路"沿线及我国周边国家提供了服务，2019 年 12 月中旬完成了全球系统核心星座部署，于 2020 年 6 月全面建成北斗系统，可在全球范围内，全天候、全天时为各类用户提供高精度、高可靠的定位、导航、授时和短报文服务。

新时代科技兴国的征程中，我们努力奋进、建功立业，大力弘扬新时代北斗精神，坚持独立自主、自力更生，攻克"卡脖子"难题，瞄准关键核心技术，走出一条具有中国特色的自主创新道路；坚持开放融合、包容共进，聚四海之气、借八方之力，在开放合作中提升自身创新能力、展现发展优势，为世界贡献更多中国智慧、中国方案、中国力量；坚持万众一心、团结共进，充分发挥新型举国体制优势，集中力量办大事，心往一处想、劲往一处使，汇聚同心共筑中国梦的强大合力；坚持追求卓越、精益求精，不断向科学技术广度和深度进军，推进高水平科技自立自强。如同北斗指路，新时代北斗精神将指引中国北斗人在新征程迎难而上、勇攀新的高峰。传承与弘扬新时代北斗精神，将会激励更多志存高远、矢志报国的年轻人投身科技强国的伟业，为中华民族伟大复兴作出更大贡献。

三、北斗精神教学案例分析

（一）新时代北斗精神："创新"光芒闪耀苍穹

1. 案例呈现①

2020 年 6 月 23 日，第 55 颗北斗导航卫星成功发射。随着这颗星在北斗三

---

① 《中国科学报》，2020 年 11 月 13 日。

号全球组网"大棋局"的落子定盘，北斗三号30颗组网卫星已全部就位，北斗三号全球卫星导航系统星座部署全面完成。

第一，摸索中起步。在我国开始规划北斗蓝图时，欧美一些发达国家已经完成了全球卫星导航系统布局。中国必须寻找一条全新的技术路径，北斗人必须通过自主创新、弯道超车。最终，北斗导航卫星系统采用了"先区域、后全球"的建设思路，集中精力为我国本土和周边服务，摸索更好的经验来推动事业的发展。

参与了技术路线讨论的中国航天科技集团第五研究院北斗一号卫星总设计师范本尧院士回忆说："这需要大量的时间和资金。先区域、后全球的技术途径很符合中国国情。"

1994年，北斗一号系统工程立项，卫星研制队伍组建，全面展开研制工作。然而，当时国外进行技术封锁，国内的部件厂家尚未成熟，北斗一号研制只能在摸索中起步。

范本尧院士回忆，国产化从"北斗一号"的太阳帆板做起，之后的国产化攻关更为艰苦。凭借自力更生的创业精神，老一辈北斗人逐一攻克，终于在2000年建成了北斗一号系统，我国成为第三个拥有自主卫星导航系统的国家。

第二，掌握核心技术。北斗工程的研制，并不如它的名字那样浪漫。曾任北斗一号、北斗二号卫星系统总指挥的李祖洪回忆说，在起步阶段，有过很多坎坷经历。

核心技术要靠自己。作为北斗卫星的"心脏"——铷原子钟，它的每一次跳动都直接决定着北斗卫星定位、测速和授时功能的精度。从打破国外技术封锁到不断设计研发更高精度、更强能力的国产原子钟，研制团队付出了数十年的努力走出了一条自主创新、自我超越的发展之路。

北斗二号有了自己的"中国心"，用上了自主研制的星载原子钟。如今，北斗团队自主研制成功的铷钟精度已从最初30万年误差1秒的10米定位精度，提升到300万年误差1秒的1米定位精度。北斗三号所有部件和核心器件达到100%国产化，核心技术完全自主可控……每一个新的难题，都在考验着北斗人的心脏。

2. 案例点评

本案例呈现了北斗人自主创新、砥砺前行的道路。从1994年立项到2000年建成北斗一号系统，从2012年开始正式提供区域服务到2020年服务全球……从北斗一号、北斗二号、北斗三号分步实施的战略决策，到中国特色北斗卫星导航体制的设计，再到星间链路、高精度原子钟等160余项关键核心技术攻克和

500余种器部件国产化研制的突破，无不透射着北斗团队创新的志气和追求。26年来，参与北斗系统研制建设的全体人员迎难而上、敢打硬仗、接续奋斗，培育了"自主创新、开放融合、万众一心、追求卓越"的新时代北斗精神。

（二）新时代北斗精神：创新不停歇

1. 案例呈现①

2008年5月12日，汶川大地震的震波环绕了地球6圈，天崩地裂间，汶川、映秀等地的通讯瞬间中断。数小时后，一支携带北斗终端的救援队伍沿着马尔康、黑水的317国道进入汶川并通过北斗短报文技术将消息传递出来，北斗成为震区当时唯一的通讯方式，大大加快了救援的效率。

2020年初，疫情突如其来，在武汉火神山、雷神山医院建设中，北斗卫星导航系统的高精度定位设备火速驰援，确保工地大部分放线测量一次完成，为两座医院迅速施工争取了宝贵时间。

在上海，北斗系统记录着所有公交车轨迹，提供实时到站预报；在伊犁，它精确引导拖拉机，每千米播种作业偏差不超2.5厘米；在青海，它守护着藏羚羊迁徙路线，看着藏羚羊穿越长夜昏晓，穿越无人之地……如今，北斗系统的应用领域不断拓展。全国已有650万辆道路营运车辆、4万辆邮政和快递车辆、36个中心城市8万辆公交车、3200座内河导航设施、2900座海上导航设施使用北斗。港珠澳大桥采用北斗高精度形变监测系统，保障安全运行。国内销售的智能手机大部分支持北斗，北斗前装车辆超过200万辆。

斗转星移，北斗前进的脚步没有停止，创新发展的精神也不会停歇。在完成北斗全球系统建设的同时，"北斗人"正在积极谋划着建造下一代卫星导航系统。

2. 案例点评

新时代北斗精神是"两弹一星"精神、载人航天精神在中国特色社会主义新时代的传承，同时又具有这个时代所特有的特质，是我们共同的宝贵精神财富，是中国航天人在实现科技强国道路上立起的一座精神丰碑。本案例可用在第十章第三节第二目"全面建成小康社会宏伟目标如期实现"中"科技创新取得新的历史性成就"的辅助教学，教师通过讲述案例，让学生从身边的事情中切实感受到我国科技的创新发展，使学生认识到我国科技实力从量的积累迈向质的飞跃、从点的突破迈向系统能力提升。

---

① 《工人日报》，2021年12月19日。

四、北斗精神融入教材专题教学设计

专题名称	北斗精神	学时	1学时
融入章节	中国特色社会主义进入新时代：全面建成小康社会和开启全面建设社会主义现代化国家新征程		
学情分析	（一）学生在之前的课堂中已经学习了开拓中国特色社会主义更为广阔的发展前景与夺取新时代中国特色社会主义伟大胜利两节课的内容，基本掌握了中国特色社会主义进入新时代我国的基本发展方向。 （二）从课程反馈情况看，学生对教师单一的讲授感觉枯燥，无法保持长时间的学习兴趣，应在课堂中采用启发式教学，加入案例分析、图片展示、小组讨论等互动环节能够不断激发学生学习的积极性，达到教学预期目标。		

一、教学目标

知识目标：在学习全面建成小康社会宏伟目标这一部分时，教师重点讲授北斗精神，使得学生能够掌握北斗精神的基本内涵、历史意义与时代价值。

能力目标：提高学生归纳与全面分析历史问题的素养，培养学生把握历史问题本质的能力。

情感目标：充分认识中国特色社会主义进入新时代后，我国科技实力正在从量的积累迈向质的飞跃、从点的突破迈向系统能力提升，全面建成小康社会的宏伟目标如期实现，激发学生的爱国热情。

二、教学重点与难点：北斗精神的理论内涵、历史意义与时代价值。

三、教学过程

（八）任务导入

案例导入：通过引用北斗系统研发过程中的真人真事，激发学生的学习兴趣。

案例内容：

2009年9月18日，曾任神舟飞船应用系统副总设计师的林宝军从北京来到上海，担任"北斗三号"卫星系统总设计师。这对他来说是一个全新的开始。

2011年10月，中国第二代卫星导航系统重大专项试验卫星工程启动。"首发星是最大的考验，有上百项关键技术等待研发。当时的科研队伍只有81名成员，平均年龄31岁，大部分人是第一次干，大家信心满满。"

"北斗三号"卫星系统地面试验验证主任设计师李绍前在2012年8月加入这支队伍，在他看来，"初生牛犊不怕虎，前面哪怕是刀山火海，我们也想去闯一闯"。

2015年3月30日，新一代北斗导航卫星首发星成功发射，这既是中科院在导航卫星领域的"破冰"之作，也标志着北斗卫星导航系统从区域走向全球。年逾六旬的沈学民原本要退休了，但知道这支队伍需要他，沈学民义不容辞担起了"北斗三号"卫星系统副总设计师一职。每次卫星发射时，按照导航卫星的飞行程序安排，卫星发射前50分钟将卫星与地面测试连接的脱落电缆插头及火工品星表插头拔掉。此时，卫星位于发射塔架的最高处，离地面高达70米，拔完插头后又要在5分钟内通过简易步梯快速撤离现场。因为发射前要求静默，所以没有电梯可用。而火箭就在脚下冒着"白烟"随时待命发射，这对人的身心是极大的挑战。

续表

为确保任务的顺利完成，沈学民从第一颗导航星开始，每次发射都是亲自率队上塔。沈学民对年轻的成员说："我年纪大了，万一有什么突发事情，你们先撤，我断后。"

提出问题：从这些真人真事中大家看到了科研人员的什么精神？

（九）新课讲授

通过案例讲授以及提出问题，在与学生的互动中总结出北斗精神的基本内容——自主创新、开放融合、万众一心、追求卓越。详细介绍北斗三号全球卫星导航系统建成的历程即北斗精神形成的背景。

北斗七星在不同的季节和夜晚不同的时间，会出现于北半球天空不同的方位，古语有云，"夜看北斗知北南"，所以古人就根据北斗星的位置来辨别四季、指引方向以及指导农业生产，斗柄东指，天下春；斗柄南指，天下夏；斗柄西指，天下秋；斗柄北指，天下冬。是中华民族几千年来辛勤劳动的象征。中国北斗卫星导航系统（简称BDS）是中国自行研制的全球卫星导航系统，也是继GPS、GLONASS之后的第三个成熟的卫星导航系统。北斗卫星导航系统（BDS）和美国GPS、俄罗斯GLONASS、欧盟GALILEO，是联合国卫星导航委员会已认定的供应商。

1994年1月10日，北斗一号工程正式立项；2007年4月14日，成功发射第一颗北斗二号导航卫星，自此，我国正式开始独立自主建设第二代卫星导航系统；2012年10月25日，第十六颗北斗导航卫星发射，形成覆盖亚太大部分地区的服务能力；2017年11月5日，北斗三号系统首发双星，开启北斗卫星导航系统全球组网的新时代；2020年6月23日，第五十五颗北斗导航卫星发射，北斗三号三十颗卫星全部发射完毕，具备向全球开通导航服务的能力。从1994年北斗一号正式立项，到2020年建成北斗三号全球卫星导航系统，20余年来，各参研参建单位齐心协力、艰苦奋斗，跨越了一道道技术难关，建成了我国第一个面向全球提供公共服务的重大空间基础设施。至此，我国几代人的蹈海探天之梦终得圆满。

随后，播放2020年7月31日当天《新闻联播》中关于北斗三号全球卫星导航系统建成暨开通仪式的内容，并结合新闻内容向学生详细讲解北斗精神的理论内涵。

新时代北斗精神的灵魂——自主创新。北斗七星，自古以来就是为中华儿女指引方向、分辨四季、标定时刻的天文坐标，也见证了中华民族几千年来自立自强、辛勤劳作的发展历史。北斗系统是我国自主创新的结晶，北斗系统的建设开辟了我国科技创新的非凡之路。二十六载时光荏苒，北斗人风雨兼程、攻坚克难，首获占"频"之胜、攻克无"钟"之困、消除缺"芯"之忧、破解布"站"之难，创造了具有自身特色的发展之路，北斗系统已有实力赶超世界先进卫星导航系统。

新时代北斗精神的宏愿——开放融合。北斗系统从建设之初就放眼全球，励志将其建设为"为全球民众提供公共服务"的空间基础设施，秉持和践行"世界北斗"的发展理念，在覆盖全球的基础上积极融入全球、用于全球。特别是随着北斗三号系统正式开通服务，世界上任何一个地方都能够享受北斗系统开放、免费、高质量的导航、定位和授时服务，北斗系统真正成为世界的北斗。北斗系统全面服务交通运输、公共安全、救灾减灾、农林牧渔、城市治理等各行各业，融入电力、金融、通信等国家核心基础设施，综合效益不断显现。本着开放融合、协调合作、兼容互补、资源共享的原则，基于北斗的土地确权、精准农业、数字施工、防灾减灾、智慧港口等各种解决方案在东盟、南亚、东欧、西亚、非洲等区域的众多国家得到应用。从国内来看，北斗系统已经走进千家万户，被应用到各行各业，成为日常生活的"必需品"。港珠澳大桥使用了北斗高精度形变监测系统以保障其安全运行；国内大部分智能手机也都支持北斗，让广大老百姓的日常生活更加精彩和便利。

新时代北斗精神的底气——万众一心。自 1994 年北斗系统立项以来，每一代北斗人都未放松，传承"两弹一星"的精神财富，把党的事业作为最大事业、把国家利益作为最高利益、把民族梦想作为最终梦想。不论外部环境如何变化、成员队伍如何更替，"北斗人"始终矢志不渝，为自己的目标坚持奋斗。来自全国各地的北斗系统建设者，为了实现同一个目标，不分前方后方、国企民企、台前幕后、主角配角，数百家单位、几十万名科研人员团结攻关，一万多家企业、数十万人从事系统应用推广，共同谱写了"举国上下一盘棋、千军万马大会战"的动人篇章。

　　新时代北斗精神的本色——追求卓越。北斗系统是由数十万名科研人员共同研发，不论这些科研人员身在什么岗位、专攻何种技术，他们都在自己的岗位上力求极致，敢想敢干、拼搏进取，"追求卓越"的决心已经刻进了每位科研人员的骨子里。从科学家、设计师，到一线工人，每个专注于钻研、精益求精的北斗系统建设者，都无愧于"大国工匠"之名。

（十）课堂小结
总结归纳知识点，北斗精神的基本内涵、历史意义与时代价值。
（十一）布置作业
思考北斗精神给予自身学习、生活的启示。

四、教学方法：案例式教学法、讨论式教学法。

五、课程资源：
（一）网络资源：中国大学 MOOC《中国近现代史纲要》相应教学视频
（二）信息化资源：智慧树课堂、PPT 课件、教学视频、教学图片等。

第三节　和平共处：丝路精神

　　丝绸之路一般分为海上丝绸之路和陆上丝绸之路，提起丝绸之路，我们脑海中就会浮现出如下的画面：载满货物的骆驼队，无垠的沙漠与戈壁，经停的旅舍与驿站；在广阔的大海中，一艘艘鼓帆前进的远洋船舶劈波斩浪，抵达世界各地。丝绸之路沿路曾经有许多灿烂的文明，中国也都与之建立起和平友好的关系，由于复杂的历史因素，丝绸之路曾经长时间中断。2013 年 9 月和 10 月，中国国家主席习近平分别提出建设"新丝绸之路经济带"和"21 世纪海上丝绸之路"的合作倡议，"一带一路"倡议得到国际社会的广泛支持和热烈响应。2017 年 5 月 14 日，习近平出席"一带一路"国际合作高峰论坛开幕式，并发表题为《携手推进"一带一路"建设》的主旨演讲，习近平主席指出古丝绸之路绵亘万里，延续千年，积淀了以和平合作、开放包容、互学互鉴、互利共赢为核心的丝路精神是人类文明的宝贵遗产。这是中国领导人首次提出并阐释

"丝路精神"。

一、丝路精神的基本内涵

（一）和平合作

丝路漫漫，驼铃声声，曾见证了陆上丝绸之路"使者相望于道，商旅不绝于途"的盛况，也见证了海上丝绸之路"舶交海中，不知其数"的繁华。瑞典探险家赫定在其《丝绸之路》一书中写道，这条贯通欧亚大陆的交通干线，是联结地球上存在过的各民族各大陆最重要的纽带，古丝绸之路，和时兴，战时衰。丝绸之路不仅仅是商业通道，更传输了和平合作的丝路精神。

一百年来，中国共产党领导中国人民走出了一条中国式现代化道路，坚持和平发展道路，不依附其他国家，不掠夺其他国家，不称霸，以维护世界和平来发展自己，又通过自身发展来促进世界和平，与爱好和平的国家一起为整个人类文明发展贡献自己的力量。中国开创了人类文明新形态，也为发展中国家开辟了一条走向现代化的途径，为世界上既希望快速发展又希望保持自身独立性的国家和民族提供了全新选择。2013年，中国发出共建"一带一路"倡议，而"一带一路"的建设离不开和平的环境。当今世界，和平与发展仍然是时代主题，同时，新一轮科技革命和产业变革带来了前所未有的激烈竞争，世界百年未有之大变局正加速演变，近年来，气候变化等全球性问题给人类社会带来了前所未有的影响。所以，共建"一带一路"倡议为各个国家维护世界和平提供了合作平台，为应对全球性问题提供了合作的途径。正如习近平总书记所说："在新的历史条件下，提出'一带一路'倡议，就是要继承和发扬丝绸之路精神，把我国发展同沿线国家发展结合起来，把中国梦同沿线各国人民的梦想结合起来，赋予古代丝绸之路以全新的时代内涵。"从古至今，一代又一代"丝路人"架起了东西方合作的纽带、和平的桥梁。

（二）开放包容

古丝绸之路跨越尼罗河流域、底格里斯河和幼发拉底河流域、印度河和恒河流域、黄河和长江流域，跨越埃及文明、巴比伦文明、印度文明、中华文明的发祥地，跨越佛教、基督教、伊斯兰教信众的汇集地，跨越不同国度和肤色人民的聚居地。不同文明、宗教、种族求同存异、开放包容，并肩书写相互尊重的壮丽诗篇，携手绘就共同发展的美好画卷。酒泉、敦煌、吐鲁番、喀什、撒马尔罕、巴格达、君士坦丁堡等古城，宁波、泉州、广州、北海、科伦坡、吉达、亚历山大等地的古港，就是记载这段历史的"活化石"。历史告诉我们：文明在开放中发展，民族在融合中共存。中国不断推进合作共赢开放体系建设，以中国的新发展为世界提供新机遇，推动经济全球化朝着更加开放、包容、普惠、平衡、共赢的方向发展。

如今，中国成为全球120多个国家和地区最大贸易伙伴。中国不断地扩大开放程度，激活了中国发展的澎湃活力，也激活了世界经济的发展。联合国秘书长古特雷斯曾经表示，中国发出的"一带一路"倡议体现了其在世界上独具一格的长远战略眼光，再次证明中国是开放和多边主义的强有力支柱。从"一带一路"倡议提出，开放包容的"一带一路"建设不断向前推进，国际互联互通水平持续提升，一大批合作项目落地生根。地面上，中欧班列高速穿梭，成为支撑疫后世界复苏的主动脉；太空中，北斗卫星时刻环绕，给共建"一带一路"国家和人民指引着准确的定位和方向……无论是陆地、海上，还是网络、太空，无论是在炎热的南太平洋，还是寒冷的北极，"一带一路"建设已在世界范围获得了实打实、沉甸甸的成就。

通过共建"一带一路"，中国不断推进合作共赢开放体系建设，提高了国内各区域开放水平，拓展了对外开放领域，以中国的新发展为世界提供新机遇，推动了制度型开放，构建了广泛的朋友圈，探索了促进共同发展的新路子，实现了同共建国家互利共赢，推动经济全球化朝着更加开放、包容、普惠、平衡、共赢的方向发展。

（三）互学互鉴

文明的魅力在于多姿多彩，文明前进的动力在于互学互鉴。古丝路的一幅幅繁盛画卷，无一不在默默诉说着，文明本是交融、多样的，互学互鉴是丝路精神重要的哲学内核。古丝绸之路不仅是一条通商易货之道，更是一条知识交流之路。沿着古丝绸之路，中国将丝绸、瓷器、漆器、铁器传到了西方，也为中国带来了胡椒、亚麻、香料、葡萄、石榴。沿着古丝绸之路，佛教、伊斯兰教及阿拉伯的天文、历法、医药传入中国，中国的四大发明、养蚕技术也由此传向世界。更为重要的是，商品和知识交流带来了观念创新。比如，佛教源自印度，在中国发扬光大，在东南亚得到传承。儒家文化起源中国，受到欧洲莱布尼茨、伏尔泰等思想家的推崇。这是交流的魅力、互鉴的成果。习近平总书记提出的"新丝绸之路经济带"倡议，之所以能够引起沿线国家强烈共鸣与响应，是因为丝绸之路唤起了人们共同的历史记忆，彰显了和平、合作、互利、共赢的文化理念，成功地将历史与现实、文化与经贸、梦想与路径相结合。

中国与丝绸之路沿线国家的经济互补性明显：中国是油气消费大国，而很多丝路沿线国家是油气能源生产大国；中国擅长基础设施建设，不少国家亟待通过基建促发展；中国在努力提高对外投资的规模和效率，而很多国家又急需引进外资……对中国而言,复兴丝绸之路不仅要重温历史,更要继承传统、着眼现实,构建多国互利共赢、区域经济一体化的新格局。要坚持互学互鉴,就需要倡导"文明因交流而多彩,文明因互鉴而丰富",用文明交流超越文明隔阂、文明互鉴超越文明冲突、文明共存超越文明优越,促进各国相互理解、相互尊重、相互信任。

(四)互利共赢

古丝绸之路见证了陆上"使者相望于道,商旅不绝于途"的盛况,也见证了海上"舶交海中,不知其数"的繁华。在这条大动脉上,资金、技术、人员等生产要素自由流动,商品、资源、成果等实现共享。阿拉木图、撒马尔罕、长安等重镇和苏尔港、广州等良港兴旺发达,罗马、安息、贵霜等古国欣欣向荣,中国汉唐迎来盛世,古丝绸之路创造了地区大发展大繁荣。自2013年,中国倡导"一带一路"建设,互利共赢为其提供了不竭动力,也是最终战胜全人类共同挑战的秘诀所在。唯有共赢,才能共进退,经过多年的建设,"一带一路"为应对百年变局提供了可能。

2013年至2020年,中国对"一带一路"沿线国家累计直接投资达一千多亿美元,沿线国家在我国对外贸易中的比重提高了4.1个百分点。只有发展才能满足人们对美好生活的向往,只有共同发展才能让"一带一路"沿线各国人民过上幸福美满的生活。在"一带一路"合作框架下,更多发展中国家得以共享世界经济发展的成果。哈萨克斯坦火车司机涅姆采夫在接受采访时表示,驾驶跨国货运专列在亚欧大陆桥上备受"礼遇",让他感受到了"从未有过的尊重"。老挝是东南亚唯一的内陆国,国内百分之八十的国土面积是山地和高原。新建成的中国-老挝铁路全长一千多公里,北起中国云南昆明,南至老挝首都万象,承载着老挝由"陆锁国"变为"陆联国"的梦想。中老铁路通车后,不仅将极大地带动老挝经济社会发展,也将为中国西南地区经济和澜湄流域国家发展注入新的动力。"一带一路"建设基于不同民族、不同信仰、不同文化背景、不同发展水平的国家和地区互惠合作,携手应对世界经济面临的威胁和挑战,共同谋划各方都能够获得的利益和福祉,开创发展新机遇,造就发展新动力,拓展发展新空间,形成发展新成果。"一带一路"建设不仅着眼于中国自身发展,而且重视把中国发展同其他国家发展结合起来,把实现中国梦同实现其他国家人民的梦想结合起来,必然会使得世界各国之间优势互补、互利共赢,不断促进世界各国人民不断朝着共建人类命运共同体①的方向迈进。

二、丝路精神的历史意义与时代价值

丝路精神，植根于历史，面向未来；源于中国，成于世界。丝路精神不仅仅是中国共产党人精神谱系中不可或缺的一环，更是中国人为之骄傲的精神财富，也是人类文明史上熠熠生辉的文化遗产。站在新的历史起点，传承发扬丝路精神，丝路沿线各国人民的友谊必将跨越山河、越走越近，紧密的商贸往来和频繁的文化交流，也必将让各国相知相交，呈现团结共荣的"和合之美"。传承和弘扬丝绸之路精神，尊重世界文明多样性，尊重世界各国社会制度、发展道路和生活方式，倡导不同宗教信仰和谐共处，坚持不同国家合作共赢，用文明对话、交流、互鉴取代文明冲突对抗。

当今国际社会面临逆全球化思潮泛起、狭隘民族主义飞扬、极端宗教思想高涨、大国霸权主义盛行、贸易保护主义抬头、全球治理碎片化等一系列困境，在这样的背景下，中国适时提出共建"一带一路"倡议，为全球描绘了治理蓝本和发展愿景，丝路精神为实现"一带一路"愿景提供了东方智慧和中国方案。丝路精神倡导和平与合作理念，有利于实现世界持久和平与共同繁荣，同时构建和平繁荣的人类命运共同体。中国发扬丝路精神，与世界各国共同开辟的新丝绸之路——"一带一路"，坚持"共商共建共享"的原则，把"一带一路"建设成为和平之路、繁荣之路、开放之路、创新之路和文明之路，不仅是中国实现中华民族伟大复兴中国梦的蓝图，也是世界各国人民实现各美其美、美人之美、美美与共、天下大同世界梦的路径。

三、丝路精神教学案例分析

（一）历史上的丝绸之路

1. 案例呈现②

公元前139年，一位名叫张骞的使者受汉武帝派遣从陇西出发，出使月氏。十三年中，他的足迹踏遍天山南北和中亚、西亚各地。这条伟大的道路沟通了

---

① 2013年3月，习近平总书记在莫斯科国际关系学院发表演讲，首次提出人类命运共同理念，构建以合作共赢为核心的新型国际关系与打造人类命运共同体紧密相连，提出"五位一体"的总体路径，深入论述人类命运共同体理念，这一理念得到国际社会的广泛认同。2017年3月，"构建人类命运共同体"被写入联合国安理会第2344号决议。

② 国务院新闻办公室网站，2015年4月8日。

中国、印度、希腊三大文明，全长7000多千米，东起西汉的首都长安（今西安）或东汉的首都洛阳，跨越陇山山脉，穿过河西走廊，经玉门关和阳关，抵达新疆，沿绿洲和帕米尔高原通向中亚、西亚和北非，最终抵达非洲和欧洲。它促进了欧亚大陆不同国家、不同文明之间在商贸、宗教、文化以及民族等方面的交流与融合，为人类社会的共同发展和繁荣作出了卓越贡献。

海上丝绸之路主要有东海起航线和南海起航线两条主线路，比陆上丝绸之路的历史更为悠久。东海起航线始自周王朝（公元前1112年）建立之初，武王派遣箕子到朝鲜传授田蚕织作技术。箕子于是从山东半岛的渤海湾海港出发，走水路抵达朝鲜。这样，中国的养蚕、缫丝、织绸技术通过黄海最先传到了朝鲜。秦始皇兵吞六国时，齐、燕、赵等国人民为逃避苦役而携带蚕种和随身养蚕技术不断泛海赴朝，更加速了丝织业在朝鲜的传播。

从公元前4世纪到公元1世纪，东西方的经济状况和政治形势发生了很大变化，其中特别重要的是处于东西两端的中国和罗马的变化。汉朝于公元前3世纪统一中国，社会经济繁荣，中国生产的丝绸更是风靡世界，深受古代东西方各国人民的喜爱。这一时期的罗马正处于罗马共和国晚期和罗马帝国早期交替之际，帝国版图辽阔，国力处于上升时期。由于这两个强大国家经济的繁荣和兴盛，彼此间需要加强交往和联系。我国丝绸传入古罗马以后，迅速受到了古罗马人的喜爱。古罗马对中国丝绸的需要量越来越大。但古罗马与东方的陆上贸易一直存在障碍。

丝绸贸易中这种极端不利的地位，迫使古罗马人从很早的时候起，就不得不为争夺陆上丝绸之路的控制权而与垄断丝绸贸易的国家进行不懈的斗争。在不能打通陆上丝绸之路的情况下，古罗马只能寻求开辟从海上进行丝绸贸易的通道。到公元前1世纪时，古罗马征服了地中海地区并发现了利用季风进行航海的规律，对于季风的发现和利用使古罗马摆脱了沿海近距离航行的束缚，可以从红海直达印度的港口。古罗马人对海上贸易之路的积极探索，有力地推动了海上丝绸之路的形成。

2. 案例点评

丝绸之路不仅是东西商业贸易之路，而且是中国和亚欧各国间政治往来、文化交流的通道。西方的音乐、舞蹈、绘画、雕塑、建筑等艺术，天文、历算、医药等科技知识，佛教、祆教、摩尼教、景教、伊斯兰教等宗教，通过此路先后传来中国，并在中国产生了很大影响。中国的纺织、造纸、印刷、火药、指南针、制瓷等工艺技术，绘画等艺术手法，儒家、道教思想，也通过此路传向西方。至今，丝绸之路仍是东西交往的友好象征。2013年9月和10月，中国国家主席习近平在出访中亚和东南亚国家期间，先后提出共建"丝绸之路经济带"和"21世纪海上丝绸之路"（简称"一带一路"）的重大倡议，得到国际社会高度关注。

（二）弘扬丝路精神　实现互利共赢

1. 案例呈现①

在和平合作、开放包容、互学互鉴、互利共赢的丝路精神指引下，"一带一路"朋友圈不断扩大。截至目前，中国已与145个国家和32个国际组织签署了200多份共建"一带一路"合作文件，与"一带一路"合作伙伴货物贸易额累计超过10万亿美元，中国企业对共建"一带一路"国家直接投资累计超过1300亿美元。

8年来，中国统筹谋划推动高质量发展、构建新发展格局和共建"一带一路"，坚持共商共建共享原则，把基础设施"硬联通"作为重要方向，把规则标准"软联通"作为重要支撑，把同共建国家人民"心联通"作为重要基础，推动共建"一带一路"高质量发展，取得实打实、沉甸甸的成就。

据世界银行研究报告，共建"一带一路"倡议将使相关国家760万人摆脱极端贫困、3200万人摆脱中度贫困，将使共建"一带一路"国家贸易增长2.8%至9.7%、全球贸易增长1.7%至6.2%、全球收入增加0.7%至2.9%。

"全球化"概念首倡者之一、英国社科院院士马丁·阿尔布劳表示，"一带一路"显然与经济全球化息息相关，扩大共同利益，密切彼此联系，是中国助推世界经济发展的良好途径。

在今年11月19日召开的第三次"一带一路"建设座谈会上，习近平总书记指出，通过共建"一带一路"，提高了国内各区域开放水平，拓展了对外开放领域，推动了制度型开放，构建了广泛的朋友圈，探索了促进共同发展的新路子，实现了同共建国家互利共赢。

伟大成就提振伟大精神，伟大精神引领伟大征程。共建"一带一路"倡议源于中国，机遇和成果属于世界。新的伟大征程上，中国将继续弘扬丝路精神，以高度的政治责任感和历史使命感，坚定不移推动共建"一带一路"高质量发展，为实现中华民族伟大复兴的中国梦、推动构建人类命运共同体作出新的更大贡献。

2. 案例点评

丝绸之路对我国古代社会的发展，首要贡献是经济上的贡献，它使地处中

---

① 《人民日报》，2021年12月17日。

原的人们与西部邻国实现了商品贸易,这极大促进了中国古代经济社会的发展。除了在经济上的贡献之外,丝绸之路对我国古代社会发展的另一贡献体现在文化方面。穿越千年交流,2013 年秋,习近平提出了共建丝绸之路经济带和 21 世纪海上丝绸之路倡议。8 年来,"一带一路"倡议从理念到行动,从总体布局的"大写意"到精谨细腻的"工笔画",合作质量越来越高,发展前景越来越好。本案例可用在第十章第一节"开拓中国特色社会主义更为广阔的发展前景"中"全面推进中国特色大国外交和推动构建人类命运共同体"的辅助教学。

四、丝路精神融入教材专题教学设计

专题名称	丝路精神	学时	1 学时
融入章节	中国特色社会主义进入新时代:开拓中国特色社会主义更为广阔的发展前景		
学情分析	(一)学生在之前的课堂中已经学习了开拓中国特色社会主义更为广阔的发展前景的前六部分的内容,认识到中国特色社会主义进入新时代,中华民族日益走进世界舞台中央,迎来了实现伟大复兴的光明前景,通过对丝路精神地学习,深入了解中国特色大国外交政策。 (二)从课程反馈情况看,学生对教师单一的讲授感觉枯燥,无法保持长时间的学习兴趣,应在课堂中采用启发式教学,加入案例分析、图片展示、小组讨论等互动环节能够不断激发学生学习的积极性,达到教学预期目标。		
一、教学目标 (一)知识目标: 在学习全面推进中国特色大国外交和推动构建人类命运共同体这一部分时,教师重点讲授丝路精神,使得学生能够掌握丝路精神的基本内涵,历史意义与时代价值。 (二)能力目标: 提高学生归纳与全面分析历史问题的素养,培养学生把握历史问题本质的能力。 (三)情感目标: 充分认识中国特色社会主义进入新时代后,中国不断丰富和发展外交手段,提升国家的国际影响力,从而激发学生的爱国热情。			
二、教学重点与难点:丝路精神的理论内涵、历史意义与时代价值。			
三、教学过程			
(十二)任务导入 案例导入:通过引用历史上的丝绸之路等案例,激发学生的学习兴趣。 案例内容: 传统的丝绸之路,起自中国古代都城长安,经中亚国家阿富汗、伊朗、伊拉克、叙利亚等国而达地中海,以罗马为终点,全长 6440 公里。这条路被认为是连结亚欧大陆的古代东西方文明的交汇之路,而丝绸则是最具代表性的货物。数千年来,游牧民族或部落、商人、教徒、外交家、士兵和学术考察者沿着丝绸之路四处活动。			

续表

随着时代发展，丝绸之路成为古代中国与西方所有政治经济文化往来通道的统称。有西汉张骞开通西域的官方通道"西北丝绸之路"；有北向蒙古高原，再西行天山北麓进入中亚的"草原丝绸之路"；有长安到成都再到印度的山道崎岖的"西南丝绸之路"；明朝还有从广州、泉州、杭州、扬州等沿海城市出发，从南洋到阿拉伯海，甚至远达非洲东海岸的海上贸易的"海上丝绸之路"等。

2013年9月，中国国家主席习近平提出建设"新丝绸之路经济带"战略构想，即共建"一带一路"倡议。2014年6月22日，中、哈、吉三国联合申报的陆上丝绸之路的东段"丝绸之路：长安-天山廊道的路网"成功申报为世界文化遗产，成为首例跨国合作而成功申遗的项目。2019年4月，第二届"一带一路"国际合作高峰的重大倡议，受到国际社会高度关注。

提出问题："一带一路"与历史上的丝绸之路有什么共性？

（十三）新课讲授

1. 丝路精神的基本内容、形成背景

通过案例讲授以及提出问题，在与学生的互动中总结出丝路精神的基本内容——和平合作、开放包容、互学互鉴、互利共赢。随后，详细介绍丝路精神提出的背景和过程。

1877年，德国地质地理学家李希霍芬在自己的著作《中国》一书中，把"从公元前114年至公元127年间，中国与中亚、中国与印度间以丝绸贸易为媒介的这条西域交通道路"命名为"丝绸之路"，这一名词很快被学术界和大众所接受。"丝绸之路"成为关注的焦点，而丝绸之路的历史却能够追溯到两千多年前。

自古以来，中国就是爱好和平与交流的国家，作为幅员辽阔的大国，我们积极与领邦建立友好合作关系。公元前140多年的中国汉代，一支从长安出发的和平使团，开始打通东方通往西方的道路，完成了"凿空之旅"，这就是著名的张骞出使西域，丝绸之路初具规模。中国唐宋元时期，陆上和海上丝绸之路同步发展，中国、意大利、摩洛哥的旅行家杜环、马可·波罗、伊本·白图泰都在陆上和海上丝绸之路留下了历史印记。15世纪初的明代，中国著名航海家郑和七次远洋航海，留下千古佳话。这些开拓事业之所以名垂青史，是因为使用的不是战马和长矛，而是驼队和善意；依靠的不是坚船和利炮，而是宝船和友谊。

2013年9月，中国国家主席习近平提出建设"新丝绸之路经济带"战略构想，即共建"一带一路"倡议。2014年6月22日，第三十八届世界遗产大会在卡塔尔多哈进行，中、哈、吉三国联合申报的陆上丝绸之路的东段"丝绸之路：长安-天山廊道的路网"成功申报为世界文化遗产并被列入《世界遗产名录》，成为首例跨国合作而成功申遗的项目。2015年3月28日，国家发展改革委、外交部、商务部联合发布了《推动共建丝绸之路经济带和21世纪海上丝绸之路的愿景与行动》。

2. 丝路精神的特点

播放习近平在第二届"一带一路"国际合作高峰论坛上的讲话，总结北斗精神的特点。

古丝绸之路绵亘万里，延续千年，积淀了以和平合作、开放包容、互学互鉴、互利共赢为核心的丝路精神，这是人类文明的宝贵遗产。两千多年前，中国人的先辈穿越草原沙漠，冲破惊涛骇浪，开辟了绵延万里的古丝绸之路。如今，在和平合作、开放包容、互学互鉴、互利共赢为核心的丝路精神的号召下，丝绸之路沿线国家和人民再次紧密联系在一起。

丝路精神植根于深厚的中华文明，和平合作是中华文明核心价值观的外在表现。"和"是中华文明的核心价值，和衷共济、和合共生是中华民族的历史基因，以和为贵是中国人的处世原则。从古至今，中国人民崇尚和谐，中华民族爱好和平，中国的"和"文化包含天人合一的宇宙观、协和万邦的天下观、和而不同的社会观、与人和善的道德观。

续表

开放包容、互学互鉴也是中华文明五千年生生不息、绵延不绝的精神所在，开放包容、和而不同、儒释道同济共生是中国文化的精神特质。三人行，必有我师焉；海纳百川、有容乃大，是中国人一贯追求的格局和气度。中华文明开放包容，实现宗教宽容，在汉唐时期通过陆上丝路广泛吸纳兴起于印度的佛教，并将其内化为自身的一部分，推动了魏晋玄学、隋唐佛学和宋明理学的繁荣。唐宋元时期，中国通过丝绸之路吸收波斯阿拉伯文明成果，伊斯兰教因而扎根中国西北地区。明清以来，中国全面吸纳西学，并逐渐将其中国化，促进了自身的不断完善。坚持对外开放、建设学习型社会也是当代中国取得重大成就的重要经验。 　　互利共赢是中华文明的重要宗旨。大道之行也，天下为公，天下大同是中国传统政治哲学的终极目标，也是中华文明的世界愿景。己欲立而立人、己欲达而达人，达则兼济天下，是中国人追求的人生理想。两千多年来，中国将汉字、儒家思想、四大发明、养蚕技术、制瓷技术贡献世界，促进了人类文明的不断进步。 　　随着"一带一路"的建设推进，越来越多的人流、物流、信息流、货币流，给各国经济注入活力；逐渐加深的友谊，更加广泛的共同利益，给沿线国家和人民带来更多充满希望的福祉。 　　（十四）课堂小结 　　总结归纳知识点，<u>丝路精神的基本内涵、历史意义与时代价值</u>。 　　（十五）布置作业 　　思考：面对世界百年未有之大变局，丝路精神的提出对中国的外交政策有什么有利影响？
四、教学方法：案例式教学法、讨论式教学法。
五、课程资源： 　　（一）网络资源：中国大学MOOC《中国近现代史纲要》相应教学视频。 　　（二）信息化资源：智慧树课堂、PPT课件、教学视频、教学图片等。

主要参考文献

1. 毛泽东. 毛泽东文集: 1-8卷 [M]. 北京: 人民出版社, 1993-1999.
2. 邓小平. 邓小平文选: 第2卷 [M]. 北京: 人民出版社, 1994.
3. 江泽民. 江泽民文选: 1-3卷 [M]. 北京: 人民出版社, 2006.
4. 习近平. 习近平谈治国理政 [M]. 北京: 外文出版社, 2014.
5. 习近平. 习近平谈治国理政: 第二卷 [M]. 北京: 外文出版社, 2017.
6. 习近平. 习近平谈治国理政: 第三卷 [M]. 北京: 外文出版社, 2020.
7. 习近平. 习近平谈治国理政: 第四卷 [M]. 北京: 外文出版社, 2022.
8. 习近平. 论坚持全面深化改革 [M]. 北京: 中央文献出版社, 2018.
9. 习近平. 论中国共产党历史 [M]. 北京: 中央文献出版社, 2021.
10. 本书编写组. 习近平讲党史故事 [M]. 北京: 人民出版社, 2021.
11. 中共中央党史研究室. 中国共产党历史: 1921—1949年（第一卷）[M]. 北京: 中共党史出版社, 2011
12. 中共中央党史研究室. 中国共产党历史: 1949—1978年（第二卷）[M]. 北京: 中共党史出版社, 2011.
13. 马京波, 王翠. 刘少奇生平研究资料 [M]. 北京: 中央文献出版社, 2013.
14. 袁国柱. 中国共产党人的精神谱系 [M]. 北京: 中共中央党校出版社, 2021.
15. 朱薇, 陈晋. 你是这样的人——精神谱系的故事 [M]. 北京: 新星出版社, 2022.
16. 傅治平. 精神的升华——中国共产党的精气神 [M]. 北京: 人民出版社, 2007.
17. 杨少华. 引领时代前行的永恒动力——中国共产党革命精神研究 [M]. 北京: 人民出版社, 2014.
18. 周敬青. 不负人民解码伟大建党精神 [M]. 北京: 中共中央党校出版

社，2021.

19. 王刚，李懋君．长征精神［M］．北京：中共党史出版社，2017.

20. ［美］哈里森·索尔兹伯里．长征——前所未闻的故事［M］．北京：解放军出版社，1986.

21. 高永中．中流砥柱：中国共产党与抗日战争［M］．北京：中国青年出版社，2018.

22. 李佑新．抗战精神［M］．北京：中共党史出版社，2019.

23. 李建强．西柏坡精神［M］．北京：中共党史出版社，2020.

24. 宋群基，张校瑛．抗美援朝征战纪实［M］．北京：人民出版社，2022.

25. 李国俊，宋玉玲．大庆精神［M］．北京：中共党史出版社，2018.

26. 马福运，王炳林．红旗渠精神［M］．北京：中共党史出版社，2021.

27. 蒋积伟．改革开放精神［M］．北京：中共党史出版社，2020.

28. 陈曙光，李海清．改革开放改变中国——中国改革的成功密码［M］．北京：人民出版社，2018.

29. 慎海雄．习近平改革开放思想研究［M］．北京：人民出版社，2018.

30. 何云庵，胡子祥．抗震救灾精神［M］．北京：中央党史出版社，2019.

31. 夏一璞．劳模精神［M］．北京：人民日报出版社，2021.

32. 中央党校（国家行政学院）科研部．脱贫攻坚案例集［M］．北京：中共中央党校出版社，2022.

33. 武力，王爱云．中国脱贫攻坚精神［M］．武汉：华中科技大学出版社，2021.

34. 颜晓峰，张媛媛．脱贫攻坚精神［M］．重庆：重庆出版社，2022.

35. 黄承伟．大党治贫：脱贫攻坚中的党建力量［M］．广州：广东人民出版社，2021.

36. 杨静，张光源．脱贫攻坚（新时代新思想标识性概念丛书）［M］．北京：人民日报出版社，2021.

37. 马杰．筑梦空天：航天精神在二院［M］．北京：中国宇航出版社，2020：117.

38. 戴建兵．大力弘扬伟大抗战精神［J］．红旗文稿，2021（21）．

39. 郭建，张振杰．西柏坡精神的生成逻辑与时代价值［J］．理论视野，2022（06）．

40. 冰心．颂"一团火"［J］．人民文学，1978（08）．

41. 贺立龙，刘丸源．决战脱贫攻坚、决胜全面小康的政治经济学研究

[J].政治经济学评论,2021(03).

42.雷明.全面建成小康社会:脱贫密码、制胜关键、价值与前瞻[J].马克思主义与现实,2021(03).

43.何得桂,徐榕.新时代脱贫攻坚精神的基本内涵与时代价值[J].广西大学学报(哲学社会科学版),2020(06).

44.王晓红.运用马克思主义思想方法和工作方法打赢脱贫攻坚战[J].思想战线,2020(06).

45.张晓萌,周鼎.以丝路精神涵养人类文明新形态:历史视野、逻辑意蕴与当代价值[J].教学与研究,2022(10).

46.李丹.丝路共同体:中国推动全球治理转型重构的现实方案[J].理论月刊,2022(06).

47.章文.载人航天精神:托起飞天梦的精神之翼[N].光明日报,2018-12-28(4).

后 记

本书以马克思主义理论研究和建设工程重要教材《中国近现代史纲要》(2021年版)教材为基本依循,对筑强大学生精神力量,将中国共产党人的精神谱系融入《中国近现代史纲要》课进行探索,不仅是推进"党史"教育融入高校思想政治理论课教学的尝试,也是新时代思想政治理论课教学改革的现实要求。由于将中国共产党人的精神谱系融入"纲要"课的写作形式和内容还是初次尝试,加之时间紧、任务重及能力所限,本书还有很多不尽如人意的地方,需要我们今后更加努力。对此,恳请得到读者的批评、指正和建议。

本书撰写人员及分工如下:绪论,王慧;第一章,邹焕梅、侯莹莹;第二章第一节,曲洪祎;第二章第二节、第三节,刘晓燕;第二章第四节,邹焕梅、林洁;第二章第五节、第六节,王萍;第三章第一节、第三节,王慧;第三章第二节、第四节,董莉莉;第四章第一节、第二节,朱有邻;第四章第三节、第四节、第五节,石怀伟;第五章第一节,王运明;第五章第二节、第三节,张倩。研究生张立邦、张广彬协助主编做了部分章节的统稿工作。

筑强大学生精神力量之"纲要"课程专题教学解析撰写组
2022年8月